“十四五”国家重点出版物出版规划项目

极复杂艰险地质环境地下工程关键技术研究书系（第二期）

国家重点研发计划（2022YFB2603300）资助
国家重点研发计划（2020YFB2007200）资助
国家自然科学基金重大项目（51991390）资助
山东省重点研发计划（2023CXPT009）资助
深圳市科技计划（KQTD20180412181337494）资助

复杂艰险地质环境
盾构施工新技术

New technology for tunnel construction by
shield machine in complex and difficult geologies

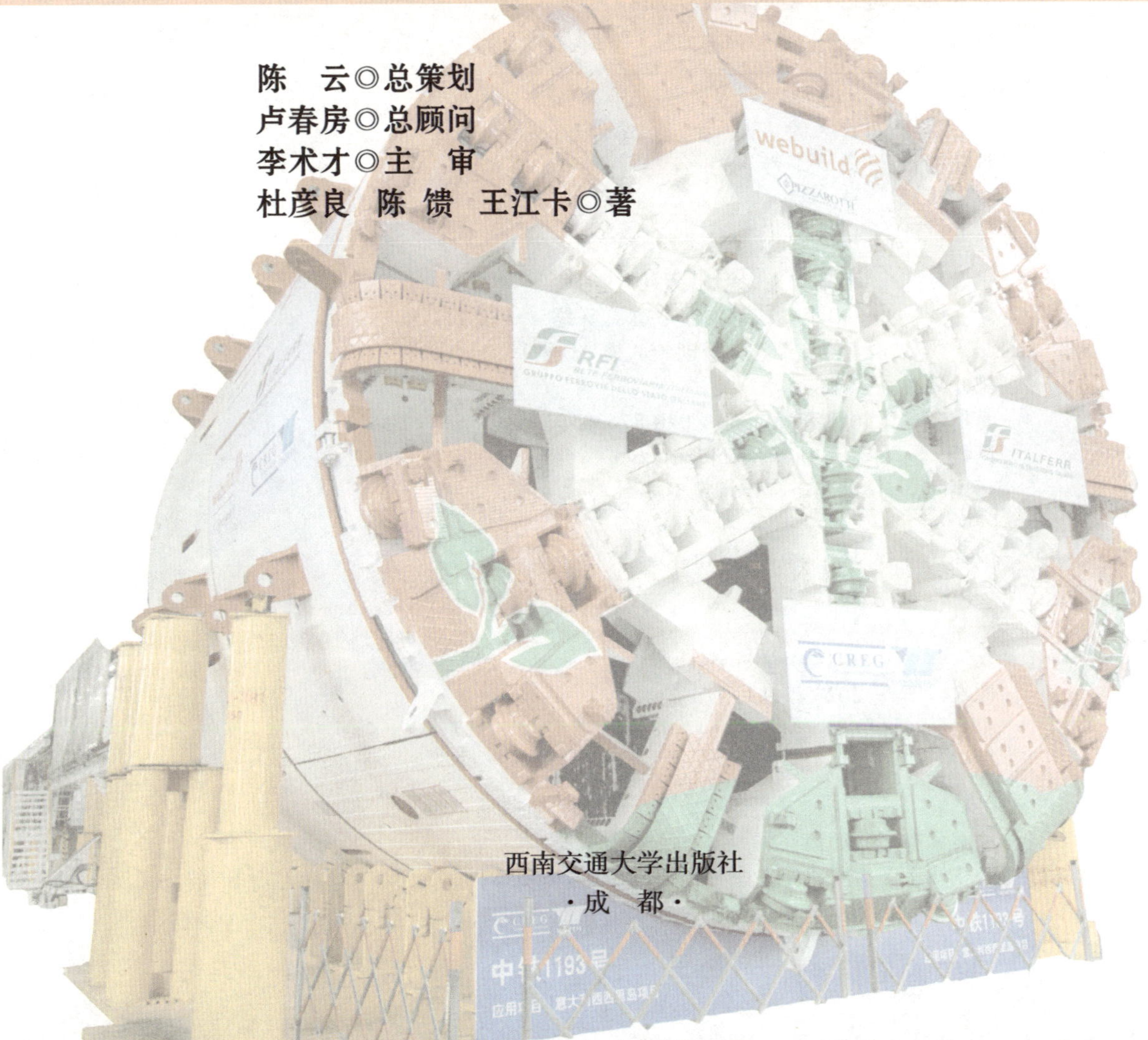

陈　云◎总策划
卢春房◎总顾问
李术才◎主　审
杜彦良　陈　馈　王江卡◎著

西南交通大学出版社
·成　都·

图书在版编目（CIP）数据

复杂艰险地质环境盾构施工新技术 / 杜彦良，陈馈，王江卡著. -- 成都 : 西南交通大学出版社，2024. 9.
（极复杂艰险地质环境地下工程关键技术研究书系 / 杜彦良总主编. 第二期）
“十四五”国家重点出版物出版规划项目
ISBN 978-7-5643-9809-5

Ⅰ. ①复… Ⅱ. ①杜… ②陈… ③王… Ⅲ. ①隧道施工—盾构法 Ⅳ. ①U455.43

中国国家版本馆 CIP 数据核字（2024）第 090103 号

“十四五”国家重点出版物出版规划项目
极复杂艰险地质环境地下工程关键技术研究书系（第二期）/ 杜彦良总主编

Fuza Jianxian Dizhi Huanjing Dungou Shigong Xin Jishu
复杂艰险地质环境盾构施工新技术

杜彦良　陈馈　王江卡 / **著**

出 版 人	王建琼
策划编辑	黄庆斌　胡　军　左廷亮
责任编辑	姜锡伟
责任校对	蔡　蕾
封面设计	曹天擎

出版发行	西南交通大学出版社 （四川省成都市金牛区二环路北一段 111 号 西南交通大学创新大厦 21 楼）
邮政编码	610031
营销部电话	028-87600564　028-87600533
网址	http://www.xnjdcbs.com
印刷	廊坊市祥丰印刷有限公司

成品尺寸	185 mm × 260 mm
印张	15
字数	310 千
版次	2024 年 9 月第 1 版
印次	2024 年 9 月第 1 次
书号	ISBN 978-7-5643-9809-5
定价	219.00 元

《复杂艰险地质环境盾构施工新技术》

编 委 会

山东百世慧通工程科技有限公司

湖南中天凿岩科技有限公司

中铁六局集团有限公司交通工程分公司

凌远科技股份有限公司

中铁一局集团城市轨道交通工程有限公司

中铁三局集团有限公司

中铁四局集团有限公司

中铁第六勘察设计院集团有限公司

中铁工程装备集团有限公司

厦门轨道建设发展集团有限公司

厦门厦工中铁重型机械有限公司

广州金土岩土工程技术有限公司

杭州金投装备有限公司

华南农业大学

六朝松（北京）教育科技有限公司

内容提要

本书主要针对极复杂艰险地质环境地下工程关键技术的重大需求，简要介绍盾构的起源、我国盾构法隧道发展特点及概况、典型地层盾构施工；对极复杂艰险地质主要工程问题的成因进行了分析，提出了相应对策；重点介绍了极复杂艰险地质盾构技术新进展、辅助盾构施工新技术、盾构智能化掘进新技术、典型工程盾构施工关键技术、盾构新技术与展望。本书对于提高盾构施工安全与质量管控水平具有极其重要的指导意义。

全书理论与实践结合，图文并茂，可供从事盾构设计、施工、管理、教学、科研等有关技术人员、教师及学生学习参考。

序一

PREFACE 1

近年来，我国城市、交通、水利、水电、矿山等领域的地下工程蓬勃发展，取得了举世瞩目的成就，地下工程的机械化施工技术与高端装备也取得了长足的发展与进步。但随着工程建设的广泛、深入推进，地下工程建设面临许多艰、难、险、阻，如西部山区的极复杂艰险地质与环境条件、穿江越海的高水压与强渗透地层、大都市中心城区的复杂地面与土工环境等。在极复杂地质环境下的岩爆、软岩变形、岩溶、断层破碎带、突涌水、高水压、强透水等重大工程问题，给盾构/TBM 施工装备、施工技术与管理带来了巨大挑战。突破制约极复杂艰险地质环境盾构/TBM 隧道施工的关键核心技术，是我国地下工程快速、良性发展亟待解决的重大关键问题。

问渠那得清如许，为有源头活水来。由杜彦良院士领衔主编的“极复杂艰险地质环境地下工程关键技术研究书系”这一套技术著作应运而生。这是一套针对极复杂艰险地质环境、高水压、强渗透地层、都市复杂环境条件下盾构/TBM 施工装备、施工关键技术与工程应用的技术专著。

该套丛书紧紧围绕国内外盾构/TBM 隧道的装备制造、工程施工及其关键技术问题，紧密结合近年来我国在盾构隧道和 TBM 隧道领域的重大工程，在系统阐述盾构/TBM 的起源与发展、系统组成与设计、类型及选型、施工技术与管理的基础上，重点对极复杂艰险地质条件下、特殊地层与特殊环境条件下盾构/TBM 装备的地质适应性设计、施工关键技术、施工风险控制等进行了系统分析与研究。同时，该套丛书对近年来盾构/TBM 超前探测、智能感知、大数据分析与智能掘进等前沿技术进行了讲解，并通过一系列典型的工程案例介绍了盾构/TBM 在不同类型特殊复杂地质下的应用及取得的成效。该套丛书系统阐述了盾构/TBM 隧道领域的理论成果与技术进步，是一套理论与实践相结合的好书。

丛书图文并茂，资料翔实，不仅工程实用性强，且具有学术指导性，对从事盾构/TBM 设计、施工、管理、教学、科研等有关技术人员、教师及学生来说，是良师，亦为益友。相信本套丛书的出版，将对我国极复杂艰险地质环境下盾构/TBM 装备制造与隧道施工技术起到重要的推动作用。

付梓之际，是为序。

中国工程院院士
中国铁道学会理事长
2023 年 7 月

序二

PREFACE 2

随着“一带一路”倡议、新时代西部大开发等国家重大战略的实施，随着中国城市化水平的不断提升及人民群众对美好生活的向往，一批跨流域调水、高速交通工程及城市地下综合工程正在兴起，我国复杂地质地下工程迅猛增长。盾构和岩石掘进机（TBM）是地下工程开发建设的智能化高端装备。与钻爆法相比，采用盾构/TBM 施工具有高效、安全、环保、自动化程度高等显著优势，已成为我国重大地下工程建设的发展方向。但盾构法面临着“地层失稳、设备失效、姿态失准、操作失控”等重大工程问题，特别是穿江越海长大隧道采用超大直径泥水盾构施工时，会面临着“换刀难、出渣难、控制难”等重大施工难题；TBM 法面临着隧道“变形、坍塌、突涌、卡机”等重大工程灾害。以上重大工程问题及灾害的发生，时常导致盾构/TBM“被卡、被困、被损”，甚至机毁人亡。长期以来，不仅国外对盾构/TBM 核心技术全面封锁，国内优势企业也对自己掌握的极有限的专业技术严格保密而形成行业壁垒，严重制约了我国重大超级工程的安全绿色建设。因此，全面突破盾构/TBM 设计、施工与管理的成套关键核心技术，特别是超大直径泥水盾构的关键技术，是我国地下工程智能建造的迫切需要，是国家重大基础设施快速发展的迫切需要，是交通强国、水资源开发及城市地下综合体建设的迫切需要，更是国家安全保障的迫切需要。

“极复杂艰险地质环境地下工程关键技术研究书系”汇聚院士团队资源，由中国工程院杜彦良院士领衔。作者团队是盾构/TBM 设计施工与管理领域的技术专家，积累了大量丰富的装备设计制造经验和工程施工经验，秉承知识无国界的理念，以国家级科研项目为依托，紧紧围绕极复杂艰险地质环境地下工程的重大工程问题，依托系列创新成果、发掘行业最新技术，致力于突破国外技术封锁，致力于打破行业技术壁垒。该书系是作者团队依托国家重大工程，通过承担多个国家级科研项目，在盾构/TBM 法修建地下工程领域多年研究成果的全面总结，基本反映了我国盾构/TBM 法建造地下工程的最新研究成果，是国内外首套全面总结盾构/TBM 法关键理论技术、高端装备设计、施工技术与管理的学术技术丛书，可用于指导极复杂环境盾构/TBM 法隧道的重大装备研发设计及施工与管理。

该书系理论与实践相结合，图文并茂、内容翔实、循序渐进、通俗易懂，具有较强的实用性与学术性，不仅能为中国盾构/TBM 高端装备的研发设计、中国地下工程修建技术的持续快速发展提供技术支持，还能为以中国盾构/TBM 为代表的高端装备制造业的创新升级提供很好的借鉴建议，对我国深地、深海战略等地下工程的安全智能建造与创新发展具有重要的借鉴和促进作用。在该书系付梓成册之际，我谨以此序向该书系的作者祝贺。我相信，该书系的出版必将进一步推动我国乃至世界盾构/TBM 技术的跨越式创新与发展。愿该书系在盾构/TBM 设计、制造及其施工中发挥重要作用。

中国中铁股份有限公司党委书记
中国中铁股份有限公司董 事 长
2023 年 7 月

前　言

INTRODUCTION

21 世纪是地下工程跨越式大发展的新时代，盾构是隧道施工最先进的高端装备，盾构法施工具有广阔的市场前景。

盾构法施工技术在世界上许多国家不断得到发展，但在推广应用过程中出现了一些安全质量事故，这些事故的发生，不仅影响了盾构工程的工期，还造成了重大经济损失和人员伤亡。针对盾构技术行业发展现状，本书以复杂艰险地质环境为切入点，结合我国各种典型工程盾构施工案例进行阐述，以促进盾构技术领域最新技术的信息交流和成果共享，以期推动复杂艰险地质环境地下工程盾构施工技术的快速发展。

全书共 8 章。第 1 章“绪论”主要介绍盾构的起源、我国盾构法隧道发展特点及我国盾构法隧道在各领域的发展概况。第 2 章“典型地层盾构施工”主要介绍各种典型地层的特点与盾构施工技术特点。第 3 章“复杂地质主要工程问题与对策”主要介绍盾构法在复杂艰险地质环境中面临的结泥饼、涌水、滞排等三大工程问题，分析了其成因，提出了相关防治对策。第 4 章“复杂地质盾构技术新进展”主要介绍超大直径盾构技术、水下超长距离施工技术、高地震烈度隧道减隔振抗震技术、软硬极端悬殊地层盾构施工技术、异形盾构隧道建造技术、联络通道盾构建造技术、多模盾构技术等 15 项盾构施工新技术。第 5 章“辅助盾构施工新技术”主要介绍克泥效技术、速凝效技术、新型同步双液注浆技术、管片固定桩控制管片上浮技术、泥饼剥除技术、刀盘防泥饼涂层、盾构冷冻法用非冻结护盾泥等盾构施工辅助技术。第 6 章“盾构智能化掘进新技术”主要介绍盾构法施工的不良地质识别技术、设备状态实时感知技术及同步推拼连续掘进技术等新技术。第 7 章“典型工程盾构施工关键技术”主要通过 14 个具体盾构工程实例，介绍复杂艰险地质环境条件下盾构工程所突破的关键技术。第 8 章“盾构新技术与展望”主要介绍盾构新技术发展方向、智能装备技术与展望、智能技术研究进展与展望。

在本书的撰写过程中，中铁工程装备集团有限公司提供了大量帮助，在此深表感谢。本书参引了国内外相关领域大量的论文资料和学术著作，在此向这些专家学者表示诚挚的谢意！

期望本书的出版能给我国盾构设计与盾构法施工提供新的参考和借鉴。尽管我们为本书付出了大量的心血，但书中不可避免地会出现错漏和不当之处，有些提法也可能需要大家进一步研讨，敬请广大同行提出批评并指正。

杜彦良

2024 年 9 月

目　录
CONTENTS

第 1 章　绪　论

本章重点

盾构的起源、我国盾构法隧道发展特点及发展概况；盾构法在我国地铁隧道、公路隧道、铁路隧道、水利隧洞及综合管廊领域的应用情况。

1.1　盾构的起源

1806 年，法国工程师麦克·布鲁内尔（Marc Isambrd Brunel）发现船的木板中，有一种蛀虫（船蛆）钻出孔道。船蛆（图 1-1）是一种蛤，头部有外壳，在钻穿木板时，分泌出液体涂在孔壁上形成坚韧的保护壳，用以抵抗木板潮湿后的膨胀，以防被压扁[1]。

图 1-1　船蛆示意图

在蛀虫钻孔的启示下，麦克·布鲁内尔发现了盾构法掘进隧道的原理，并在英国注册了专利（图 1-2）。1818 年，布鲁内尔完善了盾构结构的机械系统，设计成用全断面螺旋式开挖的封闭式盾壳，衬砌紧随其后（图 1-3）。

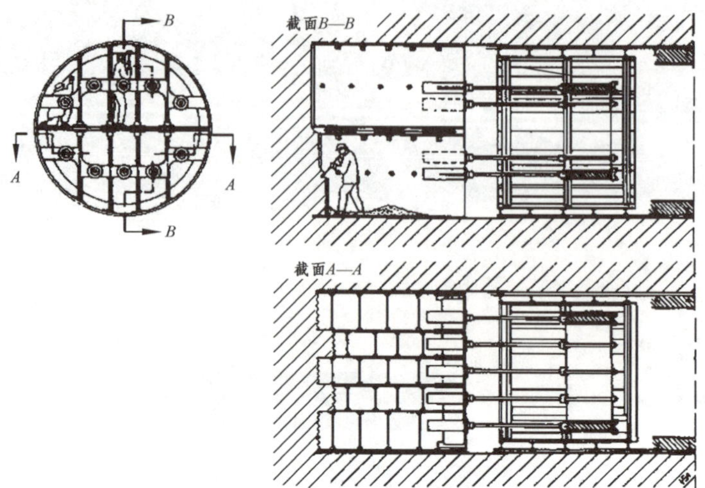

图 1-2 布鲁内尔专利盾构（1806 年）

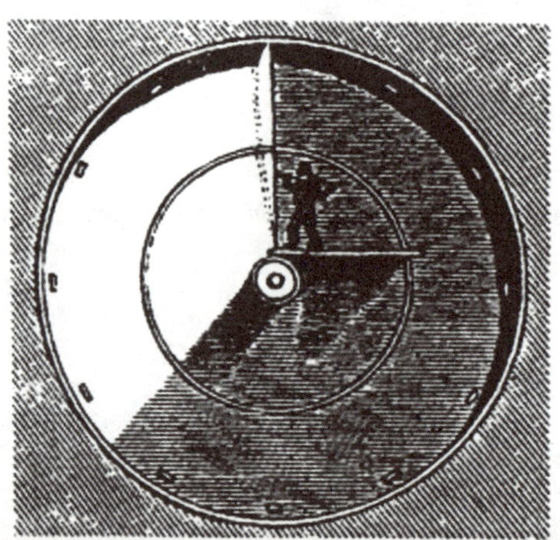

图 1-3 布鲁内尔螺旋盾构（1818 年）

1825 年，麦克·布鲁内尔和他的儿子金德姆·布鲁内尔（Isambard Kingdom Brunel）创造性地发明了一种施工机具和施工工艺，在伦敦泰晤士河下用一个断面高 6.8 m、宽 11.4 m 的矩形盾构修建了世界上第一条盾构法隧道。

布鲁内尔矩形盾构由 12 个邻接的框架组成（图 1-4），每个框架分成上中下 3 个工作舱，每个舱可容纳 1 名工人独立工作并对工人起到保护作用。每个工作舱牢固地装在盾壳上，共 36 人工作。当掘进完一段隧道后，由螺杆将鞍形框架向前推进，紧接着后部砌砖。

图 1-4 布鲁内尔矩形盾构示意图（1825 年）

麦克·布鲁内尔（1769—1849）原籍法国，大革命时逃离法国，自 1798 年（29 岁）起一直侨居并服务于英国，是盾构法隧道工程的创始人，被称为“世界盾构法隧道之父”。

在金德姆·布鲁内尔的指导下，历时 18 年（中途停工 6 年），这条全长 370 m 的隧道直到 1843 年才完成，并于 1865 年归并于东伦敦铁路，是世界上第一条水下铁路隧道，1913 年实现电气化。金德姆·布鲁内尔的健康也因指导泰晤士河隧道施工而受到终身损害，但是，他作为杰出的发明家和工程师却名垂青史，年仅 24 岁就成为英国皇家学会院士。

1.2 我国盾构法隧道发展特点

我国盾构法隧道发展较晚，与国外相比，晚了 128 年。1953 年，东北阜新煤矿采用手掘式盾构及小混凝土预制块修建了直径为 2.6 m 的疏水巷道，这是我国首条用盾构法施工的隧道。

近些年来，随着国家科技水平不断提升、制造业飞速崛起及相关技术的突破，盾构在国内外市场上竞争力不断提升。目前，国内盾构行业已处于世界领先地位，市场份额接近 70%，且中国隧道中的盾构工程超过 95% 的盾构都是“中国制造”[2]。

目前，我国已成为世界上地下工程规模最大、数量最多、地质条件和结构形式最复杂、修建技术发展速度最快的国家[3]。随着各大城市地铁建设力度的不断加大，跨江越海隧道不断增加，国家重点建设项目，如长距离供水、水下交通、西气东输等工程均涉及穿越江河问题。目前，盾构法已发展成地下隧道工程重要的施工方法之一，已广泛应用于市政、铁路、公路、水利、煤矿等领域地下工程施工中。

随着施工技术的日渐成熟，功能逐步完善，盾构法已应用于不同领域的地下隧道工程中，特别是穿江越海隧道、山岭隧道、城市地下隧道等极复杂艰险地质环境下的地下工程建设。相比于矿山法、明挖法、沉管法，盾构法具有施工安全、质量好、速度快、洞内环境好、智能化程度高[4]等优点。据统计，全世界约 70% 的水下隧道均采用盾构法修建。

伴随着盾构装备与施工技术的不断提升，诸多重大险难工程开工建设，如汕头海湾隧道、深圳春风隧道、济南济泺路黄河隧道、深圳妈湾隧道等等。从发展方向来看，我国盾构法隧道正朝着超大断面化、异形断面化、超大深度化、超长距离化发展，追求施工快速化、自动化、智能化；从工程特征来看，我国盾构法隧道工程呈现出由单一软土地层向复合地层发展、由中小直径盾构向大直径和超大直径盾构发展、由中等水压向高水压和超高水压发展、由常规岩土层向特殊岩土和不良地质发展、由单一工法向多工法组合发展的趋势[5]。总体来说，盾构法隧道的技术发展特点如下[6]：① 由常规断面向超大/微小断面发展；② 由圆形断面向异形断面发展；③ 由单一模式向多模式发展；④ 由传统水平方向向多维度发展。

1.3 我国盾构法隧道发展概况

我国是世界上隧道规模最大、数量最多、地质条件和环境条件及结构形式最复杂、修建技术发展速度最快的国家。盾构法作为一种适用于现代隧道工程建设的重要施工方法之一，具有安全性相对较高、建设速度较快、质量可控性较好的优势，在地铁隧道、市政公路隧道、城市铁路隧道、城市水利隧洞、城市综合管廊等各个领域的隧道工程建设中发挥了越来越重要的作用。

1.3.1 地铁隧道

中国地铁建设发展的历程，大致分为四个阶段：起步阶段（20 世纪 60—80 年代）、平稳发展阶段（20 世纪 80—90 年代）、快速发展阶段（20 世纪 90 年代—2019 年）和高质量发展阶段（2020 年开始）。进入 21 世纪，尤其是 2008 年以后，我国通过扩大内需，促进经济平稳增长的“一揽子”计划，带动了国内基础建设的发展，同时我国大型城市逐渐面临交通拥堵的问题，进一步加快了城市轨道交通建设。

根据中国城市轨道交通协会公布的《城市轨道交通 2023 年度统计和分析报告》，截至 2023 年年底，我国共有 59 个城市开通城市轨道交通运营线路 338 条，运营线路总长度 11 224.54 km（统计数据暂不包括港澳台地区）。其中，地铁运营线路 8 543.11 km，占比 76.11%。其他制式城轨交通运营线路 2 681.43 km，占比 23.89%。各城市城轨交通运营线路长度及增长幅度详见图 1-5。

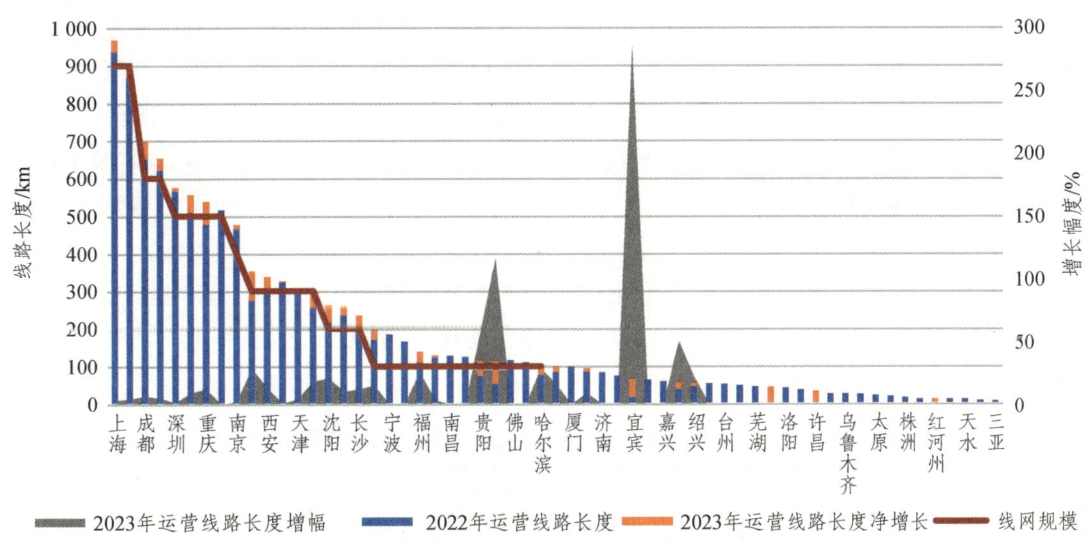

图 1-5　我国城市城轨交通运营线路长度及增长幅度

绝大多数的地铁隧道采用盾构法施工，盾构法已成为我国地铁隧道施工的主要工法。不同形式盾构所适应的地层范围不同，土压平衡盾构、泥水平衡盾构、TBM 及多模式盾构在地铁隧道施工中均有应用。

以上海、天津、郑州、长春、苏州、杭州、石家庄、无锡、贵阳、常州、温州、徐州、济南等为代表的地区和城市以软土地层为主，主要采用土压平衡盾构进行地铁隧道施工；北京、成都、南昌、兰州、沈阳、哈尔滨、大连、南宁、昆明等城市以砂卵石地层为主，这些城市的地铁隧道以土压平衡盾构施工为主，部分采用了泥水平衡盾构施工；广州、深圳、东莞等城市以上软下硬地层为主，主要采用土压平衡盾构施工；青岛、深圳、广州、重庆等城市的硬岩地层应用了 TBM 施工；近年来在广州、深圳地铁等工程中进行了多模式盾构的应用，多模式盾构是在泥水平衡盾构、土压平衡盾构、TBM 中的两种或多种工作模式间进行转换，以适应不同的地层。

我国地铁隧道一般为单洞单线形式，多采用直径为 6～7 m 的盾构施工，少数采用单洞双线的地铁隧道一般选用直径为 10～12 m 的盾构施工。我国已是世界上采用盾构法建设地铁隧道最多的国家，而且有许多创新性的进展。

1.3.2　公路隧道

21 世纪是地下空间开发利用的时代，地下空间的可持续发展与高质量开发已成为国际共识。在我国经济发展、城市空间扩展的背景下，对地下空间的开发与利用，可拓展城市的生产、生活空间，节约地面土地资源，促进城市功能完善与可持续发展。开发利用地下空间修建城市隧道，对改善交通、提高通行效率作用显著，而盾构法在城市交通隧道的建造中大显身手，可发挥其安全、高效、环境友好的优势。

近 10 年来，市政公路隧道数量的增长十分明显，从媒体的公开报道和文献资料中可以发现，各个城市中市政公路隧道也越来越多见[7]。如上海市，早在 2003 年就开始采用盾构法修建直径为 14.5 m 的上中路隧道，2010 年后陆续修建周家嘴路越江隧道、郊环隧道、虹梅南路隧道等城市盾构隧道工程。其中：上海北横通道的西段隧道已于 2021 年 6 月通车，全长 7.8 km；在建的东段隧道全长 6.9 km，建成后东西段隧道总长 14.7 km，将成为目前我国最长的市政公路隧道[8]。此外，武汉、南京等城市也使用盾构法修建了大量的市政公路隧道。

城市公路隧道需求主要是在城市化加速和汽车保有量增长的背景下产生，目的是满足交通出行需求，2020 年后出现了市政公路隧道建设的高峰，产生了一批具有代表性的盾构隧道工程，部分工程案例见表 1-1。

表 1-1　国内市政公路盾构隧道典型工程部分实例

建设年份	隧道名称	盾构掘进长度/km	盾构直径/m	盾构类型
2010—2015	上海虹梅南路隧道	3.39×2	14.93	泥水
2010—2016	南京定淮门长江隧道	3.557+4.135	14.93	泥水
2011—2014	扬州瘦西湖隧道	1.28	14.93	泥水
2013—2015	香港屯门赤鱲角隧道	0.8+4.2	17.60/14.00	泥水
2013—2018	武汉三阳路隧道	2.590	15.76	泥水
2013—2019	上海周家嘴路隧道	2.572	14.93	泥水
2014—2018	广东珠海马骝洲交通隧道	1.10×2	14.93	泥水
2014—2019	上海郊环隧道工程	5.264+5.219	15.43	泥水
2014—2019	上海北横通道	6.4	15.56	泥水
2015—2019	香港莲塘公路隧道	2.4×2	14.1	土压
2015—2019	上海诸光路隧道	1.39	14.45	土压
2015—2019	上海周家嘴路越江隧道	2.572	14.93	泥水
2015—2022	汕头海湾隧道	3.05	15.01+15.03	泥水
2016—2024	深圳春风隧道	3.603	15.80	泥水
2017—2020	南京长江第五大桥夹江隧道	1.159	15.46	泥水
2017—2021	济南黄河济泺隧道	2.520	15.76	泥水
2017—2022	南京和燕路过江通道	2.97	14.93/15.03	泥水
2017—2023	武汉和平大道南延隧道	1.39	16.03	泥水

续表

建设年份	隧道名称	盾构掘进长度/km	盾构直径/m	盾构类型
2017—2024	芜湖城南过江隧道工程	3.95	15.05	泥水
2018—2022	杭州下沙路隧道	1.612	15.07	泥水
2018—2022	杭州艮山东路过江隧道	3.160	15.06	泥水
2019—2024	北京东六环改造工程	7.4+7.39	16.05/16.07	泥水
2019—2023	深圳妈湾隧道	2.06	15.53	泥水
2019—2024	长沙湘雅路过江通道	1.4	15.01	泥水
2019—2023	杭州之江路输水管廊	2.75	15.03	泥水
2020—	珠海兴业快速隧道(南段)2标工程	1.739	15.76	泥水
2020—2024	南京建宁西路过江通道	2.38	15.03	泥水
2020—2023	佛山季华路西延工程顺德水道隧道	1.472	15.56	泥水
2020—	深圳皇岗路快速改造工程	2.675+1.50	15.87	泥水
2020—	江阴第二过江通道工程	4.95	16.00	泥水
2020—2024	珠海隧道工程	2.93	15.01	泥水
2020—2024	广州海珠湾隧道	2.077	15.05	泥水
2020—2024	武汉两湖隧道（东湖段）	7.635	15.5	泥水
2022—	武汉两湖隧道（南湖段）	5.703	15.5	泥水
2024—	济南市黄岗路穿黄隧道工程	3.29	17.5	泥水

使用盾构法施工的市政公路隧道主要呈现出以下特点与趋势：

（1）断面尺寸不断增大。随着盾构隧道断面的不断增大，近年来出现了许多单洞四车道以及六车道的超大断面公路隧道。深圳市在建的春风隧道采用“单洞双层”双向四车道的断面形式，全长4.82 km，使用直径为15.80 m的泥水平衡盾构施工[9]。北京东六环改造工程隧道段长9.2 km，盾构段长7.4 km，采用“双洞单层”双向六车道设计[10]。

（2）水下隧道数量明显增多。我国幅员辽阔，诸多城市依水而建、因水而兴，伴随着城市空间拓展，水域阻隔制约了城市的协调发展，沿江、沿海城市对越江跨海交通基础设施的需求日趋强烈，相比桥梁而言，隧道具有对航道影响小、通行不受天气条件限制、节约土地资源等诸多优点，因而水下隧道近年来备受青睐，建设步伐也迎势而上，在黄浦江、甬江、珠江、黄河及长江等我国大江大河下陆续修建了不少水下隧道[11-12]。与此同时，在水下隧道修建的施工方法中，盾构法以掘进速度快、施工效率高、安全环保等优点得到了广泛应用。武汉修建三阳路隧道穿越长江，两湖隧道穿越城市湖泊[13]；汕头市修建海湾隧道穿越苏埃海湾连接南北两岸；上海市新增了龙耀路越江隧道、周家嘴路越江隧道和江浦路越江隧道等数条过江通道。

（3）隧道施工环境日趋复杂。随着隧道断面尺寸增大，隧道开挖面地层也愈加复杂，多为复合地层，在开挖断面范围内和开挖延伸三维方向上，由两种或两种以上不同地层组成，这些地层的岩土力学、工程地质和水文地质等特征相差悬殊[14]；此外，为了适应城市复杂的周边环境和邻近既有建筑，为盾构隧道的设计和施工带来诸多挑战。

（4）施工智能化水平不断提升。智能化是盾构法隧道发展的必然趋势，目前，行业内多家单位先后研制了盾构/TBM 工程大数据平台，采用数据挖掘技术，结合地层数据对盾构掘进进行精确指导及辅助控制，如在上海机场联络线工程中使用了智能掘进系统、内部结构预制拼装技术[15]等。

1.3.3 铁路隧道

广深港客运专线狮子洋隧道是国内首次采用盾构法施工的客运专线隧道，也是国内首次在水底进行长距离掘进和地中对接施工的盾构工程[16]。

2018 年 1 月 26 日，由中铁四局承建的蒙华铁路（现浩吉铁路）白城隧道胜利贯通，这是我国首次成功将马蹄形盾构工法运用于铁路山岭软土隧道，在我国铁路隧道施工技术与装备研发管理史上具有里程碑意义[17]。

由于地面环境的限制，城市铁路地下化时有出现，比如长株潭城际铁路湘江隧道、佛莞城际狮子洋隧道、北京铁路地下直径线工程、天津地下直径线、上海机场联络线等。

长株潭城际铁路为连接长沙市、株洲市和湘潭市的城际铁路，线路全长 105 km，共设 24 座车站，设计速度 200 km/h。长株潭城际铁路湘江隧道是全线重难点控制性工程之一，全长 17 km，其中开福寺站至滨江新城站区间长 2 710.7 m，穿越湘江段约 1 100 m，是我国首条土压平衡盾构铁路隧道，也是国内首条采用大直径土压平衡盾构施工的过江隧道[18]。项目采用 2 台土压平衡盾构掘进，盾构开挖直径 9.34 m，管片外径 9 m，内径 8.1 m，环宽 1.8 m。洞身部位主要为弱风化板岩，部分断面拱顶部位有少量强风化板岩，节理裂隙较发育，局部含石英脉，岩层较稳定。地面建筑物密集，交通繁忙，需穿越管线、道路、高压电塔、湘江大堤及湘江，水头高 18 ~ 32 m，隧道最大水压为 0.35 MPa。盾构穿越湘江段地质复杂多变、覆土浅，同时还要下穿湘江东西大堤、银盆岭大桥主桥等高风险地带，施工难度全线第一。2014 年 10 月 16 日，湘江隧道开福寺站至滨江新城站区间左线顺利贯通，标志着长株潭城际铁路成功穿越湘江。

北京铁路地下直径线工程是承启北京站与北京西站的重要地下铁路线工程。线路全长 9 151 m，隧道长 7 230 m，其中盾构段长 5 175 m。隧道穿越地层东西两端差异性大。西端（天宁寺至和平门）主要穿越的地层为卵石层、圆砾层，局部为粉土层和粉质黏土层等土层，一般粒径为 20 ~ 60 mm，大于 20 mm 的颗粒含量约占总质量的 65%，亚圆形，中粗砂充填，并且存在最高强度约 30 MPa 的砂层与卵石层的胶结层[19] 。东端（和平门至崇文门）穿越的地层主要为粉质黏土层、粉土层和砂层等土层。地下水主要为层间潜水，渗透系数 $K=150$ m/d，涌水量 $Q=37\ 200$ m^3/d。隧道沿线两侧地面建（构）筑物密集，煤气、热力、电力、污水等大型地下管线繁多；下穿西便门桥、天宁寺桥、护城河和 4 号线宣武门站等构筑物；近邻箭楼、正阳门等重要文物；与地铁 2 号线平行行进近 4 km，其中最近距离不足 2 m。盾构机采用泥水加压平衡盾构，项目地质条件复杂，盾构独头掘进 5.2 km，变形控制标准严格，2013 年 7 月 26 日，北京铁路地下直径线工程顺利贯通[20]。该工程是国内第一条在市区地下修建的铁路全电气化隧道、第一条在国内同类地质条件下采用直径为 12.04 m 的泥水盾构施工的隧道、北京市首次采用泥水盾构施工的隧道，被北京市列为“最难的、风险最大的在建地下工程”[图 1-6（a）]；被铁道部（2013 年调整为国家铁路局）列为“极高风险 1 号工程”[18]。

（a）北京铁路地下直径线工程

（b）天津地下直径线

图 1-6 城市铁路隧道

天津地下直径线位于天津枢纽内，是连接京沪高速和津秦客专的一条重要便捷通道[图 1-6（b）]。全长约 5.2 km，其中海河隧道全长 3.61 km，该隧道盾构段长 2 146 m，单洞双线，最小平面曲线半径为 600 m，最大纵坡为 23‰，隧道埋深为 9 ~ 32 m，采用 1 台直径为 1.97 m 的泥水平衡盾构施工[21]。盾构隧道结构形式为圆形断面，衬砌采用通用楔形环管片，管片外径为 11.6 m，环宽 1.8 m、厚 500 mm。盾构隧道穿越地层主要为粉土和粉质黏土，局部夹粉细砂。隧道范围内受潜水和承压水影响，潜水地下水位埋藏较浅，埋深为 0.3 ~ 3.96 m，承压水水位埋深为 3.73 ~ 7.85 m，含水层为粉细砂层和粉土层。盾构从天津站端始发，始发井的深度为 24.12 m，到达接收井的深度为 25.57 m。工程在 *R*600 m 圆曲线上盾构接收技术、复杂的地下障碍物清理技术（如海河两岸亲水平台的护岸桩、永乐桥试桩等地下障碍物）、泥水平衡盾构的施工技术以及泥水处理分离技术、复杂的周边环境及其苛刻的变形控制等方面进行攻关，2012 年 6 月隧道贯通。

上海轨道交通市域线机场联络线是一条市域快线，于 2019 年开工建设，东西走向，全长 68.6 km，设站 9 座，从虹桥火车站出发经过沪杭铁路外环线、七宝、华泾、三林镇、张江、上海迪士尼度假区、浦东国际机场等重要地区，最后到达上海东站，最高时速可达 160 km。项目建成后，虹桥和浦东两大综合交通枢纽间运行时间可控制在 40 min 之内，与多条既有和在建轨道交通实现换乘，方便沿线市民和旅客出行。全线采用 10 余台盾构施工，直径 14 m 级盾构达到 8 台，其中 11 标段为代表性标段。11 标段包含一区间、一井，度假区站—凌空路转换井区间长 4 721 m（图 1-7），凌空路转换井长 209 m，基坑最大开挖深度为 28.5 m，区间结构采用全预制拼装施工艺，环宽 2 m，穿越地层主要为淤泥质黏土、黏土、粉土和粉砂，覆土厚度为 11.0 ~ 29.5 m，其中高承压水粉砂地层长达 1 985 m。采用直径为 14.04 m 的超大直径泥水平衡盾构——“虹浦号”施工。隧道内部采用全预制拼装结构，包括下部结构弧形件、中隔墙、顶部连接件和疏散平台。项目围绕智能互联、盾构智能运维及制造/运维互馈机理等开展研究，将智能掘进、智能拼装、智能协同、智能诊断、智能物管等应用到隧道建造上，提升了盾构法隧道智能建造的水平。2023 年 5 月，上海机场联络线 11 标凌空路转换井至度假区站盾构隧道顺利贯通。

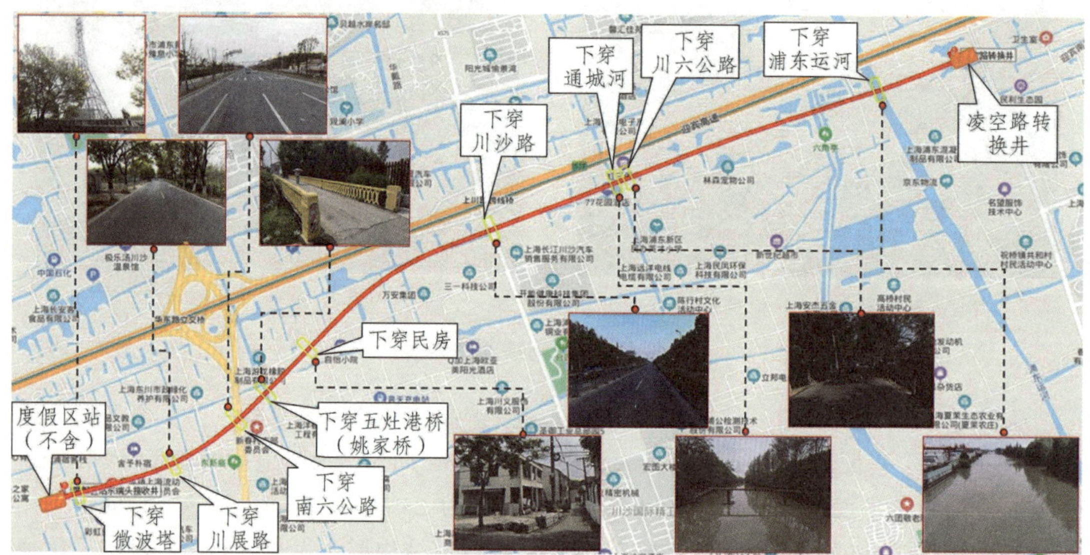

图 1-7 上海机场联络线 11 标线路图

1.3.4 水利隧洞

由于我国水问题的复杂性和治水的艰巨性，与构建现代化高质量基础设施体系要求相比，水利工程体系还存在系统性不强、标准不够高、智能化水平有待提升等问题，国家水网总体格局尚未完全形成。加快构建国家水网，是解决水资源时空分布不均、更大范围实现空间均衡的必然要求。珠江三角洲水资源配置工程、环北部湾广东水资源配置工程等城市间的水资源调配工程，已逐步提上建设日程，为后续类似水利隧洞建设提供了有力借鉴。

珠江三角洲水资源配置工程横跨佛山市、广州市、东莞市、深圳市，由西江水系鲤鱼洲取水口取水，向东延伸经高新沙水库、松木山水库、罗田水库至终点公明水库。主要供水目标是广州市南沙区、深圳市和东莞市的缺水地区。输水线路总长度为 113.2 km。珠江三角洲水资源配置工程线路布置如图 1-8 所示。

图 1-8 珠江三角洲水资源配置工程线路布置

珠江三角洲水资源配置工程土建施工 B3 标段为输水干线高新沙水库至沙溪高位水池的一部分，也是工程难度大、具有代表性的标段。全长 11.359 km，包含 4 个盾构区间，其中：2 个为土压盾构区间，隧洞长度分别为 2 279.4 m 和 2 398.152 m；剩余盾构区间为泥水盾构区间，隧洞长度分别为 3 406.971 m 和 3 178.516 m。工程所用泥水盾构须穿越莲花山水道及狮子洋水道，掘进过程中切口压力波动易造成开挖面土体的流失，从而造成开挖面失稳，甚至造成盾构上方覆土出现冒顶、涌水的重大风险；盾尾和主轴承密封系统的密封磨损及失效风险高；盾构掘进最长距离为 3 425 m，主要地层为泥质粉砂岩、石英质砂岩夹层、含砾砂岩、部分地段有钙质泥岩，部分地段岩石饱和抗压强度达 97.2 MPa，岩层石英含量达 50%～70%，对刀具磨损较大，需多次进行刀具检查更换和舱内管路检修工作，在高水压工况下频繁进舱换刀，风险极高，同时掘进过程中刀盘结泥饼、糊刀预防及处理需要关注。2022 年 10 月 23 日，随着“粤海 35 号”盾构安全接收，该标段隧洞全部贯通。

1.3.5 综合管廊

自 2015 年 1 月起，我国住房和城乡建设部等部门联合支持地下综合管廊试点工作，截至 2022 年 6 月，全国累计开工建设管廊项目 1 647 个、长度 5 902 km，形成廊体 3 997 km。地下综合管廊的建设，大大提升了城市安全保障和灾害应对能力，促进了集约高效利用土地资源的发展[22]。地下综合管廊常用的施工方法有明挖法、矿山法、浅埋暗挖法、盾构法等[23-24]。近些年来，盾构法作为地下领域最先进的工法，具有施工速度快、安全系数高等特点，已广泛用于城市建筑密集、交通繁忙、地下管线集中地段的地下管廊施工中[25]。

苏通 GIL 综合管廊工程采用泥水盾构施工，开挖直径达到 12.07 m，掘进总长度达

5.468 km，管廊直径大、掘进距离长、管廊埋深大，地质复杂，是国内埋深最大、水压最高（隧道结构底面标高为 – 74.83 m，水压力最高达 0.8 MPa）的管廊隧道，如图 1-9 所示。

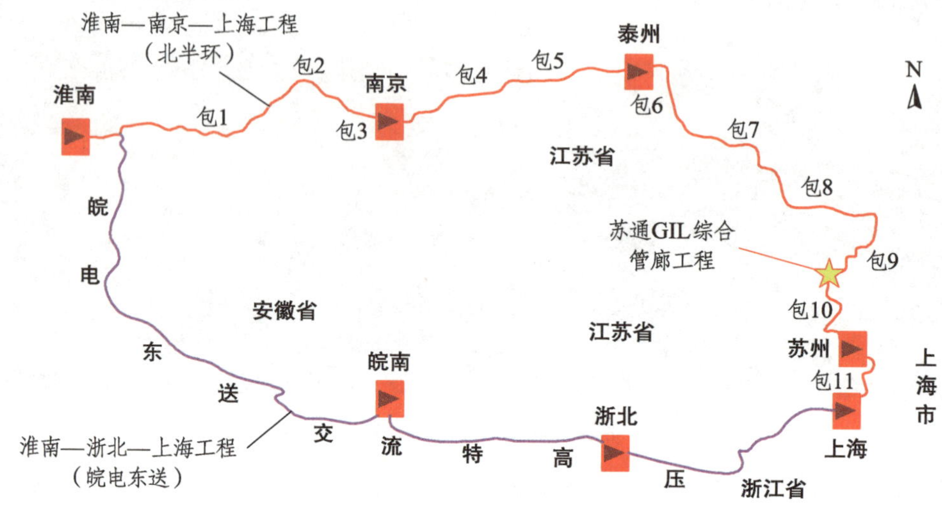

图 1-9　苏通 GIL 综合地下综合管廊工程

中俄天然气管道工程穿越长江段采用了常压刀盘泥水盾构施工，开挖直径为 7.95 m，全长 10.226 km，地质复杂，隧道穿越强透水、高水压以及强、弱透水复合并伴有沼气的地层，穿越长江北岸堤角、南岸大堤、主航道等众多敏感建筑物，如图 1-10 所示。

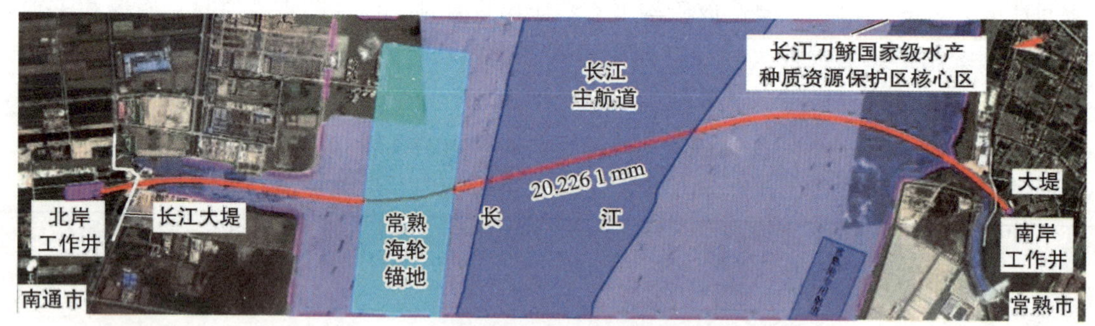

图 1-10　中俄天然气管道工程穿越长江段

广州中心城区综合管廊工程是国内规模最大的地下环线隧道[26]，穿越广州市最为繁华的海珠区、天河区、白云区、越秀区和荔湾区等中心城区，全部采用地下敷设方式，在城市地下建造一个隧道空间，将电力、通信、给排水等各种工程管线集于一体，设有专门的检修口、吊装口和监测系统，实施统一规划、统一设计、统一建设和统一管理，是保障城市运行的重要基础设施和“生命线”。管廊所经区域地质与环境条件非常复杂，3 次穿越珠江，3 次下穿既有铁路，16 次穿越既有地铁运营线，30 余处与广州地铁 11 号线交汇穿越，20 余处下穿、侧穿危旧房屋群、敏感建（构）筑物。全线有 4 个区间位于溶洞发育区，14 个区间穿越断裂破碎带，5 个区间洞身及洞顶范围存在淤泥、砂层、花岗岩残积土层等不良地质，28 处穿越围岩强度差异较大的上软下硬地层，地质极为复杂。受平面及立面建（构）筑物交叉干扰影响，管廊项目最小曲线半径仅为 235 m，最大纵坡达 45‰，线形设计基本达到盾构施工极限；沿途管线密布，地面交通车流量大。

随着盾构施工技术的日渐成熟，地下综合管廊的规划设计中越来越多地采用盾构法施工，以容纳更多综合管线等设施。

本章参考文献

[1] 陈馈，洪开荣，焦胜军. 盾构施工技术[M]. 2 版. 北京：人民交通出版社，2016.

[2] 谢里阳，张林林，林文强，等. 一种盾构机盘形滚刀换刀机械臂末端执行器：2017101126856.7[P]. 2017-03-16.

[3] 李晓同. 混联型盾构换刀机器人机身及其控制方法设计[D].大连：大连理工大学，2020. DOI:10.26991/d.cnki.gdllu.2020.001390.

[4] 夏毅敏，沈烽，刘玉江，等. 一种大直径泥水盾构机滚刀换刀机械手：201710153382.5[P]. 2017-07-07.

[5] 易国良，陈馈，卢高明，等. 我国城市地下空间盾构法隧道工程技术新进展[J]. 隧道建设（中英文），2024，44（1）：1.

[6] 洪开荣，杜彦良，陈馈，等. 中国全断面隧道掘进机发展历程、成就及展望[J]. 隧道建设（中英文），2022，42（05）： 739-756.

[7] 洪开荣，冯欢欢. 中国公路隧道近 10 年的发展趋势与思考[J]. 中国公路学报，2020，33（12）：62-76.

[8] 陈家康，刘陕南，肖晓春，等. 复合地层中超大直径泥水盾构施工开挖面泥水压力确定方法研究[J]. 隧道建设，2018，38（4）：619-626.

[9] 游永锋，梁奎生，杜闯东，等. 春风隧道超大直径盾构浅覆土始发技术[J]. 隧道建设（中英文），2021，41（Z1）：382-387.

[10] 陈鹏，王先明，刘四进，等. 超大直径盾构隧道同步双液注浆原位试验研究[J]. 隧道建设（中英文），2023，43（1）：64-74.

[11] 代洪波，季玉国. 我国大直径盾构隧道数据统计及综合技术现状与展望[J]. 隧道建设（中英文），2022，42（5）：757-783.

[12] 钱七虎. 水下隧道工程实践面临的挑战、对策及思考[J]. 隧道建设，2014，34（6）：503-507.

[13] 杨钊，唐冬云，刘朋飞，等. 城市湖底超大直径盾构隧道施工重难点及关键技术探究——以武汉两湖隧道（南湖段）工程为例[J]. 隧道建设（中英文），2023，43（2）：296-304.

[14] 竺维彬，钟长平，米晋生，等. 超大直径复合式盾构施工技术挑战和展望[J]. 现

代隧道技术，2021，58（3）：6-16.

[15] 林春刚，马召林，陈勇良，等. 大直径盾构隧道弧形件预制拼装技术与智能化安装机应用[J]. 隧道建设（中英文），2023，43（3）：460-477.

[16] 陈馈. 客运专线狮子洋隧道盾构设计与施工[J]. 建筑机械化，2007，1：43-46.

[17] 李建斌，等. 异形断面隧道掘进机技术[M]. 北京：人民交通出版社股份有限公司，2022.

[18] 长株潭城际铁路穿越湘江[EB/OL].（2014-10-17）http://www.hunan.gov.cn/hnyw/tpxwn/201410/t20141017_4866217.html.

[19] 程学武，许维青. 北京地下直径线大直径泥水盾构施工环境风险控制与管理[J]. 石家庄铁道大学学报（自然科学版），2013，26（S2）：157-161.

[20] 韩亚丽，吕传田，张宁川. 北京铁路地下直径线盾构选型及功能设计[J]. 中国工程科学，2010，12（12）：29-34.

[21] 杨志勇，程学武，孙正阳，等. 大直径泥水平衡盾构适应性改造技术研究[J]. 铁道工程学报，2018，35（3）：92-96.

[22] 王恒栋. 我国城市地下综合管廊工程建设中的若干问题[J]. 隧道建设，2017，37（5）：523-528.

[23] 林涛，李明飞，贾姗姗，等. 盾构形式地下综合管廊设计要点[J]. 城市道桥与防洪，2022（4）：207-218.

[24] 郑廷敏. 城市地下综合管廊的施工技术探讨[J]. 市政工程，2023（8）：119-121.

[25] 王高科. 盾构法综合管廊设计关键技术研究[J]. 市政技术，2022，40（7）：211-218.

[26] 韩永恩，王小忠，郭广才，等. 广州中心城区综合管廊工程技术[M]. 福州：福建科学技术出版社，2022.

第 2 章　典型地层盾构施工

本章重点

软土地层、无水砂卵石地层、富水砂卵石地层、上软下硬复合地层、岩石地层、岩溶地层、断裂带地层等不同地质的特点及盾构施工技术要点。

我国幅员辽阔，盾构法施工所面临的地质条件极复杂艰险，既有软土地层、无水砂卵石地层、富水砂卵石地层，又有上软下硬复合地层、岩石地层、岩溶地层、断裂带地层。在这些不同的典型地质条件下，盾构法施工面临着各自不同的挑战[1]。

2.1　软土地层盾构施工

2.1.1　软土地层的特点

软土一般是指在静力或缓慢流水、缺氧、多有机质的条件下生成的以细颗粒为主的近代沉积物。其颗粒粒径小于 0.1 mm 的部分一般占土样质量的 50% 以上。这类土大部分是饱和的，含有机质，天然含水量大于液限，孔隙比大于 1。当天然孔隙比大于 1.5 时，称为淤泥；天然孔隙比大于 1 而小于 1.5 时，则称为淤泥质土。工程上将淤泥、淤泥质土、泥炭、泥炭质土、冲填土、杂填土和饱和含水黏性土统称为软土。软土地层还包括软土与砂土、碎石土、角砾土及块土等形成的互层。绝大部分软土生成于全新世的中晚期；也有软土层埋藏在密实的硬土层之下，生成期较早的。在各种土质中，软土是比较年轻的沉积物，甚至还存在正在继续沉积的欠固结软土。

软土天然含水量大、孔隙比大、压缩系数高、可塑性强、承载力低等，具有蠕变性、触变性等特殊的工程地质性质，工程地质条件较差[2]。盾构在软土地层中施工时：① 盾构选型应满足密封性及抵御水土压力的要求；② 盾构始发与接收端头需对地层进行加固；③ 容易引起地表沉降量过大；④ 掘进过程中产生的盾构姿态偏移不易控制，从而导致盾构姿态调整比较困难等[3]。

2.1.2 软土地层盾构施工技术特点

软土地层盾构施工主要具有以下特点[4]：

（1）软土地层盾构选择，要依据工程地质与水文地质条件、隧道断面形状、隧道外形尺寸、隧道埋深、地下障碍物、地下管线及构筑物、地面建筑物、地表隆沉要求等，经过技术、经济比较后综合确定。由于软土地层地基承载力小，压缩性高，容易造成盾构头部下沉盾尾上浮的“栽头”现象。要结合软土地层特点进行盾构选型，应注意盾构重心位于合适位置，盾构重量分布相对均匀。

（2）软土地层掘进中盾构容易栽头，需要保持较大的上下推力差才能维持盾构垂直姿态。如果实际掘进中总推力较小，不足以提供足够大的上下油缸推力差，则可适当提高土舱压力，增大总推力。

（3）盾构铰接一般可用于辅助纠偏和拟合设计曲线。当姿态偏差较大，靠推力差无法扭转时，可结合偏差大小打开铰接，辅助纠偏。在线路曲线半径较小的情况下，为了拟合曲线，减小推进阻力，降低盾构推进对地层的扰动，在推进时可打开铰接到适当角度。

（4）开启超挖刀和使用仿形刀对盾构也有纠偏作用。当盾构出现偏差时，在反方向区域开启超挖刀，实现纠偏。

（5）在盾构停机过程中，会出现不同程度的下沉和栽头。当盾构长时间停机时，需及时建压，使土舱压力维持在一定数值。

（6）在软土地层中，盾构趋势受成型管片趋势影响较大。拼装管片的趋势影响盾构姿态。正确计算管片趋势、合理选择管片点位，是控制盾构姿态的关键。在选择点位时，要做到精细化操作，分析行程差、盾尾间隙和盾构姿态，计算管片趋势，结合盾构走向和设计轴线确定点位。

（7）由于管片从刚拼装完成到隧道变形收敛后，会出现一定的位移，为保证成型隧道线形在允许范围内，推进时应根据管片实测位移量确定盾构掘进姿态。

（8）严格控制同步注浆质量，尽量缩短浆液凝结时间，注浆量要达到设计要求，保证管片衬砌环能够与土体密贴，给盾构提供足够的抗扭转摩阻力，防止盾构产生过大滚动，保证管片环自身稳定。优先选用双液浆，加强土层的承载力和提高盾壳与周围土体的摩阻力。在注浆过程中，可根据实际需要确定注浆孔位及每个注浆孔的注浆压力和注浆量。当注浆过多引起盾构上浮时，应适当减少浆液的注入量。

2.2 无水砂卵石地层盾构施工

2.2.1 无水砂卵石地层的特点

砂卵石地层是指以砂和卵砾石为主的地层，属于力学不稳定层，其主要特性是结构松散，无胶结，呈大小不等的颗粒状，且颗粒之间的空隙大、黏聚力为零，颗粒之间的传力方式为点对点，围岩体整体强度较低，但单个石块强度高，在地层中起骨架作用[5-6]。根据相关规范及说明，砂的定义是粒径在 0.075 mm 到 2 mm 之间的颗粒，卵石是 60 mm 到 200 mm 之间的颗粒，如图 2-1 所示。一般来说，砂卵石地层包含有砂及卵石，并且卵石含量较高。

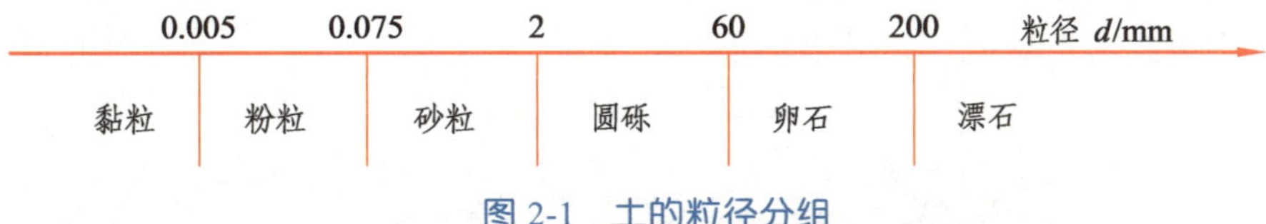

图 2-1　土的粒径分组

地史资料表明，砂卵石地层的成因主要与水动力搬运沉积相关。第四纪是全球性气候冷暖与干湿交替变化、冰川活动的重要地质时期，从冰川活动开始，以冰川、冰水搬运堆积的陆源碎屑物开始沉积，至冰后期以江河、湖滨为主的冲积物开始形成。砂卵石土根据地形和水动力条件的不同，其成因类型可分为：洪积、冲积、滨海沉积、冰水沉积和三角洲沉积。砂卵石地层，物理力学特征指标和传统的软土和硬岩都有很大差别，主要有以下特点：

（1）渣土具有不均匀性，卵石含量高。

（2）流动性差。渣土的内摩擦角较大（一般都在 30°以上），造成了渣土流动性差。

（3）与刀具间摩擦系数大。该地层和刀具之间的摩擦系数一般都在 0.4 之上，最高可达 0.7。

（4）单块卵石强度高。根据单块卵石的抗压强度试验结果，卵石块的单轴抗压强度可达 150 MPa，最大可达到 180 MPa。

（5）黏聚力小，或几乎没有黏聚力，结构松散，不连续。因此导致了结构传力特征存在差异，地层内靠点对点传力，稳定性差。

2.2.2　无水砂卵石地层开挖面失稳模式

砂卵石地层颗粒之间的孔隙大，颗粒之间没有黏聚力，刀盘旋转切削时，地层非常容易坍塌，容易产生较大的围岩扰动。因此，对无水砂卵石地层，如何控制盾构开挖面的稳定性，是保证盾构安全高效推进的首要前提。

1. 无水砂卵石地层开挖的力学特性

砂卵石地层是一种典型的力学不稳定地层，其基本特征是结构松散、无胶结，呈大小不等的颗粒状。砂卵石地层和软土地层的物理力学性质大不相同，这种地层一旦被开挖，就很易破坏原来的相对稳定或平衡状态，使开挖面和洞壁失去约束而产生不稳定状态。砂卵石地层颗粒之间的孔隙大，颗粒之间的黏聚力 c 为零。刀盘旋转切削时，地层非常容易坍塌，围岩容易发生扰动，当切削刀具的开挖力传递到开挖部位周围时，扰动的围岩范围就更大。围岩中的大块卵石、砾石越多，粒径越大，这种扰动程度就越大。特别是隧道顶部大块卵石剥落时，会引起上覆地层的突然沉陷。

2. 无水砂卵石地层盾构开挖面的失稳模式

（1）全断面砂卵石地层。

盾构在全断面卵石、圆砾石层，上覆地层分别为砂性土和黏性土。砂卵石地层中颗粒之间传力方式为点对点，如图 2-2 所示。

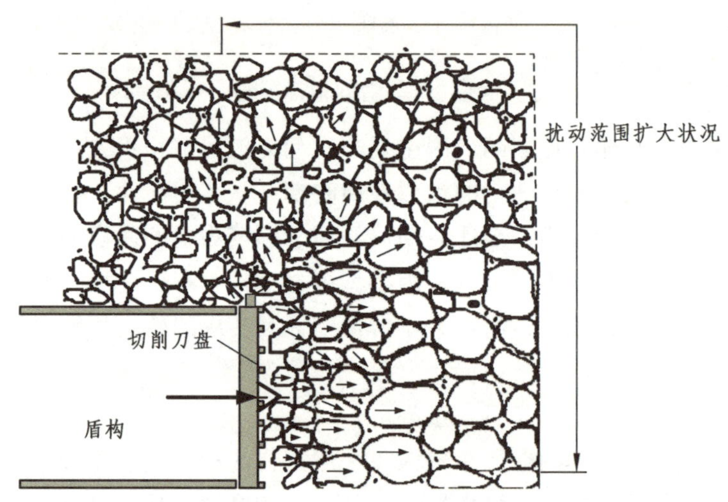

图 2-2　砂卵石地层开挖状况

若开挖面支撑压力不足，或大块卵石排出时，或螺旋输送机的排土量大于刀盘切削土量时，在刀盘前上方会产生较大的空洞区域，卵石或砾石将相继松动，在开挖面上方引起较大的塌落区，继而使得上覆砂性土和黏性土层产生的松动范围也比较明显，如图 2-3 所示。若覆土较浅，将引起很大的局部地表沉降。如果上覆土体的抗剪强度很低，还会引起冒落的危险。

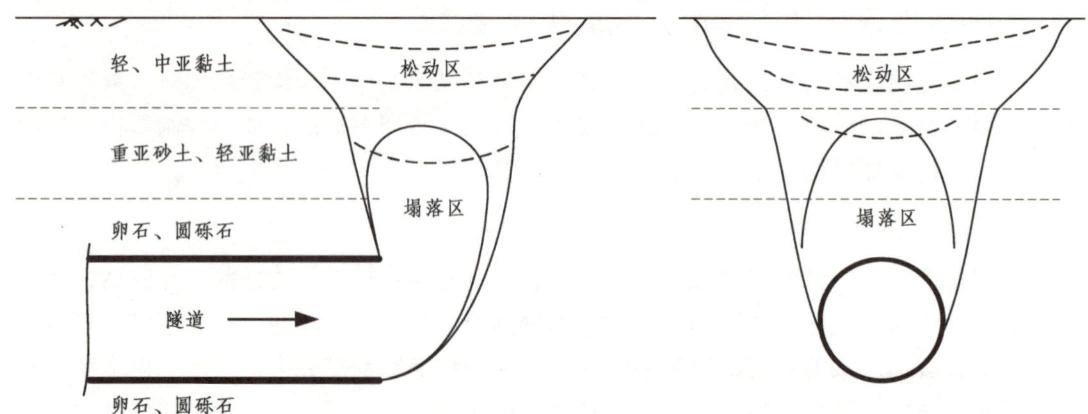

图 2-3　全断面砂卵石地层开挖面失稳形态

（2）部分断面砂卵石地层。

盾构穿越部分断面砂卵石地层时，卵砾石位于盾构开挖面的下半部，上部为细砂、中砂层，开挖面上方土体塌落和松动的程度都较全断面砂卵石地层轻，如图 2-4 所示。

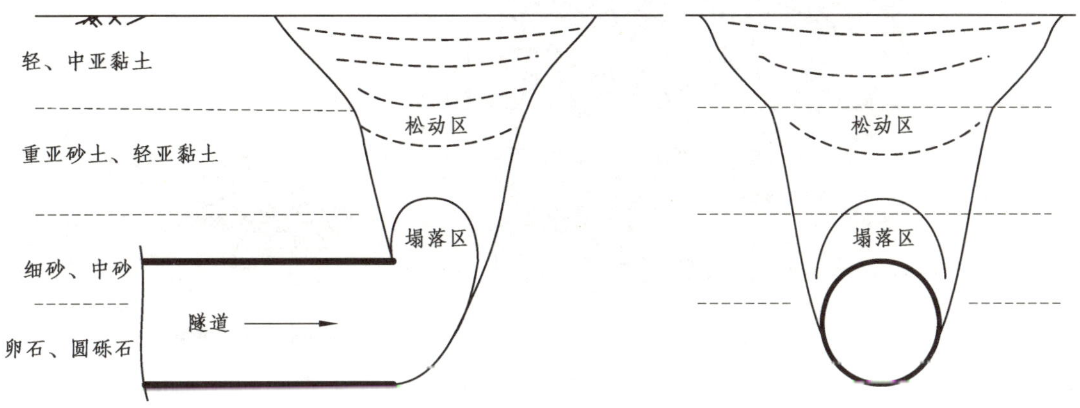

图 2-4　部分断面砂卵石地层开挖面失稳形态

2.2.3　无水砂卵石地层开挖面稳定性控制原理

1. 砂卵石地层盾构开挖面的稳定机理

盾构在地层中掘进时，需要在土舱内建立一定的土压力，并向开挖面注入添加剂，是基于以下机理：

（1）盾构刀盘对开挖面的支撑及土舱内土压力的作用有两点：一是为土体结构提供水平推力，以利于形成拱结构；二是提高开挖面土体的竖向抗力，减少开挖面上方土体失稳的可能。

（2）盾构在切削、排土的同时进行推进油缸的推进，实际是为及时有效地平衡开挖面土体的应力，控制并减小下沉速度。

（3）在刀盘切削的同时，向开挖面注入泥浆、泡沫等添加剂的作用是使开挖面土体的强度和刚度得到加强，对开挖面土体起到支护作用，减小开挖面的无支护距离。

（4）在无水砂卵石地层中，颗粒松散，无黏结力，颗粒之间的传力方式为点对点，向开挖面土体添加泥浆之后，泥浆包围在颗粒周围，形成了一层泥膜，增加了颗粒之间的黏聚力，使得颗粒之间的传力范围得到扩大，改善了土体的受力状况，增强了开挖面土体的强度和刚度，利于开挖面的稳定，如图 2-5 所示；加入的泡沫可以改善土体粒状构造，同时吸附在颗粒之间的气泡可以减小土体颗粒与刀盘系统的直接摩擦，降低土体的渗透性，又因其比重小，搅拌负荷轻，容易将土体搅拌均匀，从而做到既能平衡开挖面土压，又能连续向外顺畅排土。

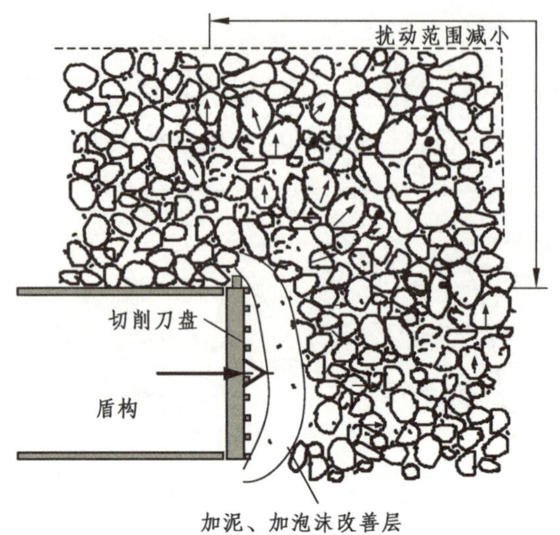

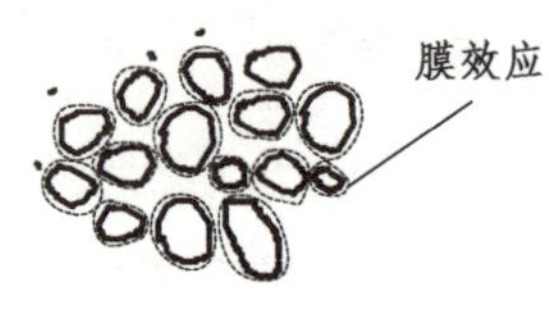

图 2-5 加泥、加泡沫对开挖面土体的改善

2. 无水砂卵石地层开挖对盾构的影响

盾构在这种地层中掘进所受到的影响主要表现在以下几个方面：

（1）砂性土和砂砾土内摩擦力比较大，摩阻力大，故难以获得好的流动性，当切削下来的土充满土舱和螺旋输送机时，将使刀盘扭矩、螺旋输送机扭矩、盾构推进油缸推力增大，甚至使开挖排土无法进行。因此，盾构刀盘切削土体时容易使刀盘过热，易造成刀具的严重磨损，影响盾构的机械性能，增加施工风险和工程费用，影响工程进度[7]。

（2）刀盘切削进来的土体须经螺旋输送机运出至皮带运输机，当遇到土质含水量低、较硬交互的情况时，螺旋输送机也会因工作扭矩过大而发热，影响其性能，严重时甚至停转。

（3）这种砂卵石地层的塑流性差，会导致大颗粒卵石滞留土舱内或向盾构四周移动，使得盾构位置和姿态控制变得困难，严重时则无法推进。

3. 无水砂卵石地层稳定性控制措施

由前述可知，盾构在掘进过程中，如果控制不当或未采取有效措施，将引起较大的塌落和松动，以至于引起显著的地表沉降。因此必须对开挖面稳定加以控制。常采取以下措施：

（1）调节推进油缸推力，使在盾构土舱内建立起的泥土压力足以与地层土压力相抗衡。

（2）保持开挖面切削土量和螺旋输送机排土量的平衡，以使泥土压力与地层土压力保持动态平衡。

（3）向开挖面添加泥浆或泡沫，改善开挖面砂卵石地层的力学性质，同时有利于改善盾构刀盘和螺旋输送机的工作环境。

基于盾构开挖面的稳定性分析，为保证无水砂卵石地层开挖面稳定，必须确保以下两个方面控制技术的实现：① 合理确定开挖面的泥土压力并保持泥土压力与地层土体压力的平衡；② 采取加泥或加泡沫技术，改善开挖面土体的受力状况，实现切削土体的塑流性。

2.2.4 无水砂卵石地层渣土改良要点

土压平衡盾构在掘进时，向开挖面添加塑流化改性材料，与开挖面切削下来的土体经过充分搅拌，形成具有一定塑流性和透水性低的塑流体。同时，通过伺服机构控制盾构推进油缸速度，与螺旋输送机向外排土的速度相匹配，经密封舱内塑流体向开挖面传递设定的平衡压力，使盾构始终在保持动态平衡的条件下连续向前推进。土压平衡盾构可以根据不同地层的地质条件，设计和配制出与之相适应的塑流化改性剂（如泡沫等），极大地拓宽了该类机型的施工领域，特别是在砂卵石地层中施工优势最为明显。

盾构在无水砂卵石地层环境中掘进时，仅采用加泥措施，改善切削土体流动性的能力有限，土体离析严重，盾构经常被堵塞而不能正常掘进，且加泥量过大，费用增加。为适应这种地层的施工，需考虑在加泥的基础上增加泡沫系统，利用加入泡沫改善土体粒状构造，吸附在颗粒之间的气泡可以减少土体颗粒与刀盘系统的直接摩擦，增加切削土体的黏聚力，同时降低土体的渗透性。

另外，在盾构推进施工时，由于大部分地层为砂卵石，土层含水量低、土质较硬，一方面，当盾构刀盘切削土体时容易使刀盘过热，影响盾构的机械性能；另一方面，刀盘切削进来的土体须经螺旋输送机运出至皮带运输机，当遇到地层含水量低、较硬交互的情况时，螺旋输送机也会因工作扭矩过大而发热，影响其性能，严重时甚至停转。因此，必须通过往泥舱内加注改良后泥浆的方式来改善土质，起到减摩的作用，满足螺旋输送机运输的性能，并起到冷却刀盘的作用。

因此，加泥、加泡沫的功效主要表现为以下几个方面：

（1）保持开挖面的稳定。

（2）增加切削土体的塑性流动性。

（3）使开挖面土体及切削下的土体具有良好的止水性。

（4）防止切削土砂黏附在刀盘及螺旋输送机内，避免闭塞现象，减轻机械负荷，降低刀盘扭矩，同时也提高了掘进速度。

（5）对刀盘、螺旋输送机起减磨冷却作用。

（6）泡沫的可压缩性或称之为弹性，对土压的稳定也有积极作用。

2.3 富水砂卵石地层盾构施工

2.3.1 富水砂卵石地层坍塌机理

富水砂卵石地层受到扰动后，在刀盘上方形成松散带，整个坍塌过程如图 2-6 所示。

（1）刀盘前上方卵石变得松散，如图 2-6（a）所示。

（2）盾构掘进产生扰动或长时间换刀时，松散卵石进入土舱，在刀盘前上方造成地层损失，形成空洞，如图 2-6（b）所示。

（3）砂卵石地层内摩擦角（内摩擦角为 35°～40°）较大，具有一定的拱效应，在拱效应作用下，地层损失进一步向地表转移，如图 2-6（c）（d）（e）所示，从而逐渐坍塌到地表。

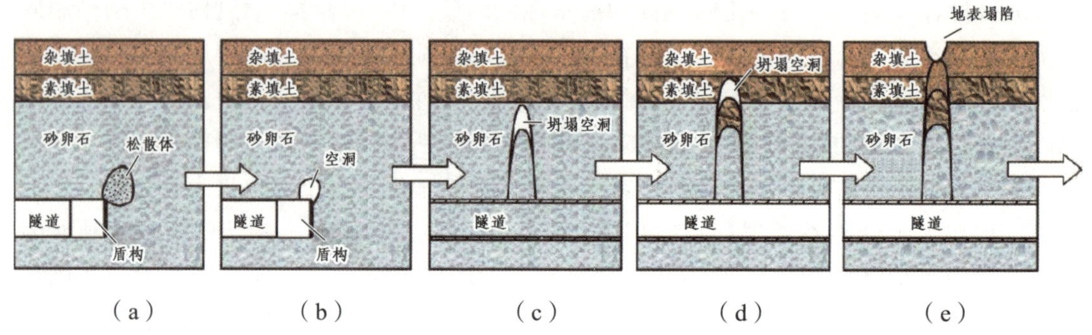

图 2-6 富水砂卵石地层坍塌机理

砂卵石地层地表坍塌的显著特点是：隧道上方形成空洞，砂卵石地层骨架效应较好，在一定时间内可自稳，在地面荷载作用下，逐步延伸至地表，造成地表塌陷，且表现出滞后性，短则一两个月，多则一年甚至两年以上，施工风险和隐患极大。

2.3.2 富水砂卵石地层坍塌原因

砂卵石地层孔隙率大，盾构掘进扰动后，地层逐渐密实，造成地层损失。局部砂卵石地层夹透镜体砂层，自稳能力差，透水性强，开挖面容易产生涌水、涌砂，造成细颗粒物质大量流失，引起开挖面失稳、地面沉降甚至塌陷。当沿线周边建筑物、地铁车站施工降水时，砂卵石地层中粉细砂等细颗粒随着降水排走，卵石之间形成孔洞，地层疏松，卵石骨架受到盾构施工扰动而垮塌。由于富水砂卵石地层的稳定性差，掘进过程中地层受到扰动容易产生坍塌；同时，富水地层易发生喷涌，当螺旋机喷涌时，会造成土舱压力不稳定，这也是产生坍塌的重要原因之一；此外，扭矩过大和欠压掘进也是产生坍塌的重要原因。

2.3.3 富水砂卵石地层盾构施工技术特点

富水砂卵石地层结构较松散，卵石含量较高，大漂石分布随机性强，局部富集成层，地下水位高，渗透性强。在这种地层中采用盾构法施工，砂卵石与刀盘刀具摩擦力大，导致刀盘驱动扭矩大、刀盘刀具及螺旋输送机磨损严重、刀盘结泥饼问题较突出、地面沉降难以控制，在掘进过程中地层受到扰动容易产生坍塌、施工进度较低、易造成安全事故。其盾构施工主要特点如下[8]：

（1）由于卵石含量高，渣土改良仅能做到使其流动，不具备软塑性，一旦建立挤压性土舱压力，搅拌和摩擦力矩剧增。而已经改良为流动状的渣土，即使在不完全满舱状态，刀盘的搅拌和摩擦阻力仍然很大。

（2）土舱压力对拱顶的支撑不足，需要依赖拱顶的自然拱作用防坍。拱顶如有散体，则会塌落形成空洞。

（3）刀具切削以冲击剥离为主，刀盘切削力矩很大，对于密实度不同的地层，贯入度导致切削扭矩的上升率虽然不同，但普遍的趋势是随着贯入度的加大，切削扭矩上升较快。

（4）地层渗透性好，在富水地层中，地下水可能在拱顶以上，压力传感器显示的压力有可能是净水头压力，通常表现的土舱压力，并不能确定渣土已经充满土舱顶部。

（5）在土舱渣面线不到顶的情况下，改良的稀浆即使带压充满土舱，稀浆对拱顶上部不能成拱的散状卵石也没有支撑作用，拱顶散状卵石仍会通过刀盘径向开口塌落形成空洞。

（6）由于卵石粒径大，在土舱渣面线不到顶的情况下，即使在能够自稳的密实卵石层，周边刮刀在拱顶刮落的卵石也会在拱顶留下卵石空位而形成空洞（图 2-7）。

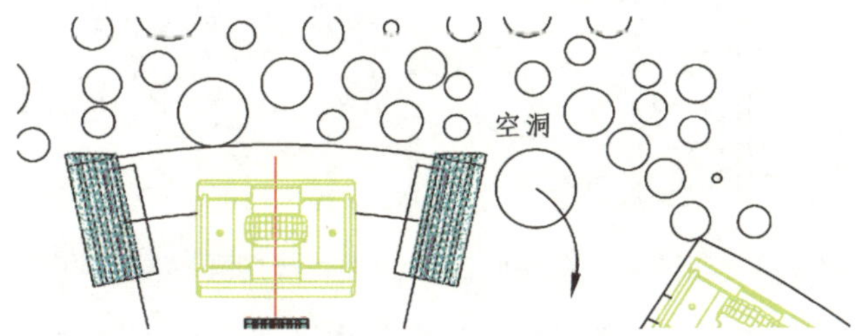

图 2-7　周边刮刀在拱顶刮落的卵石会在拱顶留下卵石空位而形成空洞

（7）在已经发生拱顶塌落的情况下，土舱压力表现的是塌落体的压力，由于土舱压力不够高，在塌落体上方仍存在空洞（图 2-8）。

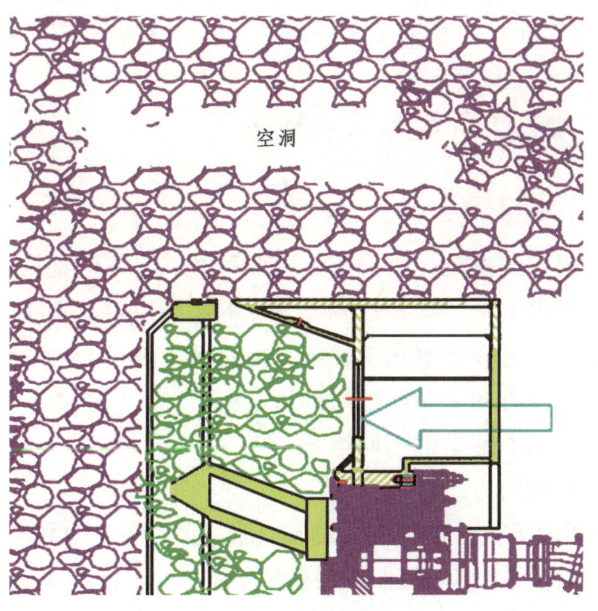

图 2-8　在塌落体上方仍存在空洞

（8）虽然密实卵石层需要刀具的强力切削剥离，但松散卵石层刀具扰动即可剥离，在半舱或空舱条件下，暴露的竖向开挖面易发生坍塌（图 2-9）。

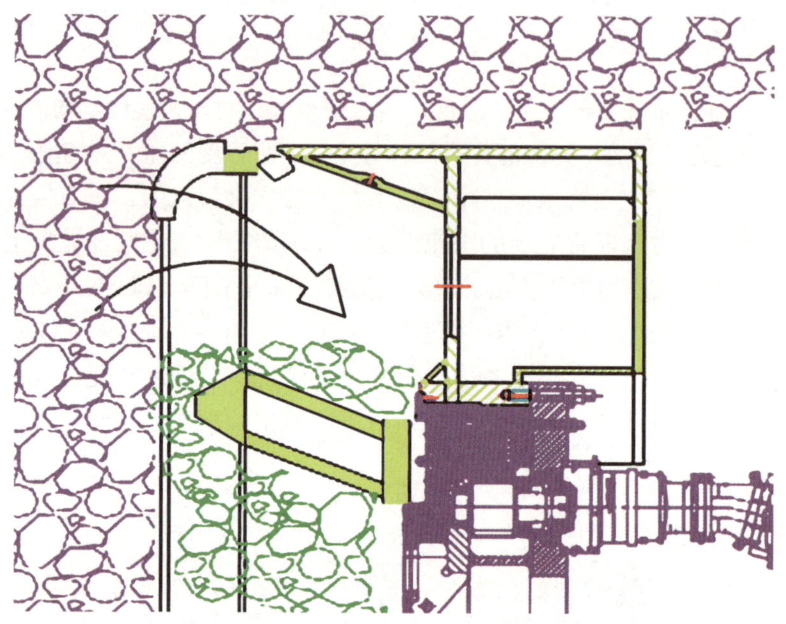

图 2-9 在半舱或空舱时暴露的竖向开挖面易发生坍塌

（9）刀盘面板与开挖面之间缝隙填充的颗粒卵石渣土挤压搅动，对刀具的二次磨损作用强烈。

（10）由于渣土颗粒大，缝隙流动不易，在刀盘面板前易形成动态空洞，松散开挖面易发生动态局部区域坍塌。

（11）卵石层渗透性好，注浆填充率不够时，拱顶空洞往往不能得到有效回填。

2.4 上软下硬复合地层盾构施工

2.4.1 复合地层的概念

在开挖断面范围内和开挖延伸方向上，由两种及以上不同地层组成，且这些地层的岩土力学、工程地质和水文地质等特征相差悬殊的地层组合，定义为复合地层[9]。

复合地层的组合方式是非常复杂多样的，但总的来说可分为三大类：

第一类是在断面垂直方向上不同地层的组合；

第二类是在水平方向上地层的不同组合；

第三类是上述两者兼而有之。

（1）复合地层在垂直方向上的变化。最典型的垂直方向上的复合地层就是所谓“上软下硬”地层。即：隧道断面上部是第四系的松软土层，而下部是坚硬的岩石地层；或者上部是软弱的岩层而下部是硬岩层；或者是在硬岩层中夹软岩层，或软岩层夹硬岩层等。

（2）复合地层在水平方向上的变化。在一施工段中，可能分布着不同时代、不同岩性或不同风化程度，从而表现出不同岩土性质的地层。

（3）在水平方向和垂直方向两者兼而有之的更为复杂。

2.4.2　复合地层的特点

复合地层最重要的特点是工程范围内的岩性变化频繁，物理力学特性差异大，基岩风化界面起伏大，断层破碎带分布密集，含水量差异明显。具体表现为：同一里程隧道横断面表现为上下或左右软硬不均，在隧道纵剖面上表现为软硬相间，其中隧道断面地层的复合特性，对盾构施工的影响尤为明显。

以广州地区为例，广州地区盾构隧道埋深一般为 10 ~ 30 m，隧道断面及上覆的地层从地表至下依次为：

上部：第四纪软土层，主要由杂填土、流塑 ~ 软塑淤泥层和富含水砂层组成。

中部：第四纪残积层，由沉积岩、岩浆岩、变质岩等三大母岩地层风化后残积形成，主要为可塑、硬塑 ~ 半固结状态黏土和砂质、砾质黏性土。

下部：大部分地区是由不同风化程度的白垩系砾岩、砂岩、粉砂岩、泥岩及少量泥灰岩组成，少部分是由不同风化程度花岗岩或花岗片麻岩及混合花岗岩组成。

根据施工实践，对盾构掘进有不利影响的典型工程地质和水文地质如下：

（1）残积土的黏土以及泥岩类岩石经研磨后形成的粉粒状矿物质，在受压、受热、受湿环境条件下，会在刀盘表面或土舱内形成泥饼。

（2）上软下硬或上硬下软的不均匀地层难以全天候进行动态平衡控制，易导致顶部坍塌。

（3）软硬地层突变及花岗岩地区的球状风化体，会使刀盘变形和刀具崩裂。

（4）富水断裂带和岩石破碎带等地层会导致螺旋输送机出土口涌水涌砂，造成施工困难。

（5）过江河或砂层、淤泥层，易失水和扰动引发大的沉降。

（6）土压平衡状态施工遇到石英含量高的地层时，刀具磨损严重。

2.4.3　上软下硬复合地层盾构施工技术特点

在上软下硬复合地层中，盾构法施工存在掘进难、效率低、成本高、地层变形控制不易等施工难题，主要集中体现在以下几个方面：

（1）盾构在上软下硬复合地层中推进时，姿态较难控制，容易产生“抬头”，纠偏困难。

（2）上软下硬复合地层盾构掘进施工存在刀具磨损严重、滚刀偏磨、刀具受冲击损坏以及刀盘变形问题[10]。

（3）上部为淤泥，下部为泥岩、砂砾岩时，极易造成刀盘结泥饼及富水地层掘进的

“喷涌”风险，导致掘进缓慢，加剧对地层的扰动，需开舱进行清理，施工效率低下。

（4）刀具和软硬不均岩面作周期性碰撞，造成刀盘振动很大，掘进速度慢，加之上部地层软弱，稳定性差，地面沉降较难控制。

（5）刀盘切削工作面土体上部软土体较易进入密封土舱，而下部密实的岩体不易破碎。此时，往往会使上部软土地层过量切削进入土舱，特别是当隧道上部地下水较丰富且有砂层时，一旦密封土舱压力失衡，上部松散地层容易造成土体流失，进而发生较大沉降，甚至发生地表塌陷的严重事故。

针对上述问题，在上软下硬复合地层中采用盾构法施工应重点关注以下几个方面：

（1）加强地质补勘，特别是对上软下硬地层的分析以及岩层分界线的勘测，对周边建（构）筑物进行调查和鉴定，预先对房屋基础采取注浆加固、桩基托换等措施。

（2）针对刀盘、刀具和螺旋输送机的磨损问题，需根据地质补勘报告，制订刀具更换计划，在盾构到达这类地层前，应在具备条件的地方停机对盾构进行全面检修，疏通泡沫管，更换损坏的刀具，确保机况完好。

（3）针对掘进方向控制问题，盾构必须配置自动导向系统，随动铰接装置，分区控制推进油缸；实时控制盾构行进姿态，可灵活转弯并实施纠偏；在掘进过程中，严格控制掘进参数，观察参数变化，对于参数突变应立即停机分析原因，不可盲目推进；合理控制推进油缸的推进油压，以控制盾构姿态“抬头”情况；如果盾构线路偏离设计线路，则及时调整各项掘进参数，逐环、小量纠偏，对盾构姿态进行调整。

（4）针对稳定工作面及控制地层变形问题，盾构可配置一机三模式功能，即土压平衡式、开敞式、半开敞式，各模式可互换，可根据需要提供稳定工作面压力。必须具有同步注浆功能，尽早填充环形间隙并控制地下水流失。

（5）针对防“泥饼”问题：盾构必须配置泡沫注入系统，刀盘倒八字形开口，向刀盘前面、土舱和螺旋输送机注入泡沫，改善渣土流塑性，利于渣土进入土舱。

（6）针对防“喷涌”问题：盾构必须配置渣土改良系统，螺旋输送机采用下部双闸门出渣的轴式螺旋输送机，提高渣土止水性，防止地下水流入，建立“土塞”效应。

此外，还要做好监控量测及信息化施工，增加监测频率，及时反馈信息。根据地表沉降和监测数据，结合现场的实际情况，及时调整土舱压力和推进油缸推力等施工参数。

2.5 岩石地层盾构施工

2.5.1 岩石地层盾构施工特点

（1）盾构在此类地层中掘进时，由于岩石强度高，推进速度慢，滚刀和刮刀磨损严重，换刀频繁。

（2）在硬岩段，如滚刀的刀间距过大，破岩效果不好，相邻两滚刀之间的岩石就不能充分破碎。

（3）在岩石地层中盾构掘进时，土舱中的渣土较少，流动性不好，如螺旋输送机转速过快，会加快螺旋输送机轴和筒壁的磨损，要注意适当增加土舱内的渣土量，降低螺旋输送机转速；合理进行渣土改良，有利于降低温度和减小摩擦、保护刀具、降低螺旋输送机磨损，提高掘进效率，此外还要重点加强刀具管理，及时检查和更换刀具，尤其是刀盘外周刀具。在全断面硬岩中，要采用提高转速、降低推力、减小贯入度的方法推进。

（4）针对卡盾现象，如在软岩中掘进，即使发生卡盾，通过铰接油缸的收放或者使用拉杆一般也都能使盾壳脱困；但当掘进至硬岩特别是全断面硬岩，出现卡盾迹象时，如急于求成，用软岩掘进理念处理往往适得其反。当卡盾情况比较严重时，不但使用铰接油缸不能脱困，即使焊接拉杆也同样不起作用。若着急蛮干，会损坏铰接油缸，造成盾尾严重变形。比较好的办法是采用钻爆法从刀盘向盾尾开挖，彻底清除卡盾的岩石，这样停机时间长、经济损失大。因此，严密、科学的施工管理和施工组织是确保盾构顺利推进的重要条件。

（5）硬岩段掘进时应启动盾构稳定装置，减小盾构的振动和防止盾构产生超限扭转，使管片的受力稳定，确保隧道的成型质量并保护管片，防止盾构变形。

2.5.2　岩石地层盾构施工技术要点

（1）应确切掌握岩层的分布情况及其各项指标，施工中利用盾构的超前钻机及时探明前方岩石情况。

（2）在复合地层中掘进时应注重对地层分界面的判断，选取不同的掘进模式和掘进参数。

（3）全断面硬岩可采用敞开模式掘进，按高转速、低扭矩选取参数。

（4）在上软下硬的地层中应采用压力平衡模式掘进，需降低掘进速度。

（5）盾构刀盘应进行地质适应性设计，宜采用单刃滚刀并具有较小刀间距。

（6）加大刀具检查频率，单刀允许磨损量及相邻刀的高差超过允许值时及时更换刀具。

（7）为减小磨损，应向刀盘前注入泡沫等添加剂。

（8）启动盾构稳定装置，采用刀盘正反转等措施，防止盾构扭转。

（9）在富水硬岩段掘进时要加强壁后注浆管理，宜采用速凝、早强浆液，及时填充空隙、稳固管片，以防止管片上浮。必要时适当降低盾构掘进轴线以补偿管片上浮量。

2.6　岩溶地层盾构施工

2.6.1　岩溶地层的概念

岩溶地层也叫喀斯特地层，按岩性可分为石灰岩喀斯特、白云岩喀斯特、石膏喀斯特、盐喀斯特，按成分可分为碳酸盐类岩石（石灰岩、白云岩、泥灰岩等）、硫酸盐类岩石（石膏、硬石膏和芒硝）、卤盐类岩石（钾、钠、镁盐岩石等）。我国喀斯特地貌分布广、面积大，主要分布在碳酸盐岩出露地区，面积约 91 万 ~ 130 万平方千米。其中以广西、贵州、云南和四川（即云贵高原）以及青海东部所占的面积最大，是世界上最大的喀斯特区之一，西藏和北方一些地区也有分布。

岩溶是指可溶性岩石，如碳酸盐类岩石是受含有二氧化碳的流水溶蚀，有时并加以沉积作用而形成的地层。岩溶地层往往存在呈奇特形状的空洞，也就是溶洞。

岩溶是水对可溶性岩石进行以化学溶蚀作用为主，流水的冲蚀、潜蚀和崩塌等作用为辅的地质作用，以及由这些作用所产生的现象的总称。岩溶个体形态主要有溶洞、溶沟溶槽、溶蚀裂隙、溶孔以及地下暗河。

溶洞：又称洞穴，是地下水沿着可溶性岩石的层面、节理或断层进行溶蚀和侵蚀而形成的地下孔道。溶洞有全填充型，填充物有黏土、分化岩碎块、流塑状黏土等；有半填充型，填充物有流塑状土；还有无填充型空洞。溶洞孔径大小不一，有 1 ~ 2 m 的小溶洞，也有 10 ~ 20 m 的大溶洞，常见溶洞一般在 5 ~ 10 m。

裂隙岩溶水：裂隙岩溶水赋存于岩溶地层中，岩石裂隙发育，岩面较破碎，强透水，水量丰富，局部具承压性；裂隙岩溶水的水位受基岩裂隙及溶蚀作用的影响，裂隙及溶蚀裂隙弱发育，则水位相对比较高，反之则相对较低。

近年来，全国各地的地铁施工中多处发现了岩溶地层，比如贵阳、南宁、广州、昆明、武汉、长沙、徐州、大连等，造成溶洞溶管、突水突泥、地面塌陷等不良地质状况，给地下工程建设带来了巨大困难。

2.6.2 岩溶地层盾构施工难点

目前，地质物探方法只能推测出某一区域有岩溶，具体溶洞大小不能准确确定；用传统地质钻孔勘探，能探出一部分溶洞位置和大小，但探孔间距较大，一般孔间距为 30 m，大部分岩溶有时不能探出，不确定的地质对盾构施工会产生风险。

对于探明的溶洞，主要采取地面处理与洞内处理两种处理措施，且优先进行地面探测、处理，洞内处理作为辅助措施[11]。当地质勘探出有岩溶地层时，设计要求对岩溶地层进行注浆加固处理，但加固处理范围有限，一般为隧道底板以下 5 m 内溶洞加固处理，隧道左侧、右侧上部 3 m 范围内溶洞加固处理；此范围经注浆加固处理后可降低盾构施工风险，在后期盾构掘进过程中仍需注意盾构姿态及参数控制，以确保施工安全。

盾构掘进一旦遇溶洞，有可能造成突水、突泥及盾构陷落等工程事故，对盾构施工影响很大。同时，若隧道溶洞涌水（或突水）得不到有效处理，将直接导致水位下降，从而影响周边建筑物安全，严重时将造成地面塌陷。

岩溶地层地下水较为丰富，且局部具有承压性，盾构掘进施工过程中容易产生喷涌，裂隙岩溶水夹带地层中的泥沙流失，出土量不易控制，易造成地面沉降及塌陷，不利于盾构掘进施工。

2.6.3　岩溶地层盾构施工风险

采用盾构法在岩溶地层中施工隧道，可能会发生如下风险：

（1）盾构栽头、陷落：如果盾构前方出现大直径溶洞，盾构很可能会偏离掘进方向，严重时可能陷落到溶洞内。

（2）地层大量失水、坍塌：盾构掘进如果造成地下水大量流失，将会破坏地层原来的荷载分布而发生坍塌。

（3）地表沉降导致地面和地下建筑物破坏：地层里的地下水流失、局部坍塌后，会将这种影响传递到地面，从而导致地面和地下建筑物破坏。

（4）隧道上浮、结构被破坏：管片衬砌为圆形结构，可以受外压，不能受内压。如果围岩与管片之间的环形间隙不能很好地及时填充，管片可能会在水的作用下产生上浮，严重情况下，隧道结构会被完全破坏掉，比如隧道一侧为溶洞，管片没有围岩支撑。

（5）刀盘被卡住：溶洞坍塌或掉落的大块或大量石头很可能卡住刀盘。

（6）刀盘、刀具磨损和损坏严重：很容易形成软硬不均的开挖面，造成滚刀不转或刀具承受频繁冲击。也容易产生大块的不规则石块挤压在开挖面与刀盘之间。

（7）开挖面瞬间失压：盾构如果在敞开式或半敞开式模式下掘进，一旦遇到溶洞，开挖面很可能瞬间失压，导致严重坍塌。

（8）盾体被卡住：溶洞坍塌掉落大量石头很可能把盾体压死。

（9）螺旋输送机喷涌、被卡住：地层中地下水丰富、水压高，渣土全是石块，螺旋输送机不能保压，叶片也容易被卡住。

（10）泥水舱堵塞：大量石块掉入泥水舱造成堵塞。

（11）碎石器磨损、损坏：石块太多，碎石器长时间在石块的包围下工作，容易磨损和损坏。

（12）排泥泵和管路磨损：大量石块通过排泥泵和管路，导致其被磨损。

这些风险需要在盾构选型、性能配置、参数设置时充分考虑，并尽可能规避。

2.6.4　岩溶地层盾构施工技术要点

岩溶地层盾构施工应以“全面勘察、重点加固、局部封闭”的原则为依据和指导，从溶洞的空间分布、大小及充填情况进行勘察，对溶洞事先进行填充和加固处理，在盾构的适应性设计及掘进技术等方面应进行深入研究，采取相应的控制措施。

（1）应用高密度电阻率法物探、补充钻孔勘探、电磁波深孔 CT 物探多种探测方法，对勘测结果进行综合分析，探明溶洞的空间分布、大小及填充物特征。

（2）确定合理的加固方案，满足盾构施工安全及隧道结构稳定要求。处理的重点是隧道下部填充物为淤泥、松散砂层、软塑状泥炭质黏土的溶洞，对处理区与外界开放连通的主要地下水裂隙通道进行封闭。

（3）盾构选型与地质适应性设计应充分考虑地层特点和施工条件等因素。采用适应岩溶地层施工的盾构；刀盘形式和刀具配置能满足破岩能力；一般应配置超前钻探装置、超前注浆孔，必要时可选配洞内 HSP 法等措施。

（4）做好盾构掘进参数管理，建立监控量测体系，实施信息化管理，保证在整个施工过程中盾构掘进姿态、管片姿态和地面沉降均处于受控状态。

2.7 断裂带地层盾构施工

2.7.1 断裂带的特点及工程问题

断裂带亦称“断层带”，是断裂变动中一种主要的类型，是指岩石在构造应力作用下发生断裂，断裂面两侧的岩块沿着断裂面发生明显相对位移的构造现象[12]。断裂带是由主断层面及其两侧破碎岩块以及若干次级断层或破裂面组成的地带。在靠近主断层面附近发育有构造岩，以主断层面附近为轴线向两侧扩散，一般依次出现断层泥或糜棱岩、断层角砾岩、碎裂岩等，再向外即过渡为断层带以外的完整岩石。在工程实践中，断裂分布区域地质条件相对复杂，使隧道的修建更为复杂，对盾构施工和后期运营会造成一定影响。其工程问题主要表现在以下几个方面：

（1）断裂带岩体整体强度较低，且软硬不均，当遇强度较大的基岩时，盾构掘进较困难，断裂裂隙发育，软硬结合面稳定性差，盾构掘进过程中极易发生轴向偏移。

（2）碎块状碎裂岩的岩芯呈碎块状，采取率极低，细粒含量较大，其地表处若存在江河湖海等水系，则极易形成透水通道，从而发生渗透破坏；断裂带岩体整体稳定性极差，极易坍塌，盾构隧道在穿越断裂带地层时，在施工扰动、开挖卸荷的情况下，易导致围岩变形过大而坍塌，应采取适当的措施。

（3）断裂带抗震能力差，应采取适当的抗震措施。

（4）断裂带与两侧地层差异较大，且断裂带内的花岗碎裂岩、强蚀变花岗岩与含砾粗砂岩交接面处差异亦较大，盾构施工时需要根据地层选择合适的刀具组合及掘进参数，否则将加快刀具的磨损，且出渣困难，造成盾构掘进困难，严重影响盾构施工效率。

（5）断裂带是地下水活动的通道，同时又是地下水赋存的场所。断裂带通常岩石较破碎，地下水丰富，在隧道开挖时易发生涌水事件，应采取足够的保护措施，以避免安全事故。

2.7.2 土压平衡盾构掘进措施

由于断裂带中岩石破碎，地下水丰富，盾构穿越断裂带时易发生喷涌、掌子面坍塌等情况。为确保盾构安全顺利通过断裂带，使用土压平衡盾构施工应采取以下掘进控制措施，以控制地面沉降及喷涌[13]：

1. 盾构连续掘进

在盾构穿越断裂带过程中，应采用连续掘进方式，在最短的时间内通过断裂带，把盾构掘进对地面的影响降到最低。

2. 严格控制出土量

土压平衡模式掘进时，主要是利用螺旋输送机排土机构进行与盾构推进量相应的排土作业，在掘进过程中，通过对螺旋输送机速度的控制来维持排土量与开挖土量的平衡，以保持开挖面土体稳定，并防止地下水土的流失，避免引起地表过大沉降。

3. 降低掘进速度

将盾构掘进速度控制在 20 mm/min 之内，同时将土舱压力变动幅度控制在 30 kPa（0.3 bar）之内。这样，无论盾构是在掘进状态还是在停机状态，均可以相对维持土舱压力与掌子面的平衡，以避免土压变化过大，减少对掘削地层的扰动，从而达到控制沉降的目的。可在不扰动原始地层的情况下改变地层原始结构，防止由于地层应力释放而发生沉降。

4. 注浆量控制

注浆量控制的主要目的是控制盾构通过时的后期沉降，通过注浆填充管片与围岩之间的空隙，以及时支撑隧道拱顶地层，从而达到控制沉降的目的。同时，盾构在过断裂带的过程中应加强二次注浆。

控制注浆量的主要作用有二：一是保证管片在短时间内稳定；二是保证管片壁后与隧道围岩之间短时间内凝固并充填密实，以堵住后面来水，预防盾构后面来水涌入刀盘前方造成“喷涌”的可能，以防止造成出土量无法控制的后果。

5. 土压平衡模式防“泥饼”措施

在过断裂带时，当采取土压平衡模式掘进时，有形成“泥饼”的可能。如在断裂带路段形成“泥饼”造成盾构掘进停止，很有可能“喷涌”问题接踵而来，地面沉降将得不到控制。所以在过断裂带时，需预防“泥饼”问题的产生。

在掘进时，刀盘前面加入水和适当比例的泡沫剂对改良土层黏性是十分有效的。另外，结合注入高分子分散剂材料来预防“泥饼”问题的发生，可达到减小土壤黏性、增强和易性和加大流动性的作用。

6. 预防“喷涌”措施

盾构在掘进断裂带过程中，经常会遇到“喷涌”问题，造成出土量无法控制、出土量超过理论计算量的后果。由于出土超量会造成地面坍塌事故，所以需采取措施预防掘进过程中的“喷涌”问题。

采取措施主要有二：一是选择合适配比的渣土改良添加剂，将传统的泡沫改良改为注入高分子材料进行改良，以减小泡沫改良由于气压存在产生的“假土压”效应；二是通过双液注浆方式填充密实管片与围岩之间的间隙，以堵住盾尾来水预防“喷涌”。

7. 掘进前确保盾构状态健康良好

盾构到达断裂带前 50 m 时，对盾构的所有设备进行彻底检查和维修，特别是刀具、注浆系统、尾刷、土压计等，以确保盾构以良好的状态顺利穿越断裂带。

（1）盾构同步注浆系统、发泡系统维修。

① 对盾构同步注浆管路进行清理，保证所有注浆管均可正常使用。

② 对注浆泵进行维修，保证注浆泵均可用；对注浆压力传感器进行维修，保证每个注浆压力显示均正确。

③ 对发泡管路进行清通，特别是进入刀盘前的发泡剂管。对发泡系统进行调试，确保可用。

（2）土压平衡系统以及数据传输系统。

为了指导盾构掘进，对土压力的显示必须正确，掘进数据必须可以传输到地面监控室，以便地面值班经理能正确指挥隧道内施工。所以必须做好如下工作：

① 清理土压力传感器，检查传感器的线缆，确保土压力在面板上正确显示。

② 维修隧道与地面数据传输系统，检查线路并调试，保证可用。

（3）盾构油脂注入系统。

为了确保盾尾注浆时不漏浆或少漏浆，必须对盾构油脂注入系统进行全面检查维修，检查油脂泵、油脂管路，确保油脂管路畅通，调整油脂注入压力，确保油脂注入量。

（4）隧道内排水排污系统。

为了防止由于隧道掘进时喷涌而影响掘进，必须对隧道内排水排污系统进行全面的清理检查，并准备足够的排水排污泵。

2.7.3 泥水平衡盾构掘进措施

对于水下断裂带地层，一般采用泥水平衡盾构施工。

水下区间隧道断裂带与区间隧道相交时，影响范围内基岩风化剧烈，节理和裂隙极其发育，岩体破碎，基岩裂隙水发育，水文地质特征复杂，透水性强，与水体联系密切，施工中易产生透水、渗透变形破坏、坍塌等不良地质现象，施工风险较大。

施工前，应做好以下准备工作：

（1）配置优质泥浆，其黏度、比重、析水率等指标满足要求，供盾构泥浆循环使用，确保掌子面泥膜形成。

（2）对盾构各系统（特别是液压推进系统、电力系统、润滑系统等）进行检查，确保盾构处于良好的工作状态；同时对泥水处理系统、空压机、龙门吊、电瓶车、装载机、叉车等关系到盾构掘进的机械设备进行全面检查，以减少因设备故障造成的盾构停机，确保盾构安全、连续、快速通过破碎带。

（3）提前对刀具进行检查、更换，防止在断裂带地层进舱换刀情况发生。

对于可能出现的断层，在施工中必须高度重视，以确保盾构施工安全。穿越断层的施工要点如下：

（1）进入断层前。

① 确定断层存在的大致区域，并确定盾构对应的里程范围。

② 仔细研究断层性质，判断其对盾构施工的影响。

③ 通过加强对盾构前部区域的土体探测，及时了解和掌握正面土体的扰动情况，分析正面土体的性质。

④ 充分利用盾构自身配置的超前注浆系统，提前对断层区域进行注浆预加固。

（2）进入断层时。

① 适时调整技术参数，如适当降低泥水压设定值、增加同步注浆量等。

② 放慢推进速度。

③ 加强监测频率，充分利用监测信息指导施工。

（3）穿越断层后。

① 及时跟踪监测成型隧道的变形情况。

② 根据监测数据，及时进行补注浆。

盾构在掘进断裂带地层时，可能会出现开挖面失稳、壁后注浆效果不佳、盾尾渗漏等情况。为保证盾构施工安全，应采取以下施工技术措施：

（1）在施工前，对隧道范围内地质报告图进行复核，查明断裂带的影响范围。

（2）采取低转速、低推力的方式进行盾构掘进，减少对地层及掌子面泥膜的扰动。

（3）泥浆指标要求如下：

① 比重。

泥水的比重是一个主要控制指标。掘进中进泥比重不应过高或过低，过高会影响泥水将盾构切削土体输送至地面的能力，过低将降低泥水造壁性，减弱其对掌子面的支撑能力。泥水比重设置范围一般控制在 1.05 ~ 1.20。但在断裂破碎带施工，泥水应牺牲其携渣能力，提高其造壁性，泥浆比重应不低于 1.20。

② 黏度。

泥水的黏度是另一个主要控制指标。从土颗粒的悬浮性要求而言，泥水的黏度越高越好，根据泥水处理系统的自造浆能力，随着推进环数的增加，泥浆越来越浓，黏度也呈直线上升。一般泥水黏度的范围设在 30 s 左右。

③ 析水量。

析水量是泥水管理中的一项综合指标，它更大程度上与泥水的黏度有关，悬浮性好的泥浆就意味着析水量小，反之则大。泥水的析水量应控制在 5% 以下。降低土颗粒和提高泥浆的黏度，是保证析水量合格的主要手段。

（4）断裂破碎带节理及空隙发育，透水性能强，壁后注浆应以压力控制为主，增加同步注浆量，充分填充地层空隙，并在满足砂浆的运输及泵送条件下，适当增大砂浆浓度。

（5）合理设定气垫舱压力，是保证掌子面稳定的关键。气垫舱压力应根据以下方法验证：在盾构停止掘进、不进行泥水循环的条件下，如果气垫舱液位上升说明地层中水、土体进入开挖舱，气垫舱压力设定偏低；如果气垫舱液位下降，则说明开挖舱泥水向地层中流失，气垫舱压力设定偏高。

（6）气垫舱的压力设定与水位有直接关系，其压力必须随水位变化而调整。应建立盾构操作控制室与地面测量班联系机制，水位每变化 0.5 m，即通知当班机长，进行气垫舱压力调整。

（7）提高管片拼装精度，均匀控制盾尾间隙，并注入充足、优质的盾尾油脂，以防止盾尾渗漏。

本章参考文献

[1] 洪开荣，等. 盾构与掘进关键技术[M]. 北京：人民交通出版社，2018.

[2] 苏栋，谭毅俊，沈翔，等. 软土地层加固对盾构姿态调控及地层变形的影响研究[J]. 现代隧道技术，2023，60（2）：138-148.

[3] 宋剑. 软土地层盾构机掘进姿态及管片破损控制分析[D]. 北京：清华大学，2020.

[4] 伍军，陈馈，白江涛，等. 盾构从业人员培训教程[M]. 福州：福建科学技术出版社，2022.

[5] 胡欣雨，张子新. 砂卵石地层土压盾构开挖面动态平衡机理研究[J]. 地下空间与工程学报，2009，5（6）：1115-1121.

[6] 洪开荣，吴学松，陈馈 .盾构施工技术[M]. 北京：人民交通出版社，2009.

[7] 杨志勇，王霆，江玉生. 无水砂卵石地层土压平衡盾构主动换刀技术研究[J]. 现代隧道技术，2016，53（1）：147-152.

[8] 蒽振东，胡林浩，张书香，等. 富水砂卵石地层大直径盾构渣土改良试验研究——以成都地铁 17 号线明九区间 2#风井—九江北站盾构工程为例[J]. 隧道建设（中英文），2021，41（1）：37-43.

[9] 洪开荣，等. 软硬不均与极软地层盾构处理技术[M]. 上海：上海科学技术出版社，2019.

[10] 李强，甘鹏路. 复合地层盾构刀具磨损控制技术研究[J]. 现代隧道技术，2020，57（1）：168-174.

[11] 贺勇，米少龙. 岩溶区地铁盾构隧道施工关键技术研究[J]. 现代隧道技术，2022，59（增 1）：903-910.

[12] 刘智，钟长平. 超大直径泥水平衡盾构断层破碎带掘进关键技术研究[J]. 现代隧道技术，2023，60（1）：225-232.

[13] 杜彦良，陈馈，王江卡. 盾构设计施工管理关键技术[M]. 成都： 西南交通大学出版社，2023.

第 3 章　复杂地质主要工程问题与对策

本章重点

复杂地质条件下，盾构施工所面临的结泥饼、涌水、滞排等主要工程问题的成因及其对策。

在极复杂艰险地质条件下，盾构法施工遇到的工程问题主要有结泥饼、涌水、滞排等三大工程难题。这三大工程难题是盾构施工面临的重大风险，有效解决盾构施工中结泥饼、涌水、滞排等工程问题，是盾构安全施工的根本。

3.1　盾构结泥饼原因与对策

3.1.1　盾构结泥饼原因分析

泥饼的成因，主要是地层地质、盾构选型及施工措施等三个方面。其中，地层地质是客观自然规律，是形成泥饼的基础。在盾构施工过程中，是否会形成泥饼，关键还在于盾构选型。但一旦盾构从始发井掘进，预防形成泥饼的责任就全部落到施工措施上。所以，施工措施是防治泥饼形成的根本[1]。

1. 地层地质

易在盾构掘进过程中形成泥饼的地层有可塑或硬塑状的黏土类地层、黏土质砂土地层、泥岩、泥质粉砂岩、母岩为花岗岩的残积土层、全风化岩层和强风化岩层等。

根据地质常识，黏土类地层和黏土质砂土地层经“成岩作用”分别演变为泥岩、泥质粉砂岩或泥质砂岩，前者是土，后者是岩，两者土力学性质差别很大，但岩与土的矿物成分相类同。

根据施工经验，广州地铁 1 号线形成泥饼的地层大多为富含黏土矿物的土层，诸如残积黏土层和黏土质砂土层等；广州地铁 2 号线形成泥饼的地层大多为泥岩和泥质粉砂岩。上述两类地层，其最基本的特征是：岩或土中黏土矿物含量均超过 25%。也就是说，当岩或土中黏土矿物含量超过 25% 时，随着其含量的增加，在相同施工设备和工艺条件下，泥饼形成的可能性将增加。

深圳地铁一期工程盾构施工形成泥饼的地层也富含黏土矿物。其原因是深圳地铁一期沿线的地层主要为形成于 7000 万年以前的“燕山期”花岗岩，基岩的主要矿物成分为石英、斜长石和正长石三种，其中作为稳定矿物的石英含量约 25%，不稳定矿物长石类含量超过 55%。这一地区的花岗岩，受“燕山运动”和“喜山运动”的影响，隆起成陆并长期遭受物理和化学风化作用，其中接近地表的不稳定矿物诸如长石类矿物风化形成高岭石族、伊利石族等黏土矿物。在风化过程中，只有微量元素诸如 K、Na、Ca 可能会淋滤流失，Al、Si 类矿物则多保留。因此，在全风化、强风化及残积的花岗岩地层中，尽管可能还保留有长石类矿物晶体结构的轮廓，但其内部已风化为黏土矿物，并且总含量基本保持不变；一旦卸荷（开挖面状态）或遇水，矿物晶体结构的轮廓将被破坏，黏土矿物吸收水分膨胀，并在不同的含水量情况下显示不同的黏结性和流动性。因此，黏土矿物是泥饼形成的物质基础，并且泥饼易在黏土矿物含量超过 25% 的各类地层中形成。

一般地，当隧道穿越全～强风化的泥岩、泥质粉砂岩、泥质砂岩等地层时，这几类岩层富含黏土矿物颗粒，在刀具的切削和刀盘的冲击作用下，岩块变成碎屑和粉末状，这些碎屑粉末状的黏土颗粒是形成泥饼的基础材料。通过试验得出：

（1）当泥岩和泥质粉砂岩的黏土粒、碎屑含量低于 20% 时，泥饼生成概率很小。

（2）当黏土粒、碎屑含量大于 25% 时，随着施工工艺和施工设备的不利因素组合，泥饼发生可能性增加。

黏性土具有黏性和可塑性，孔隙小而多，透水性弱，力学性质随含水量大小而变化。黏性土按照塑性指数可分为黏土和亚黏土（粉质黏土）。黏性土在我国主要分布于华南地区，尤其是沿海、沿江、河谷、湖泊等地区附近。黏性土由于其中含有黏土矿物而具有亲水性，黏土矿物是构成黏性土和泥岩的主要矿物组分，亲水性是指在矿物表面吸引水（结合水）的能力。

根据其吸引水的强度不同，结合水又分为强结合水和弱结合水。不同含水率的黏性土的微观形态如图 3-1 所示。

土颗粒中的黏土矿物与强弱结合水的结合特性是黏性土具有可塑性、黏性、膨胀性等物理性质的主要原因。

（1）强结合水（附着水）：存在于最靠近土颗粒表面处。它具有很大的黏滞性、弹性及抗剪强度，密度大（比重为 1.2～2.4）。

（2）弱结合水：距土粒表面较远的结合水，又叫薄膜水。其引力较强结合水小，但不能像自由水那样自由流动。

土中多含自由水时，处于流动状态；土中多呈弱结合水时，处于可塑状态；土中为强结合水时处于固态。

黏性土的工程性质除与黏土矿物的亲水性有关外，还与成因类型及沉积条件等有关，具体见表 3-1。

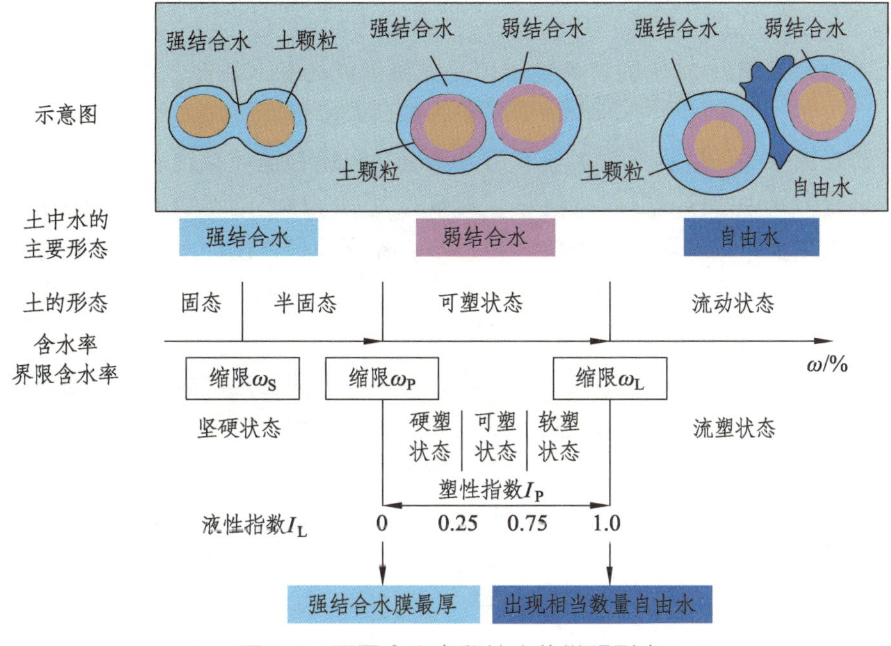

图 3-1 不同含水率黏性土的微观形态

表 3-1 黏性土分类

黏性土按地质成因分类	详细特征
一次黏土（原生黏土、残留黏土）	黏土是由铝硅酸盐类岩石（主要为长石类）经长期风化（在水和碳酸作用下高岭石化）而成，即母岩风化后残留在原地的黏土，杂质较少，颗粒较粗，可塑性较差
二次黏土（次生黏土、沉积黏土）	一次黏土经雨水川河漂流而被搬运至湖泊、沼泽等低洼处再次沉积的黏土，颗粒较细，搬运过程中混入了有机物和杂质，因而可塑性较强，杂质较多
老黏性土	第四系上更新统（Q_3）及其以前沉积的黏性土。 一般分布于山坡、河谷高阶地或伏于现代沉积（Q_4）之下。由于它沉积年代较久，因而具有较高的结构强度和较低的压缩性。其承载力标准值一般大于 350 kPa，压缩模量 E 大于 15 MPa，标准贯入击数 N 大于 15。 通常老黏性土的承载能力明显大于具有相同物理性质指标的一般黏性土。 但应注意，有些年代在 Q_3 及其以前的沉积层由于受所处地形等其他条件的影响，其工程性质也可能较差
一般黏性土	第四纪全新世（Q_4）沉积的工程性质一般的黏性土。 广泛分布于河谷各级阶地（主要在低阶地）、山前及平原地区，厚度变化因成因类型而异；多呈褐黄色或黄褐色，有时含铁锰质粒状结核，但圆度较差，亦较疏松。 承载力标准值一般为 120～300 kPa，压缩模量 E 为 4～15 MPa，标准贯入击数 N 为 3～15
新近沉积黏性土	沉积年代较新的，即在近代文化期沉积的黏性土。 多分布于湖、塘、沟、谷和河漫滩地段以及超河漫滩低阶地、古河道、洪积冲积扇和山前斜地的顶部。一般未经很好的压密固结作用，结构强度较小。 新近沉积黏性土的物理指标与一般黏性土的指标相近，但工程性质与一般黏性土有明显差别

2. 盾构选型

黏土矿物含量超过 25% 的各类地层仅是泥饼形成的基本条件，在盾构施工过程中，是否会形成泥饼，关键还在于盾构选型是否合理。

与泥饼形成有关的盾构系统主要有刀盘系统、土舱和搅拌系统、螺旋输送机出土系统等。特别是刀盘中心区域开口率过小、刀具布置不合理是结泥饼的重要原因；搅拌棒数量不足、刀盘辐条不够圆滑、土舱容积过小、螺旋输送机设计不合理等也是产生泥饼的原因。

（1）刀盘系统。

刀盘系统决定着地层的破碎机理，它将原始的呈整体的地层破碎成大小不等的碎屑和粉末。其中，刀盘的结构形状、开口率、开口孔隙的规格、刀盘转速，刀具的数量、布置形式、种类等对切削下来的碎屑或粉末的性质影响最大。

广州地铁 2 号线穿越珠江的盾构刀盘，以滚刀和切刀为主，刀具种类少，几乎无层次，滚刀和切刀高差只有 20 mm，滚刀高出面板只有 90 mm，切刀刃角接近 90°。施工实践证明，这种刀具组合形式的刀盘对于弹性模量小的粉砂质泥岩，其功能类似“磨盘”，只能将岩石磨成粉末。这些粉末实际是黏土矿物颗粒或其小集合体，在一定的压力（＞0.1 MPa）和较高的温度（机械运动产生的热）环境下，将有序排列，并显示强黏结性，最后结成泥饼。

对于隧道洞身为泥岩类和泥质粉砂岩类地层，粉末的形成是泥饼形成的前提条件。因为矿物间的黏结强度与“比表面积”成正比，粉末的“比表面积”比较大颗粒或岩块的“比表面积”大得多。因此，粉末更易形成泥饼，这也是广州地铁 2 号线海瑞克盾构穿越类似地层时形成泥饼概率较低的原因之一。因为海瑞克盾构刀盘的滚刀高出面板 175 mm，切刀高出面板 140 mm，滚刀和切刀的高差均超过 35 mm，滚刀和切刀层次明显，滚刀和切刀的切削分工明确，切削下来的大多为较大规格的泥岩块（常见在 2 ~ 10 cm 之间）。

刀盘的中心区也是结泥饼的高发区，无论从德国进口还是从日本进口的盾构，由于中心区的开口率小、刀具线速度低，均易形成泥饼，对地质的适应性均较差；特别是中心设置滚刀时，泥饼发生频度更高。

（2）土舱和搅拌系统。

① 搅拌系统。

在土舱内对渣土具有搅拌作用的装置有三类：

第一类是每一类型盾构均设有的刀盘支撑梁，随刀盘的转动而搅拌舱内的土体，相比较而言，斜向和圆柱形支撑梁（海瑞克形式）较水平和方柱形支撑梁（日本形式）搅拌效果要好些。

第二类是活动型搅拌棒，固定于刀盘的后板上，大多数土压平衡盾构均设置，少则一根，多则 6 根，有的还在每根搅拌棒中间设有注浆管路。

第三类是固定搅拌棒，大多设置在土舱壁上的轴承密封圈内侧，也可在搅拌棒内设注浆管路。这类搅拌棒的主要作用是预防土舱中心区结泥饼，从而也有利于轴承密封的保护及施工人员从人舱中进出土舱。

广州地铁 1 号线的 3 台盾构均没有设置固定搅拌棒，因而在中心区形成泥饼的概率较高，继之损坏轴承密封的可能性也增大。

深圳地铁 2A 标施工单位吸收了广州地铁 1 号线 3 台盾构密封损坏或损伤的教训，要求盾构制造商设置了一根带有注浆管路的固定搅拌棒，效果较明显，在掘进相同地层时，很少有结泥饼的现象，并且有效保护了主轴承密封。

当然，搅拌棒的设置还有利于螺旋输送机排土；但设置搅拌棒会增大扭矩，据经验，设置搅拌棒以后，在土压平衡状态下，扭矩增加 5% ~ 10%。因此，设置数量还需考虑盾构的工作扭矩。

② 土舱容积。

国内应用于地铁隧道施工的日本制造的直径在 6.0 ~ 6.5 m 间的盾构（广州地铁 1 号线 3 台、2 号线 2 台，深圳地铁 2A 标 2 台、2B 标 1 台，上海多台，南京 1 台等）土舱容积大多在 20 ~ 22.5 m^3，而同直径的海瑞克盾构（2002 年前中国购置 10 台），其容积较日本盾构增大 25%，土舱容积大多在 27.5 ~ 30 m^3 之间。根据施工经验，土舱容积小的，土体更易压实结泥饼。

③ 土舱中心承压板。

主驱动采用土舱中心固定承压板设计时，与土舱中心承压板随刀盘转动的设计相比，更能有效防止土舱中心泥饼产生。

（3）螺旋输送机。

在土舱内土体的性质、螺旋输送机的规格、类型、功能等均相同的情况下，排土能力很大程度上来说，取决于螺旋输送机伸入土舱的深度。

日本设计制造的盾构，螺旋输送机伸入舱内深度一般在舱宽的 1/2 ~ 1/4 之间，很少有超过舱宽一半的。而德国及中国制造的盾构大多超过舱体的一半宽度，其主动取土的能力大大超过日本制造的“喂料式”盾构。因此，从排土能力来说，“主动”取土能力强者，土体在舱内停留的时间越短，越不易形成泥饼。

同时，螺旋输送机的直径也对泥饼的形成有一定影响。

3. 施工措施

一旦盾构从始发井掘进，预防形成泥饼的责任就全部落到施工措施上。从施工角度来说，泥饼形成的因素有对地质条件的误判，设定过高的出土压力，未用或未针对性使用渣土改良剂，没有及时适量地注水，盾构长期运行产生的高温高热，土舱饱压时长时间停机等。

（1）对地质条件的误判。

这是施工的第一位问题。深圳地铁 2B 标之所以出现这么严重的盾构损坏事故，首先起源于对地质条件的误判，轴承密封损坏地段其洞身上断面的岩性实际是全风化和强风化花岗岩，但地质文件中描述的则是第四纪砂土层。依据常规，在富水的砂土地层中掘进，为了控制地表沉降，施工单位和盾构制造商均会采用土压平衡模式施工。而事实上，在开挖面相对稳定的全、强风化花岗岩中，建立土压平衡状态掘进，最易形成泥饼。

（2）出土压力设定过高。

随着土压平衡模式的建立，舱内土体的密实度逐渐增加，若再加上设定过高的出土压力，其密实度将更大。紧跟着总推力和扭矩大幅上升，而掘进速度则迅速下降。广州地铁 1 号线盾构东段中山四路和仓边路路口的隆起事故，就是这样造成的，先是为防止地表沉降设定了过高出土压力，致使结泥饼并造成出土困难，接着施工单位想稳定掘进速度而增大总推力，造成前方透镜状残积黏土层大面积“蠕变”隆起。

（3）未采用气压作业。

闭胸盾构发明之前应用气压作业，其主要目的是稳定开挖面；闭胸盾构发明之后，又发明了土压平衡盾构，辅助气压作业的主要目的是促使不需要建立纯土压平衡时有利于出土、降低总推力和扭矩，也有利于预防舱内结泥饼，同时还有利于开挖面稳定。自广州地铁 1 号线中山四路和仓边路隆起事故以后，施工单位除通过地质条件特别差的地段建立土压平衡作业外，几乎自始至终采用辅助气压欠土压平衡模式作业，施工效果证明，明显降低了结泥饼的概率。

（4）未用或未针对性应用渣土改良剂。

用不用以及如何选用渣土改良剂，主要应根据岩土特性和水文地质条件，诸如黏土矿物含量、切削颗粒的大小及其含量、地层的含水量及其渗透性等来确定。

深圳地铁 A7 标在全风化和强风化花岗岩中掘进，用欧洲进口泡沫剂的量为 30～50 L/m，掘进顺利，很少结泥饼，掘进速度通常在 5 cm/min 以上。而广州地铁 2 号线越江盾构在全风化和强风化泥岩中掘进也曾用过泡沫剂，但由于地下水丰富，渣土改良效果较差，依然常结泥饼，掘进速度多在 1 cm/min 以下。

（5）盾构产生高温高热量。

盾构掘进速度慢，诸如广州地铁 2 号线过江盾构和深圳地铁 2B 标盾构，有时一环掘进少则 2 h，多则 8 h，机械的长期运行产生大量的热。据地质成岩作用实验，当土体的温度超过 90 °C 时，土体的空隙比降低 10% 左右。深圳地铁 2B 标和广州地铁 2 号线过江盾构在螺旋输送机出土闸门处的土温已高达 70 °C，何况这时土舱的压力均超过 0.15 MPa，其孔隙比会更小，舱内的土体凝聚力变得更大。在这种情况下，即使用泡沫剂，其效果也会大大降低，因为一打开螺旋输送机闸门，泡沫类气体最先散发冲出。因此，盾构长期运行产生高温高热也是泥饼形成的一个促发因素。

（6）盾构维护保养不到位。

因系统冷却水温度偏高，或刀盘高速旋转后与周围土体介质摩擦生热，使土舱内温度升高，对泥饼有“烧结促成”作用。设置在刀盘面板上的注入孔时常被堵塞，无法适时按量加入泡沫剂，砂土和易性得不到有效改良。

（7）长期停机。

停机 1 d 以上的情况，对每台盾构来说是时而发生的。当土压平衡模式下掘进的盾构刚停机时，其土舱饱满并且土体的温度往往超过 50 °C，压力超过 0.1 MPa，随着停机时间的推延，温度会降到地下水的温度，压力也会降低。在这种情况下，舱内的土体会收缩凝结成泥饼，当盾构再次启动时，往往会感觉到掘进困难。

3.1.2　盾构结泥饼判识与处治

1. 泥饼判识标准

通过资料调研和研究分析，结合实际工程盾构结泥饼表现，若出现以下情况时，则极可能是盾构已经结泥饼。

（1）盾构在黏性土地层或含黏粒的粗粉土地层中掘进。

（2）盾构掘进速度明显降低，小于 10 mm/min，大部分时候只有 1 ~ 2 mm/min。

（3）盾构总推力、扭矩持续增大，ϕ6.3 m 盾构推力大于 25 000 kN，扭矩持续大于 2 000 kN · m；大直径盾构推力和扭矩超过额定能力的 80%。

（4）出渣不畅，泥水盾构渣样中出现较大泥球。

（5）刀盘中心温度高，渣温异常，土压盾构渣温高于 35 °C，循环水温高于 40 °C；泥水盾构刀盘温度高于环境温度 10 °C。

2. 泥饼防治

通过对典型事例的解剖及泥饼成因的分析研究，盾构施工中结泥饼主要是由地质原因（地层中含黏量高）、盾构选型原因（开口率偏小、刀具配置不合理、搅拌系统设计不合理、土舱容积小、中心承压板设计不合理、螺旋输送机设计不合理）、施工措施原因（渣土改良不到位、掘进参数设置不合理及其他施工措施不当）等因素综合引起。

（1）认真研究地质资料。

认真研究地质资料，是盾构合理选型的基础。进场前应加强地质补勘；同时，施工全过程现场跟踪地质条件的变化，并根据地质条件采取不同的施工措施。

（2）正确进行盾构选型。

当隧道洞身为黏土层、黏土质砂土层、泥岩、泥质粉砂岩、残积花岗岩、全或强风化花岗岩等软岩类（小于 30 MPa）地层，并且黏土矿物含量超过 25% 时，盾构选型需考虑预防结泥饼的措施或设施。

① 刀盘刀具。

在刀盘刀具地质适应性设计方面，开口率应尽可能大。广州地铁施工经验表明，刀盘开口率大于 32%、中心开口率大于 38% 时，其出渣效果相比 28% 开口率要好，类似条件下的结泥饼概率能降低 20% 左右，掘进过程中由于中心部位采用冲洗，中心刀箱结饼现象少于周边刀箱。西安地铁在地铁公司主持的盾构选型适应性论证会议时，一般要求在复合黄土地层（黄土、古土壤、粉质黏土、粉土、砂层、卵石及砂砾石层）特别是兼顾全断面砂层/砂卵石地层中宜采用土压平衡盾构，采用辐条式刀盘，要求开口率宜大于 50%。

刀具的布置要层次分明，其中滚刀和切刀的高差宜大于 35 mm，刀盘中心区直径 2 m 范围内应少设或不设滚刀，刀盘的扭矩应相应增大。

针对上软下硬地层，可增设全断面的焊接撕裂刀，焊接撕裂刀在泥质粉砂岩中掘进增大了刀盘扭矩，可有效确保刀盘在上软下硬地层中连续掘进。以南昌市轨道交通 1 号线泥水盾构工程为例，该项目针对泥质粉砂岩地质条件下盾构施工过程中出现的掘进参数异常（平均掘进速度为 6 ~ 10 mm/min，刀盘最大扭矩达到 3 200 kN · m）、刀盘结泥饼、渣土结泥团等不良现象，对刀具布置进行优化设计：装有 46 把切刀、12 把周边刮刀、6 把中心双联滚刀和 3 把单刃滚刀、18 把双刃滚刀、9 把可更换撕裂刀、34 把焊接撕裂刀、24 把圆环保护刀（图 3-2）。由于增设焊接了撕裂刀，后刀盘面板刀具与开挖面接触点增多，可能会影响盾构在泥质粉砂岩中掘进时的贯入度，因此，必须确保滚刀和增设焊接撕裂刀高差的合理性。经过专家论证分析及前期设计经验，最终将滚刀、切刀、边刮刀及撕裂刀的刀高分别设置为 175 mm、130 mm、130 mm、150 mm。实践证明，该布置方法，成功适用于淤泥质粉质黏土、粉细砂、粉土、粉砂层，取得了良好的应用效果。

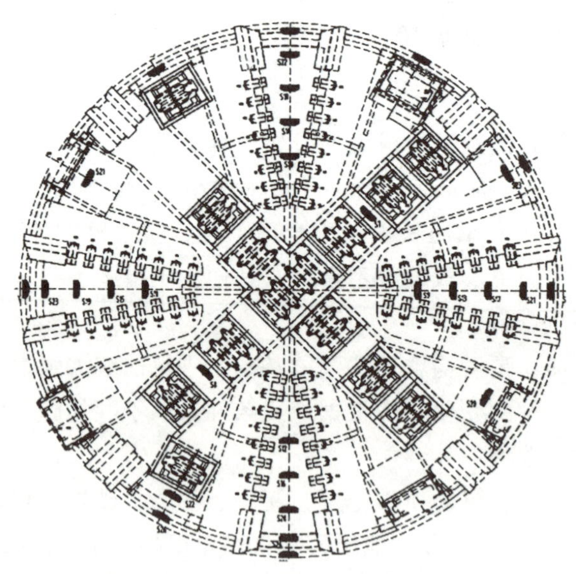

图 3-2　刀具布置示意图

② 搅拌棒。

宜设置搅拌棒，尤其是能进行注泥浆、注泡沫、注水的固定搅拌棒必须设置。

③ 舱体容积。

加大土体容积，如地铁盾构宜设计到 25 ~ 30 m^3。

④ 主驱动。

主驱动采用土舱中心固定承压板设计，并安装中心固定搅拌棒，以有效防止土舱中心泥饼产生。

⑤ 螺旋输送机。

螺旋输送机伸入土舱长度宜超过土舱宽度的一半；螺旋输送机直径宜加大，如地铁盾构可采用内径为 900 mm 的螺旋输送机。

⑥ 渣土改良系统。

配备复合型渣土改良系统，以便施工中可采用泡沫、膨润土、聚合物等进行渣土改良。

⑦ 泥水盾构冲刷系统。

以南昌市轨道交通 1 号线泥水盾构工程为例，盾构泥浆冲刷系统采用底部两路 DN150 泥浆管冲刷气垫舱碎石机前部，上部两路 DN80 泥浆管冲刷刀盘舱，中部一路 DN80 泥浆管冲刷全开挖中心掌子面，底部一路 DN50 泥浆管冲刷碎石机后部格栅，另外有一路为右上膨润土冲刷系统。图 3-3 为泥浆循环系统进出孔位置示意图。

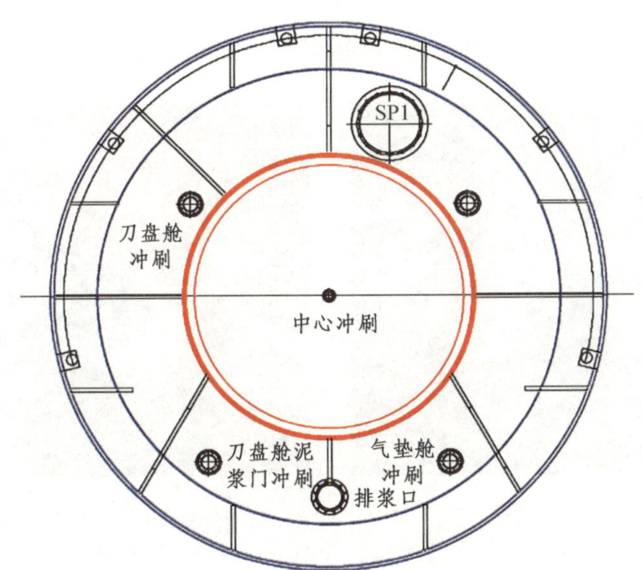

图 3-3 泥浆孔位置布置图

隧道穿越地层以泥质粉砂岩为主，粉砂岩含泥量较高，掘进过程中刀盘结泥饼现象比较严重。为进一步解决盾构在泥质粉砂岩地层掘进过程中出现的刀盘结泥饼等工程难题，在分析论证的基础上，对盾构冲刷系统进行如下改进（图 3-4）。

在原有进浆泵基础上增加一个功率为 55 kW 的冲刷泵，以方便增加刀盘舱冲刷压力；将刀盘舱预留 DN80 的进浆孔，改造成沿刀盘面板的半径方向 5 个直径为 16 mm 的冲刷小孔（图 3-5），这样可以对刀盘不同轨迹进行冲刷；将盾构右侧刀盘舱 DN80 膨润土管管路引至泥浆门两侧对其进行单独冲刷防止堵泥浆门；将盾构刀盘中心 DN80 的冲刷管改进为中间一个直径为 25 mm、周边 3 个直径为 25 mm 的冲刷孔冲刷刀盘中心区域双联滚刀（图 3-6）。

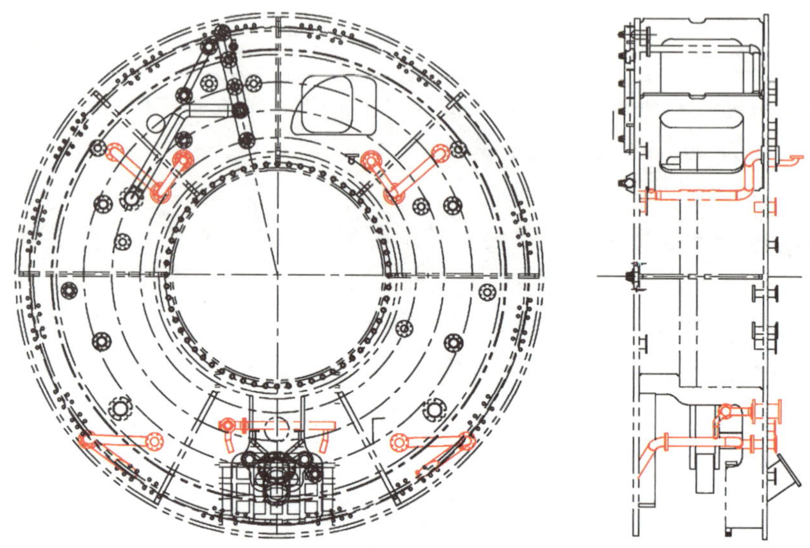

图 3-4　泥浆冲刷管路示意图

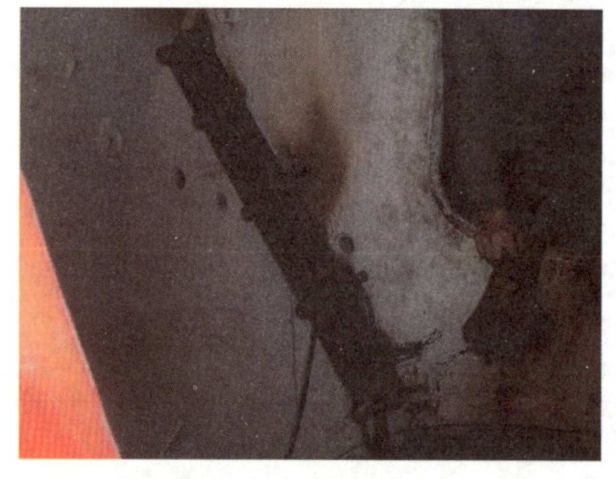

图 3-5　改进后的多路喷孔

图 3-6　改进后的刀盘中心喷孔

（3）科学抓好施工管理。

① 合理进行渣土改良。

良好的渣土改良是降低刀具磨损、增强开挖面稳定、排土顺畅、防止结泥饼和喷涌、降低掘进时扭矩推力的最好方法之一。

泡沫注入系统常用于细颗粒比例较高的土壤，如黏土，主要用来提高渣土的流动性、保水性及止水性；具体来讲就是使改良后的渣土具有更好的可排性、能起到降低刀盘扭矩、减少地层中水的流失和结泥饼的风险。

膨润土注入系统常用于细颗粒比例较低的土壤，如砂卵石地层，主要用来增加土壤中细颗粒的比例，使土体具有更好的流动性和不透水性；其作用也是使渣土具有更好的可排性、降低刀盘扭矩和减少地层中水的流失。在注入时一定要使用较好的材料，掌握膨化时间，以达到添加效果。

聚合物注入系统适用于非黏性土，常用于含水量较丰富的砂卵石地层，主要用来黏结水分，减少水土分离，增加土的黏性；其体现出来的作用也是使渣土具有更好的可排性、降低刀盘扭矩和减少地层中水的流失。

在易结泥饼的地层中掘进时，应根据地质条件，有针对性地向土舱和刀盘面板适量加注高质量的泡沫或膨润土或聚合物或其中的两种混合液甚至三种混合液等，以改善土体的和易性和塑性。在黏性土地层中的土压平衡盾构施工区段，为了降低土体间的黏聚力、减小土舱中土体压实结密的可能性、减小掘削土体与盾构刀盘及结构间的黏着力，应着力改善土体的和易性，保证土舱内土压力的稳定和出土的顺畅。在施工过程中，应及时观察所排土体的情况，分析土体黏性和含砂粒比例的情况，及时添加适量的改良剂进行渣土改良，以减小土体黏性和黏着力。

② 合理控制掘进参数。

在浅埋隧道施工、刀盘开口率小于 40% 并且地层标贯值大于 20 的情况下，即地层相对自稳时，设定的出土压力不宜超过主动土压力，并且最好控制在 0.1 MPa 以下，即宜采用欠土压平衡模式掘进。在黏性土地层中的土压平衡盾构施工区段，土压力的设定以理论的土压力为基础，并作适当降低，具体根据实际操作进行调整。在施工过程中，必须观测分析盾构穿越地层的特性；在推进过程中，应充分了解施工速度、盾构掘进性能、泥土温度之间的能量转换关系及其对“泥饼”形成的影响。控制好推进速度，减小“泥饼”产生的概率。

③ 设置土压力传感器。

在土舱内不同高度设置土压力传感器，通过 2 个固定高度点的土压力差可测出土体的表观密度；在感觉有泥饼生成前应用 $500\times10^{-6}/700\times10^{-6}$ 漏斗法对土样的黏度进行测量，当黏度指标大于 12 s 时应在注入泡沫剂和膨润土方面加强，以改良砂土的和易性。

④ 合理采用辅助气压作业。

在地层稳定性较差，但隔气性较好时，宜采用辅助气压作业，掘进也宜采用欠土压平衡模式。

⑤ 采用冷却措施。

采用冷却措施，避免土舱高温高热。严格控制土砂密封温度，其密封温度与刀盘的冷却程度有很大关系，循环水是刀盘冷却系统的主要介质。当外界气温高于 30 °C、隧道内通风系统的功能较差时，随着单环掘进时间的增加，土舱内的温度很容易上升，因此应控制冷却水的温度，必要时需使用冰水。

⑥ 快速均衡施工。

盾构施工要求“连续、快速、稳定”，长时间的停机会导致土舱内土压逐步升高、流动性减弱、结泥饼的可能性增加；掘进速度太慢，生成泥饼的可能性也就增加了；应避免土舱饱满时长期停机。长期停机前，宜以泥浆代替部分土体充填土舱，施工中，可通过比重指标来控制。

⑦ 定期开舱、清舱。

盾构施工中的开舱检查好比人的体检一样，要定期进行，而不是在出现病态后才采取补救措施。定期开舱可以较准确地掌握前方地层的地质状况和刀具的磨损情况，对刀盘结泥饼可起到一定的预防作用，当检查出刀盘有泥饼黏着的情况时应及时、彻底清理。

3.2 盾构涌水原因与对策

在富水地层中修建隧道时，盾构法作为地下工程机械化施工的典型方法，在保障施工安全、提高施工效率方面发挥了极大的作用。正常情况下，盾构掘进不会发生盾构涌水涌泥事故，但从近年来大量富水地层施工案例来看，在不科学的掘进管理、不合理的参数设定以及薄弱的防水密封结构等不利条件下，盾构也可能发生涌水涌泥事故[2]。

3.2.1 盾构铰接处涌水原因与对策

为了使盾构在工程施工中能实现左右转向和上下俯仰等动作，适应曲线段掘进，需在盾构内部配置一种用以辅助盾构设备实现姿态变化的装置，这个装置叫作铰接系统。盾构铰接系统主要有主动铰接和被动铰接两种形式，其执行机构均为铰接油缸。铰接处涌水是指由于盾尾与中盾之间铰接密封失效，水土涌入盾构内的一种现象。

1. 原因分析

（1）盾体失圆，铰接局部密封结构薄弱。

盾体因自重及其他原因而失圆后，铰接处局部密封结构成为薄弱环节，在外界压力作用下极易发生密封击穿破坏，进而产生铰接处渗漏。

（2）掘进中姿态及铰接行程管理失效致密封失效。

在盾构掘进过程中，如发生水平或者垂直姿态剧烈波动，则连接中盾和尾盾之间的铰接很可能导致尾盾卡壳，铰接油缸不能有效收缩，行程长度接近极限值，密封压力减小，铰接密封容易被地下水、泥水击穿。同时，在盾构纠偏或曲线掘进中铰接密封调整滞后，降低了密封可靠性，也可导致渗漏发生。

（3）杂物、异物进入致铰接密封磨损失效。

在地下水位高、地层摩擦力较大、曲线段掘进等特定的地质及地理环境下，泥沙等杂物容易进入铰接密封，造成涌水风险。

（4）过大的外部压力击穿致密封失效。

在高水土压环境中掘进，外部压力大于铰接密封压力时，泥水极可能击穿密封进入隧道内，造成涌水事故。

2. 应对措施

（1）确保盾构拼装和掘进过程中盾体圆度，避免铰接密封结构密封性能薄弱，成为渗漏隐患。

（2）加强盾构掘进中姿态及铰接行程管理，避免发生水平或者垂直姿态剧烈波动，同时铰接系统作为调整盾构姿态的辅助手段，需要根据纠偏实时调整，避免大角度折弯，减少对铰接密封的硬性伤害。

（3）避免杂物、异物进入致铰接密封磨损失效。

（4）采用承载能力高的密封材料，增强铰接密封的密封效果。

3.2.2　盾尾涌水原因与对策

盾尾密封是盾构的主要组成部分，是为了防止周围地层的土砂、地下水及背后的填充浆液、掘削面上的泥水、泥土从盾尾间隙流向盾构隧道而设置的。盾尾密封结构一般由盾尾密封刷、止浆板、盾尾油脂等组成。盾尾密封刷一般为钢丝刷，是盾尾密封件的主要部件，由保护钢板、不锈钢钢丝、隔层网和不锈钢钢板组成。当受到管片的压力后，钢丝刷和内侧钢板紧贴住管片外壁，通过钢板及钢丝的弹力与管片外壁保持密贴，从而实现密封作用。盾尾密封刷道数根据隧道埋深、水位高低来定，一般取 3 ~ 5 道。

盾尾涌水主要指由于盾尾密封系统失效，水土通过盾尾与其内部拼装的管片之间的缝隙涌入盾构隧道内的一种现象。

1. 原因分析

（1）盾尾密封损坏。

盾尾刷密封装置受管片偏心过度挤压后产生塑性变形而失去弹性，密封性能下降，在压力作用下导致浆液渗漏；管片拼装时容易导致盾尾后退，造成盾尾刷与管片间发生与刷毛方向相反的运动，使刷毛反卷，盾尾刷变形，密封性能下降而造成渗漏。

（2）盾尾油脂量和压力不足。

在盾构掘进过程中，盾尾刷与管片摩擦消耗的油脂与掘进速度成正比，当掘进速度过快时，注入盾尾的密封油脂在单位时间内不能满足其消耗量要求，此时若不及时调整油脂泵注脂率，盾尾刷内油脂量和注入油脂的压力不能及时密封盾尾，势必减弱尾刷的密封效果，形成盾尾渗漏。

（3）泥水压力过大。

在环流系统操作时，开挖面的泥水压力设定值过高，或切削下来的岩块堵塞排泥管道口或泥水舱，都有可能导致泥水舱内泥水压力过高，超过盾尾刷的抗压能力，瞬间击穿盾尾刷而造成漏浆。

（4）背填注浆不畅。

在盾构掘进过程中，由于操作人员技术不熟练或双液浆配比不合理，浆液凝固时间过短，浆液不能充分填充管片后空隙，而是堆积在注浆口附近，造成注浆通道受限制，后续浆液压力必然剧增，当浆液压力高于盾尾刷和油脂的抗压力时，就会击穿盾尾刷和油脂，造成渗漏。

（5）盾尾或管片失圆。

盾构在拆卸、运输和组装过程中盾尾失圆，或管片施工变形、错台、破损等，导致盾尾密封失效。

2. 应对措施

确保盾尾密封结构的密封性能是预防盾尾涌水的最主要措施，而保护好盾尾刷是保证盾尾密封的关键工作。做好盾尾密封的管理要从设备材料、注入盾尾油脂、盾构姿态的控制等三个方面进行完善与控制。

（1）盾尾密封管理与控制。

盾尾密封涉及的主要材料和设备包括盾尾油脂、盾尾刷及盾尾油脂泵。盾尾油脂需具有防水冲蚀和抗蠕动性，流动性好。盾尾油脂必须由专业生产厂家生产。在使用过程中要做好盾尾油脂的管理，防止油脂表面固结。盾尾刷的质量也相当重要，目前使用的盾尾刷一般要求盾尾刷钢丝是直径为 0.3 ~ 0.4 mm 的镀铜钢丝，前保护钢板为双层弹簧板（1.0 mm＋1.0 mm）。盾尾油脂泵是保证盾尾油脂能够泵送入油脂舱的压力来源，油脂泵的工作参数和工作状态是保证泵送油脂的关键所在，宜选择泵送流量较大、压缩比较大的泵，从而提高油脂的注入量和注入压力，保证油脂的填充效果。

（2）盾尾油脂注入管理。

盾尾油脂注入管理主要是保护盾尾刷，减少盾尾漏浆、漏水。盾尾油脂注入的管理要点如下：在正常掘进情况下，应选用自动模式注入油脂，补充油脂舱内的损耗量；在停机情况下，采用手动模式对漏浆位置进行油脂补充，提高盾尾舱内油脂压力；控制注入压力，压力不宜过高，如出现盾尾有油脂漏出，应停止压力较高的空位，具体压力控制应视切口水压及注浆压力而定；更换油脂时要注意清洁，不可使砂粒等颗粒状东西掉入油脂桶中。

（3）盾构姿态控制。

盾构掘进应尽量根据设计线路进行，尽量避免线路偏差。但在实际掘进过程中，因地质情况等，盾构姿态经常会偏离隧道的设计线路，从而会使盾尾间隙过小而造成管片破损。盾尾间隙过小，会导致盾尾刷被过度挤压，在盾构推进过程中与管片容易产生相对运动，易导致盾尾密封的弹簧板和钢丝脱落，使密封失效。管片破损后的碎块进入管片背面，然后挤压通过盾尾刷进入油脂舱，阻断了油脂流动的通道，导致盾尾密封失效。如果盾构偏离设计线路，在纠偏过程中不要过急。为保证盾构的铰接密封、盾尾钢丝刷密封的良好工作性能，同时也为了保证管片不受损坏，应尽量做好盾尾间隙的控制，保持上下左右比较均匀的盾构姿态。

（4）必要时启动应急预案。

如以上措施仍不能有效止水，则应立即启动盾尾涌水应急预案。

3.2.3　螺旋输送机喷涌原因与对策

螺旋输送机是土压平衡盾构的重要组成部分，是维持密封舱土压平衡、保持开挖面稳定、控制地表沉降的关键部件，特别是在城市楼群密集、管线复杂等对地层稳定要求高的地区，螺旋输送机对于安全施工发挥着重要的作用。螺旋输送机喷涌主要是指泥土未在螺旋输送机内形成密封土塞保持工作面压力平衡，而是在开挖面高水压的作用下，水土在螺旋输送机出口处发生喷水、喷砂、喷泥的现象。

1. 原因分析

盾构施工发生喷涌主要与渣土的渗透系数、渗流水量、出渣口水压力等参数有关。出渣口水压力不仅和渣土的渗透系数有关，还与出渣口处的水流量有关。施工中可能遇到以下几种非正常情况：

（1）出渣口水压力很大，但渗流水量较小，并没有伴随大量水体涌出。

（2）出渣口渗流水量很大，但压力较小，容易控制。

（3）出渣口水压力很大，渗流水量也很大，导致渗流水带着砂土一起喷出。

在上述三种情况中，第三种情况是危害较大、需进行必要处理的喷涌现象。

2. 应对措施

为了避免发生隧道涌水、涌砂等现象，防止管片渗漏水、地表塌陷等事故，应该及时采取有效措施处理隧道施工过程中的喷涌现象。具体措施如下：

（1）施工前对设备的选型进行研究，通过渣土改良试验确定改良添加剂和材料配比方案，对掘进参数进行优化。

（2）严密监控螺旋输送机出渣口的出渣情况和土舱内的压力变化情况。

（3）在发生喷涌后，立即将按照渣土改良试验配制好的添加剂材料注入土舱内，从而提高渣土的和易性。

（4）对盾构设备进行完善改造，如改造出渣口的皮带机避免大量的水土流出，从而减少人工清理工作，提高工作效率。

（5）在掘进过程中根据实际情况使用泡沫剂等添加剂，以避免管路堵塞。

（6）在距发生喷涌区域 10 环左右进行二次注浆，阻断盾构后方水源流入土舱内。

（7）在后续拼装的管片外弧面上加一圈泡沫条或及时进行二次注浆，阻断后方水源。

（8）通过渣土改良减小开挖土体的渗透系数，或者增大压力舱、螺旋输送机的长度，或者减小压力舱、螺旋输送机的直径，都可以降低螺旋输送机出渣口的水压力并同时减小渗流量，从而避免喷涌的发生。

（9）如以上措施仍不能有效防止螺旋输送机喷涌，则应立即启动螺旋输送机喷涌应急预案。

3.3 盾构滞排原因与对策

3.3.1 盾构滞排原因分析

盾构开挖掘进由各种原因造成渣土不能顺畅排出而出现“滞排”现象。“滞排”的成因主要有地质环境因素、盾构设备因素和盾构施工因素。

1. 地质环境因素

盾构开挖的地层复杂多变，掘进时经常穿越黏土、泥岩地层、砂卵石地层和上软下硬等复杂地层，其间可能会遇到漂石、孤石、断裂带、破碎带、高压富含水等各种对盾构开挖不利的环境[3]。

（1）盾构在黏土、泥岩地层中掘进时，刀盘中心和面板易被泥饼附着堵住（图 3-7）或积渣（图 3-8），开挖舱渣土流动性差，刀盘扭矩较大，土压平衡盾构螺旋输送机出渣平衡模式被打破，泥水盾构泥浆循环系统平衡模式被打破，泥浆管路排渣不顺，引发滞排问题。

图 3-7 刀盘泥饼

图 3-8 刀盘积渣

（2）盾构在含有大体量、高硬度砂卵石地层中掘进时，刀盘刀具对卵石不易破碎，砂卵石对盾构部件具有一定的影响，如磨损开挖舱内搅拌棒、卡滞刀盘、泥浆泵、破碎机和采石箱，堵塞排渣格栅、泥浆管路等引发滞排问题（图 3-9）。

（a）泥水舱滞排

（b）气垫舱滞排

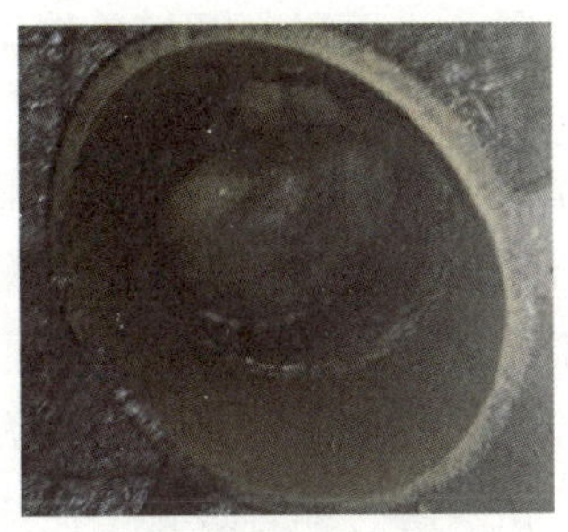

（c）管路堵塞

图 3-9　盾构滞排

（3）当在断裂带、上软下硬地层中，有一定体量和强度不均的碎石块时，刀盘不易破除，存在局部的高强度孤石和基岩突起，对刀盘刀具损坏严重，引发滞排问题。

（4）除地质因素外，还存在环境因素等引起的滞排，如在浅覆土地层中，盾构掘进经常遇到钢筋、混凝土块、塑料纤维等不易排出，从而引发滞排问题。

2. 盾构设备因素

（1）刀盘刀具配置方面，在卵石地层中，如果单纯靠滚刀破除大量卵砾石，效率不高；刀盘开口率方面，如果在砂卵石地层中刀盘开口率太小或开口分布不均，则引发刀盘前滞排问题。

（2）土舱搅拌棒设计方面，土舱搅拌棒在搅拌过程中会存在盲区，无法有效疏通土舱内盲区堆积的渣土，引发滞排问题。

（3）刀盘扭矩设计方面，刀盘扭矩不足导致刀盘破岩能力不足，堆积的砂卵石滞留土舱内，导致刀盘无法正常转动，引发滞排问题。

（4）螺旋输送机设计方面，螺旋输送机直径设计不足导致过渣粒径受限，螺旋输送机驱动扭矩不足导致排渣能力不足，引发滞排问题。

（5）泥水盾构的结构设计方面，渣土从刀盘到排浆管口需经泥浆门进入气垫舱，再通过颚式破碎机和格栅后进入排浆管口，除渣土输送距离长之外，格栅孔规格也直接影响排渣顺畅性，引发滞排问题。

（6）泥水循环系统设计方面，泥浆泵设计的能力直接影响系统进排泥流量和携渣能力，系统配置的管径、采石箱和破碎机装置等直接影响对大粒径渣石输送处理的能力，若上述能力在掘进过程中不足，则引发滞排问题。

3. 盾构施工因素

盾构施工方面因素引发的滞排原因如下：

（1）掘进速度和贯入度。

盾构的掘进速度和贯入度与滞排现象的发生直接相关，如果刀盘刀具不能有效破岩，过大的渣块就会造成刀盘处滞排。如在砂卵石地层中，贯入度过大会过度扰动地层，产生地层塌陷等开挖面不稳定问题，进而引起开挖舱堵舱滞排。

（2）泥浆性能与参数。

泥水平衡盾构掘进采用的泥浆性能和参数不同，对滞排现象发生的概率和程度会产生不同的影响。对于砾砂和卵石地层，低比重、低黏度泥浆对砂砾石的悬浮和缓冲作用较低，不利于砂石的排出。对于泥岩地层，高比重、高黏度泥浆对开挖渣土溶解能力、携渣能力减弱，容易导致更高的泥浆比重、刀盘泥饼、大黏土块滞排等现象。泥浆性能还需要与泥水环流系统管路设计相匹配，如管道排渣流速过低也会加大管道滞排的可能性。

（3）渣土改良。

土压平衡盾构主要是需在土舱和刀盘前将渣土改良到位，使得土舱内形成塑性流动化的泥土，以维持土舱内土压与开挖面的动态平衡。这样一方面可确保开挖面的稳定；另一方面确保渣土和易性良好，有利于渣土排出，防止结泥饼、喷涌等，避免滞排现象发生。渣土改良添加剂的种类不同和添加量不同，对渣土改良的效果也有较大差异。

3.3.2 盾构防滞排对策

解决盾构滞排的总体思路有三个方面：一是解决地层大粒径岩块和泥团的存在，如改良渣土的和易性并防止黏结和离析；二是改进盾构设备各方面的配置和性能；三是加强盾构施工控制，调整和改善施工参数[4]。

1. 针对地质环境因素的防滞排对策

（1）泥岩地层防滞排。

土压平衡盾构考虑对防泥饼的设计：刀盘、舱壁、搅拌棒等处设计多个冲刷喷头，可根据需求注入一定量的水、膨润土和泡沫等渣土改良剂，有条件时可以注入分散剂溶解舱内的泥饼。

避免土舱满舱长期停机，宜用泥浆或黏性差的砂土代替地层土体填充土舱以稳定土舱压力。

土舱渣土堆积太多导致压力高，易结泥饼，对于围岩稳定地层可采用半舱掘进，或往土舱加气，达到所需压力，有效促进排渣。

注意渣土温度变化，如掘进速度较慢，而渣土温度较高，则结泥饼概率增大，应严密监测渣土温度，如有异常升温情况，可加入一定量泡沫剂冷却降温。

（2）砂卵石地层防滞排。

在无水且可以自稳的砂卵石地层中，优先选择土压平衡盾构，并加大刀盘开口率设计，有利于排渣。

控制刀盘整体结构厚度，合理配置刀盘周圈刀具。

泥水平衡盾构根据地层需求设计破碎机、采石箱等卵石处理装置，并加强泥水环流系统循环排渣能力。

（3）断裂带、上软下硬等复杂地层防滞排。

根据详细勘探资料和地形地貌分析，制订勘探方案，查探出孤石群和孤石位置、形态和大小。

盾构掘进中发现孤石，判断盾构是否可掘进通过，如预判通过风险较大时，进行地面或洞内处理后再掘进通过。

地面预处理有地面钻孔爆破、人工挖孔桩法和冲孔桩法等，洞内处理有静态爆破法和机械破岩法，人工破岩的前提条件是开挖面必须自稳定，否则应先适当加固地层。

2. 针对盾构设备因素的防滞排对策

在卵砾石地层中，因为地层渗透系数较大，一般采用泥水平衡盾构配置方案，但实践证明，受排泥管排渣尺寸限制，泥水环流系统的管路往往容易发生较为严重的滞排，故在此地层中，采用土压平衡盾构配置方案，其螺旋输送机更有利于卵石的排出，掘进比较顺利。

在搅拌棒设计方面，为降低牛腿中心狭小区域结泥饼的概率，应采用较大主轴承，加大牛腿中心体积；加强主动搅拌棒设计，主动搅拌棒活动区域应覆盖螺旋输送机口或排泥口附近。

在螺旋输送机设计方面，应适当加大螺旋输送机筒体直径，可采用通过粒径较大的带式螺旋输送机设计；加大螺旋输送机工作扭矩和脱困扭矩，设置多处渣土改良剂注入口，注入改良剂可有效降低螺旋输送机扭矩。

在泥水平衡盾构泥水舱设计方面，将泥水舱设计为双舱（泥水舱、气垫舱）结构时，设计一路或两路备用前舱直排泥浆管路，避免土舱刀盘开挖渣土经过过长的舱底底部排渣路径，即采用如图 3-10 所示的前舱直排掘进模式；另外，加强刀盘的破碎能力，减轻气垫舱内颚式破碎机负担，甚至可设计舱外破碎机，如图 3-11 所示。

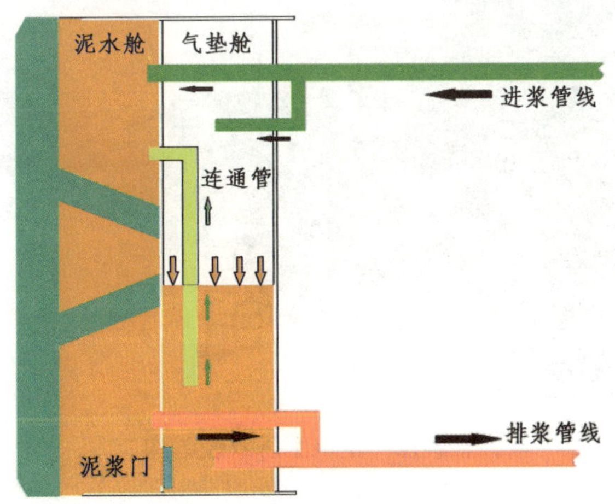

图 3-10 前舱直排掘进模式

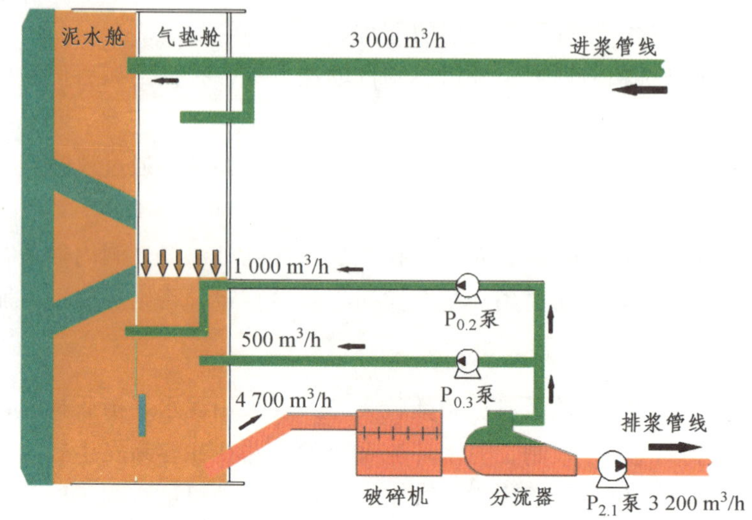

图 3-11　主机段小循环模式、舱外破碎机设计

在泥水循环系统的泥浆管路布置方面，可优化管路，采取减少大角度弯头数量的设计；加大泥水循环系统循环能力，可设计冲刷泵，通过分流器从排泥管路引浆，增加设计主机段小循环的循环方案，直接加大主机段排泥管路泥浆流速，加大排泥管路携渣能力，如图 3-11 所示；增加逆冲洗模式，有效疏通气垫舱底部和排泥管路堵塞。

在盾构选型方面，采用泥水土压双模盾构是解决滞排的一个新思路。如图 3-12 所示为泥水土压双模盾构，根据不同的地层和环境条件，它可在泥水平衡掘进模式和土压平衡掘进模式间灵活切换，既能发挥泥水平衡盾构稳定开挖面和控制地面沉降的优势，又能充分发挥土压平衡盾构螺旋输送机排渣出土携带卵石的优势，既保证了施工安全，又兼顾了掘进效率，为解决滞排问题提供了新的方向和对策。

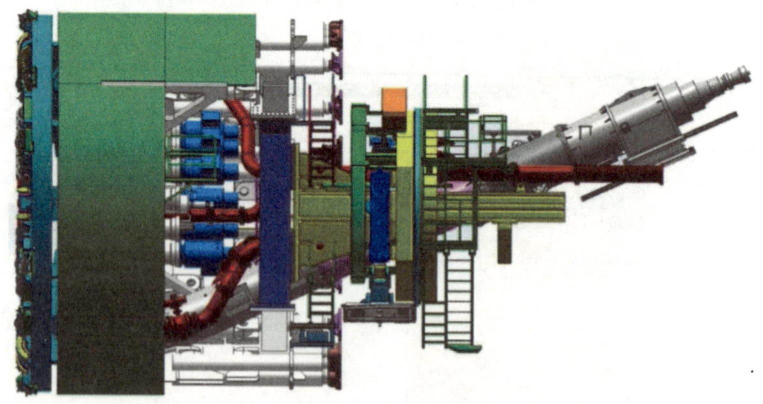

图 3-12　泥水土压双模盾构

3. 针对盾构施工因素的防滞排对策

对盾构施工来说，科学的项目施工管理是避免盾构掘进滞排的关键举措。施工中应做到思想重视、预先防控、动态平衡和精细管理，从而防患于未然，防止滞排现象的发生。

（1）土压平衡盾构施工防滞排对策。

根据地层情况选取合适的掘进模式和掘进参数。掘进模式是安全高效掘进的关键，对于砂卵石地层，掘进中宜选择满舱掘进和合理的舱压以保证掌子面稳定，防止因掌子面坍塌导致开挖舱堵舱、刀盘卡死等问题，同时应选择合理的掘进速度和贯入度，防止非正常开挖渣土堵舱；对于黏土地层和风化泥岩地层，地层稳定时宜选用半舱气压辅助掘进模式，降低刀盘泥饼、滞渣现象。

根据地层选择合理的渣土改良措施，施工中应首选在刀盘前将渣土改良到位，从源头防止刀盘泥饼和大泥团的形成和存在，再则选择合理的泡沫配比及注入量，使得土舱内形成塑性流动的泥土，以维持土舱内土压与开挖面的动态平衡，防止掌子面大面积坍塌堵舱现象，必要时采用膨润土进行渣土改良，确保渣土和易性良好，利于开挖舱、螺旋输送机内渣土排出，防止喷涌、滞渣等现象发生。

（2）泥水平衡盾构施工防滞排对策。

根据地层情况选取合理掘进参数，主要是掘进速度、贯入度和刀盘扭矩。在黏土地层和风化泥岩地层中掘进时，应降低刀盘贯入度以防止大体积黏土块的产生，进而防止泥水舱、气垫舱滞排；地层稳定时，可选择气压辅助掘进模式，降低刀盘泥饼和泥水舱滞渣概率。

泥水循环系统运行参数与掘进速度相匹配，对于高速掘进，管道内固体占比高是必然的，此时需要相应提高泥水循环系统排泥流量，提高排泥管道的携渣能力，防止管道滞渣堵塞等情况；对于全断面岩层，掘进中应增加泥水舱底部和气垫舱底部的冲刷，加强舱底泥浆扰动，提高舱内排渣效率。

泥浆性能与地层地质相匹配。对于砂卵石地层，掘进中应控制好泥浆比重、黏度和颗粒级配等泥浆性能，保证掌子面生成可靠泥膜，以防止掌子面坍塌带来的泥水舱堵舱问题；对于泥岩地层，则需降低泥浆比重、黏度参数标准，否则泥水舱内容易结泥饼，导致刀盘滞渣；对于当全断面岩层，提高泥浆黏度可增强对砂砾石的悬浮和缓冲作用，减轻砂砾石给设备带来的冲击和磨损，有利于渣石的排出。

本章参考文献

[1] 竺维彬，鞠世健. 盾构施工泥饼（次生岩块）的成因及对策[J]. 地下工程与隧道，2003，2：25-29.

[2] 郭卫社. 盾构施工主要问题与案例分析[M]. 北京：人民交通出版社，2020.

[3] 杜彦良，陈馈，王江卡. 盾构设计施工管理关键技术[M]. 成都：西南交通大学出版社，2023.

第 4 章　复杂地质盾构技术新进展

本章重点

超大直径盾构装备及施工技术、超长距离施工及水下对接技术、水下高地震烈度盾构隧道减隔振抗震技术、软硬极端悬殊地层直接掘进技术、富水砂卵石地层土压盾构技术、大直径土压平衡盾构隧道建造技术、大直径泥水盾构水中接收技术、大直径盾构隧道复合内衬结构同步施工技术、类矩形盾构隧道建造技术、联络通道盾构建造技术、盾构隧道钢套筒密闭始发与接收施工技术、泥水盾构高压环境带压动火作业技术、大断面马蹄形盾构及施工技术、多模盾构技术及盾构隧道“衡盾泥”辅助带压进舱技术等创新技术的技术背景、主要技术内容、技术特点及适用范围。

近年来，随着科技的不断进步与发展，盾构法隧道技术已成为我国重大地下工程领域不可或缺的关键技术，我国盾构法隧道技术不断出现新进展，诸如超大直径盾构装备及施工技术、超长距离施工及水下对接技术、水下高地震烈度盾构隧道减隔振抗震技术、软硬极端悬殊地层直接掘进技术、富水砂卵石地层土压盾构技术、大直径土压平衡盾构隧道建造技术、大直径泥水盾构水中接收技术、大直径盾构隧道复合内衬结构同步施工技术、类矩形盾构隧道建造技术、联络通道盾构建造技术、盾构隧道钢套筒密闭始发与接收施工技术、泥水盾构高压环境带压动火作业技术、大断面马蹄形盾构及施工技术、多模盾构技术及盾构隧道“衡盾泥”辅助带压进舱技术等。这些技术极大地提高了极复杂艰险地质环境下盾构法隧道修建的安全性、高效性和经济性，促进了我国盾构法隧道的快速发展。

4.1　超大直径盾构装备及施工技术

1. 技术背景

我国幅员辽阔，大江、大河、大湖、大海等水系纵横，许多大城市沿江河湖海建设，甚至跨江河湖海而建。随着我国经济的飞速发展，城市交通、轨道交通、铁路、综合管廊等跨江越海的需求急剧增多，与此同时，城市里越来越难以找出适合建设桥梁的空间。铁路方面，行车速度越来越高，为减少占地，单洞双线大断面隧道成为发展方向；公路方面，因公路等级越来越高，车流量越来越大，必然导致公路隧道断面越来越大。在此形势下，超大直径盾构隧道工程越来越多，从而促进了我国超大直径盾构装备及施工技术的快速发展，形成了以中铁装备、铁建重工、中交天和为代表的中国盾构装备制造企业，逐步掌握了大直径盾构装备成套技术，在刀盘系统、主轴承密封、推进系统、环流系统等方面进行技术革新，国产大直径盾构装备逐步占领国内市场并出口其他国家。

2. 主要技术内容

（1）刀盘系统。

大直径盾构长距离掘进，刀具磨损快、状态感知难，设计合理的刀盘系统难度很大。国内通过工程实践，积累了地质条件与盾构刀具对应关系，形成软土地层、砂卵石地层、软硬不均复合地层下刀具配置典型方案。在刀盘刀具配置基础上，常压刀盘技术[1]在国内大直径盾构上得到推广与发展，通过常压刀盘和常压换刀装置的配合可在常压环境中更换盾构开挖刀具，解决了带压进舱作业风险高、效率低、辅助工法烦琐的问题。图 4-1（a）为常压刀盘结构，图 4-1（b）为常压更换滚刀作业流程。国内研制了长寿命高可靠常压换刀密封装置、刀具状态监测装置，实现了对刀具状态的感知及更换。

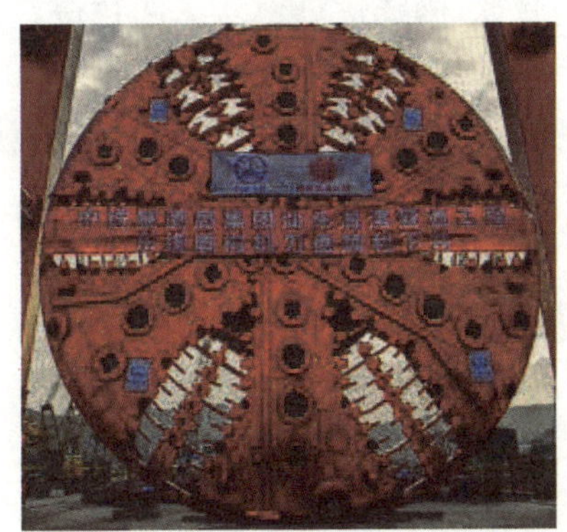

（a）常压刀盘结构

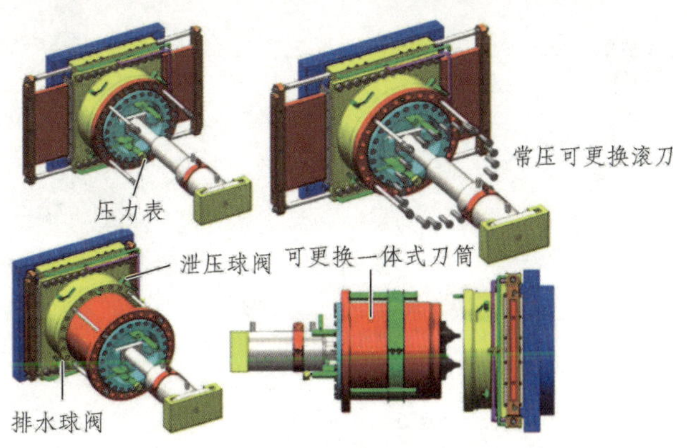

（b）常压更换滚刀作业

图 4-1 常压刀盘设计与应用

（2）主轴承及密封系统。

随盾构尺寸增大其所受荷载愈大，要匹配更大直径主轴承、高水压环境，主轴承密封需要承受更高压力。主轴承及密封系统可靠性是决定项目风险的关键因素之一。我国自主研发了伸缩摆动主驱动技术，通过液压装置驱动刀盘伸缩和摆动，满足刀具更换及扩挖需要，而且液压装置对刀盘挤压力进行测量以指导盾构施工。在盾构密封上，土压盾构主驱动密封以聚氨酯密封为主，耐压能力较弱。国内大直径盾构以泥水机型为主，设计上采用多道唇形密封结构，依靠补偿式高承压密封系统，通过控制多道密封腔内外压差值，各密封腔压力随开挖面泥水压力变化，提高密封耐压能力及可靠性。国内开展了盾构主轴承国产化研究，已实现 6 m 级盾构主轴承、减速机国产化。大直径重载盾构主轴承作为工业基础零部件，国内正从数字化设计、制造与检测、工业试验平台维度进行突破。

（3）油缸自由分区技术。

大直径盾构自重大、重心偏离几何中心，在特殊地层中姿态不易控制，油缸固定分组不适应盾构姿态灵活调整需要，因此在油缸默认分区模式、慢速推进模式基础上，我国进一步提出油缸自由分区技术，利用多个比例减压阀在推进模式之间转换，推进油缸可实现自由分区，控制推进油缸各分区压力差来对盾构姿态进行调整（图 4-2）。油缸自由分区技术已在汕头海湾隧道、深圳春风隧道项目中成功应用，在上软下硬地层或软弱地层中可有效对盾构姿态进行控制。

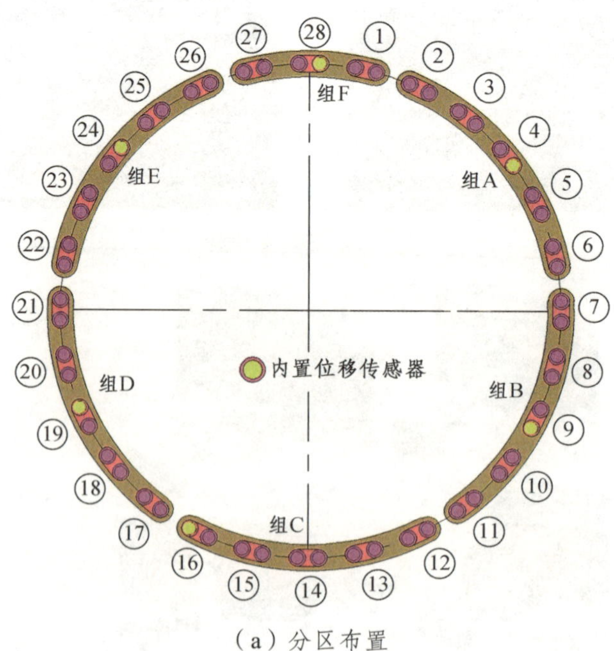

（a）分区布置

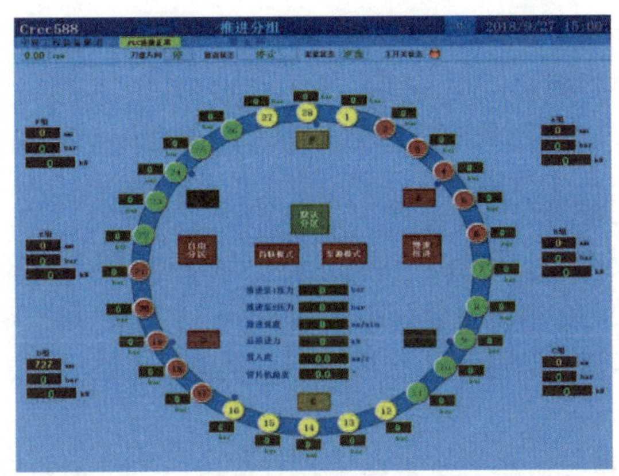

（b）控制界面

图 4-2　推进油缸分区布置和控制界面

（4）高精度自动保压系统。

大直径泥水盾构要求精准的压力控制，掘进断层破碎带、推进速度波动等因素使气垫舱泥水液位发生变化时，需采用压缩空气进行压力补偿，稳定开挖面支护压力。国内研发了四回路并联式分段控制自动保压系统，将保压系统进气调节阀分为大、小阀并联进气，将排气阀分为大、小阀并联排气。控制器对大、小阀门进行分段控制，从而减少系统响应时间，提高系统控制精度。

此外，我国在管片同步拼装、箱涵同步拼装、冷冻刀盘、盾尾间隙自动测量、管片上浮监测、泥水舱可视化等方面都有所突破，为施工安全性、效率及信息化程度提升提供了基础条件。

（5）施工关键技术。

近年来，我国陆续修建了一批超大直径盾构工程，工程的地质水文及周边环境复杂多变，因此攻克了若干技术难题，促进了超大直径盾构施工技术的进步。例如：武汉三阳路隧道作为世界首例公铁合建盾构隧道，为国内 15 m 以上超大直径盾构首次穿越土岩复合地层隧道；南京和燕路长江隧道水深达 53 m，隧道最大水压为 0.79 MPa，且在最大水深处以浅覆土穿越土岩软硬不均地层，穿越长江大堤、冲槽、岩溶、断裂带等不良地质条件；汕头海湾隧道直接掘进穿越高强度基岩段，形成了极软极硬地层盾构直接掘进技术；扬州市瘦西湖隧道是世界上首例在全断面硬塑黏土地质中施工的最大直径（外径 14.93 m）的单管双层隧道，保证了盾构开挖面稳定与泥水处理设备正常运转，解决了盾构掘进同时组织双层隧道内部结构同步快速施工和隧道建设中的环境与文物保护等挑战与难题。

4.2　超长距离施工及水下对接技术

1. 技术背景

在超长水下隧道建设方面，跨江越海隧道越来越多，隧道建设将向越来越深、越来越长发展（如琼州海峡隧道），在大直径盾构领域已然朝着超大直径、超大埋深、超高水压、超长距离的趋势发展。

2. 主要技术内容

（1）超长距离施工技术。

随着盾构技术发展及隧道埋深等因素影响，在 2000 年左右盾构隧道的区间距离一般在 1.5 ~ 2.0 km，到 2020 年左右区间距离达 4.0 ~ 5.0 km，超长距离施工也是盾构隧道发展趋势之一。超长距离施工技术包括盾构刀具更换、尾刷更换、管路磨损监测及耐磨改进技术等[2]。

① 盾构刀具的更换。盾构刀具更换主要有常压换刀技术和带压开舱换刀技术。在常压换刀时，作业人员通过刀盘中心舱进入中空的刀盘辐条臂内，并在常规大气压条件下进行刀盘及刀具的检查维护作业。此外，常压换刀装置配置了诸多感知元件，方便工作人员对刀具状态的检查。

② 盾尾刷磨损会导致盾尾密封系统失效，长距离施工需要进行尾刷更换。因大部分隧道均处于地下水环境中，盾尾刷更换过程存在一定的风险，尤其是江底等大埋深盾构隧道工程，盾尾刷更换前有必要对盾尾及对应的管片周围地层进行密封止水加固。盾尾的止水加固技术是盾尾刷更换技术的关键，常见的有注浆加固法、旋喷搅拌法、冻结法等。

③ 泥水盾构长距离施工势必出现管路磨损及更换，主要对管路进行耐磨处理和使用耐磨材料，措施是优化排浆管内泥浆参数、管路材料选择、管路线型设计、粗颗粒石块处理等。

（2）水下对接技术。

盾构地下对接技术包括辅助式对接和直接式对接两种。辅助式对接技术是 2 台盾构相向掘进到接合位置，对对接位置附近地层进行加固后完成对接贯通，一般辅以注浆加固工法或者冻结工法。直接式对接则是利用盾构中设计的特殊机械装置，在对接位置完成对接施工。

广深港狮子洋隧道是国内首次水下盾构对接施工典型案例。狮子洋隧道为高速铁路跨海双洞单线隧道（图 4-3），全长 10.8 km，隧道线形要求高，隧道盾构段全长 9.3 km。

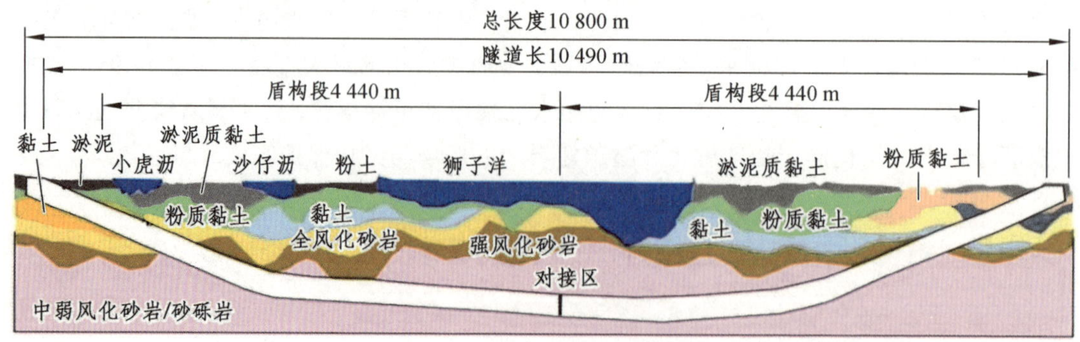

图 4-3 狮子洋隧道地质剖面

为缩短盾构单次掘进距离及施工工期，将 9.3 km 盾构段分为两段，采用 4 台盾构从隧道两侧同时掘进约 4.5 km 的区间距离、最后在水下对接的方法[3]。该工程为国内首次水下盾构对接工程，在对接过程中主要遇到了对接精度控制、开挖面稳定等问题。在砂岩地层对接前，先对周围地层注浆加固辅助对接，施工过程中在 2 台盾构相距 20 ~ 30 m 时，1 台盾构停止掘进并拆除部分盾构部件，第 2 台盾构向前缓慢掘进至对接地点，观察隧道内压力稳定和地下水的渗流情况，最终在常压下进行最后的拆机工作。狮子洋隧道对接后水平精度偏差为 28.5 mm，高程偏差为 19.6 mm，满足安全、精准对接要求。

4.3　水下高地震烈度盾构隧道减隔振抗震技术

1. 技术背景

针对国内极具挑战性的首条地处 8 度抗震设防烈度区的汕头海湾隧道，在周福霖院士、王复明院士、陈湘生院士等团队共同研究下，通过自主攻关，形成了水下高地震烈度盾构隧道减隔振抗震技术。

2. 主要技术内容

隧道结构的抗震目标为：遭受低于工程抗震设防烈度的地震时，隧道结构不损坏，对周围环境和结构正常运营无影响；遭受与工程设防烈度相当的地震时，隧道结构不损坏或仅需一般性修理，对周围环境影响轻微，不影响结构正常运营；当高于工程设防烈度的罕遇地震影响时，隧道主要结构支撑体系不发生严重破坏且便于修复。汕头海湾隧道隧址所处地区为 8 度地震烈度区，线路穿越极软土、砂土（可液化层）、硬岩、孤石等海底复杂地层，受高地震烈度与复杂海底地层条件耦合作用，隧道减隔振抗震设计难度大。为了确保隧道结构达到设计使用年限指标，盾构隧道的纵向拉伸量主要产生在隧道纵向接头处，因此增强盾构隧道纵向接头的变形能力是抗减震的有效措施。可以考虑纵向接头采用直螺栓、加长纵向螺栓长度、在接头处加弹性垫圈等方式吸收位移，从而达到减震的目的。图 4-4 为弯螺栓和直螺栓的示意图，显然，直螺栓在地震时更容易变形，且变形时对隧道管片结构的损害相对较小，从抗震角度推荐采用直螺栓连接形式。

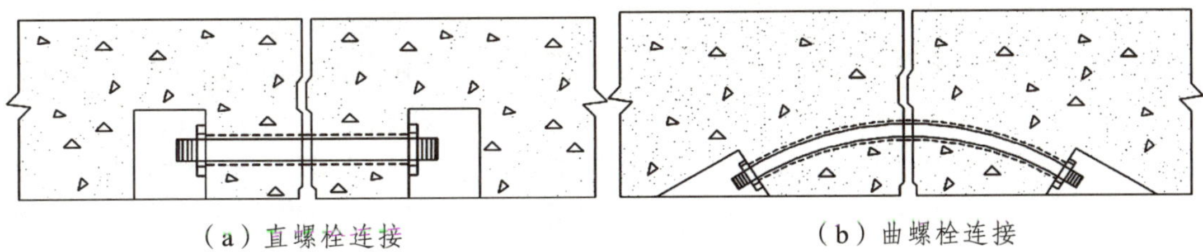

（a）直螺栓连接　　（b）曲螺栓连接

图 4-4　螺栓连接方式对比

海湾隧道结构抗震设防烈度高且地层力学性质差异大，在花岗岩两侧土层变化处布置两道柔性减震节点并对其相邻局部接头进行螺栓加强，可改善土层变化处一定范围内接头的张开量，使隧道全线接头张开量（除减震节点外）不超过 15 mm，确保隧道在罕遇地震作用下处于安全状态；且减震节点的集中变形在经历地震后，可一定程度上回复原位。在遭遇超烈度地震时，减震效果更为明显，隧道地震安全储备大为提高。纵向接头采用直螺栓、加长纵向螺栓长度、在接头处加弹性垫圈等方式吸收地震能量。在盾构隧道接头处，采用回弹能力强的复合止水条，且适当增加复合止水条的厚度。在投资容许的情况下，可在减震节点处外包隔震层，以减小地层传递至隧道结构的地震能量。

图 4-5 为汕头海湾隧道抗震节点的设计，采用 SMA 减震节点，结构形式为记忆合金棒材（图 4-6），具有超弹性、耗能及自复位功能。外包隔震层采用橡胶砂土注浆隔震层减小地震能量，主要材料为废轮胎颗粒、砂土、黏土等组成橡胶砂土混合物。

通过形状记忆合金制成的柔性减震节点，地震时该处接头变形出现较明显的集中，同时改善了一定范围内（约 200 m）其他普通接头的张开量，除记忆合金柔性减震节点位置外，其他位置接头张开量均小于 15 mm，在柔性减震节点处采取特殊的防水处理后，隧道接头能够保证不漏水，外包隔震层具有隔震作用。最后，形状记忆合金具有复位功能，可保证经历地震后柔性减震节点处的接头在一定程度上回复原位，有效提高了隧道的地震安全储备。

图 4-5　汕头海湾隧道 SMA 减震节点

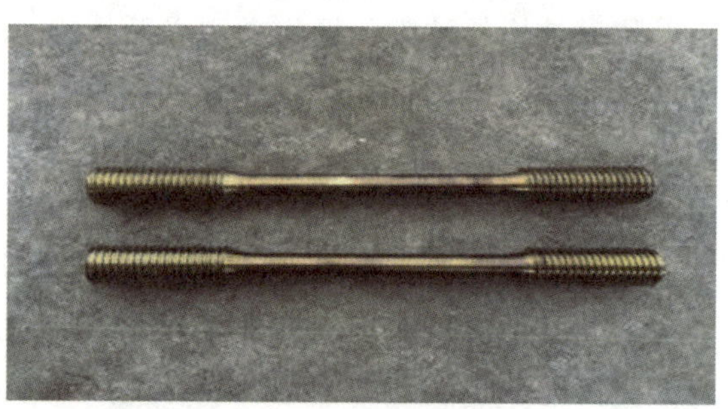

图 4-6　汕头海湾隧道 SMA 棒材

4.4　软硬极端悬殊地层直接掘进技术

1. 技术背景

市政公路隧道断面一般较大，在盾构掘进沿线往往存在多种地层；超大直径隧道在开挖面及对应延伸方向上一般由多种地层组成[4-5]。在我国华南地区，上部软土、下部硬岩的土岩交互地层较常见，在汕头海湾工程中主航道下方有 3 段长度累计约 182 m 的基岩突起段，其单轴抗压强度最高达 214 MPa，而上部为淤泥、淤泥质土等极软弱（标贯击数为 2～4）地层，地层的力学性质相差悬殊。在这种软硬极端悬殊地层中掘进，上部极容易击穿上覆土而导致水底冒浆、开挖面失稳坍塌，下部为基岩会导致刀具磨损快、易损坏，掘进时盾构荷载波动大。

针对这种水下高强度基岩突起的工况，珠海马骝洲隧道、台山核电引水隧洞等工程采取先爆破预处理，再盾构掘进通过的施工方法；汕头海湾隧道由于基岩段在主航道下方，且靠近敏感区域，爆破的预处理方法难以实施。

2. 主要技术内容

（1）盾构装备针对性选型设计。

针对盾构长距离水下掘进且穿越基岩突起段，无法采用爆破对基岩进行预处理，海域实施带压进舱作业困难，掌子面支护压力要求严格的情况，综合比选采用带常压刀盘的泥水盾构装备。针对基岩等不良地质，装备在常压换刀装置上配置滚刀旋转状态监测、磨损检测装置、温度传感器，对滚刀状态进行实时感知、评估，指导刀具的维修更换；配置颚式破碎机对岩石进行二次破碎，便于岩渣排出；增加泥浆循环系统流量并优化冲刷喷头安装位置，防止滞排和泥饼滋生；主驱动配置伸缩摆动功能，实现刀盘的小幅后退及摆动。特别是在钱七虎院士的支持和指导下，我国研制出了首台直径 15 m 级的超大直径盾构，在该工程中取得了巨大的成功。

（2）盾构掘进姿态及地层稳定性控制。

为确保超大直径泥水盾构在软硬极端不均地层中掘进时盾构姿态满足施工需求，同时改善管片结构受力，减少管片崩角、破损的情况，建立盾构主机受力平衡方程，掌握在总推力一定的情况下各个分区压力、推力变化规律，分析推进系统各个分区输出不同推力时管片结构受力及变化情况，进而调整推进系统分区压力，保证总推力、优化分区推力，保证盾构掘进姿态和管片合理受力。地层稳定性控制，采用数值模拟和经验公式计算初始泥水支护压力，根据地表和海床沉降监测值，调整支护压力设定值保持地层稳定。

（3）基岩突起段地层掘进参数选取控制。

基岩突起段地层掘进控制技术，首先从现场取岩样开展软硬不均地层掘进模拟室内实验，获取不同掘进参数下滚刀破岩效果与受力情况，为盾构直接掘进基岩突起地层参数控制提供指导；其次在现场掘进中设置多组掘进参数进行交叉验证实验，根据掘进效果优选；最后在掘进过程中加强刀具管理，对状态异常刀具及时检查更换。

4.5 富水砂卵石地层土压盾构技术

1. 技术背景

砂卵石地层孔隙率大，盾构掘进扰动后地层逐渐密实，造成地层损失。局部砂卵石地层夹透镜体砂层，自稳能力差，透水性强，开挖面容易涌水、涌砂，造成细颗粒物质大量流失，引起开挖面失稳、地面沉降甚至塌陷。沿线周边建筑物、地铁车站施工降水，砂卵石地层中粉细砂等细颗粒随着降水排走，卵石之间形成孔洞，地层疏松，卵石骨架受到盾构施工扰动而垮塌。特别是成都地铁盾构隧道穿越的地质，其黏土含量极少，有些标段几乎不含黏土，泥膜形成较困难。虽然其渗透系数较大，但由于黏土含量极少（不足 10%），经实践验证，在黏土含量极少的富水砂卵石地层中使用泥水盾构具有一定风险，较适宜采用土压平衡盾构施工[6]。

2. 主要技术内容

（1）盾构始发端头加固技术。

盾构始发、到达端头均为降水区，掘进过程中刀盘旋转对地层再次扰动易造成地面沉降、坍塌，端头加固技术采用地面袖阀管加固和隧道拱顶大管棚加固两种方式相结合。① 地面袖阀管加固技术：始发、到达处在端墙至 15 m 长、距盾体左右各 4.15 m 宽范围内，间隔 2 m 设置注浆孔，呈梅花状，钻孔深度至隧道中心；注浆材料选用普通硅酸盐水泥，浆液水灰比 0.8∶1～1∶1，注浆压力为 0.2～0.4 MPa。② 大管棚加固技术：大管棚设置在洞门顶部 120° 范围内，间距为 30 cm，共 34 根，每根长 18 m；注浆浆液采用水泥单液浆，注浆材料选用普通硅酸盐水泥，浆液水灰比 0.8∶1～1∶1，注浆压力为 0.2～0.4 MPa，目的是加固地层和止水。

（2）渣土改良技术。

砂卵石地层切削下的渣土极不均匀，原状渣土中卵石和砂土分离严重，单纯依靠切削下来的渣土压力来保持开挖面平衡几乎不可能；流动性很差，原状渣土很难通过螺旋输送机排出。因此必须改良渣土，以保持开挖面的稳定和顺利出渣。施工中采用膨润土+泡沫+水、泡沫+水两种方式，取得了较好效果。① 常规区段掘进时的渣土改良，采用泡沫＋水的方式改良渣土。② 加固区、降水区及高风险区掘进时的渣土改良，采用膨润土+泡沫+水的方式改良渣土。

（3）渣土舱位控制技术。

砂卵石地层中舱内渣土卵石含量高、粒径大、密度大，满舱位推进将出现扭矩大、推力高、渣土滞排、渣温高、速度慢、憋舱加大对周边地层的扰动而增加超挖、易结泥饼等。因此，在砂卵石地层中宜采用控制欠压推进，但可能会导致超挖，解决措施为：① 采用控制欠压模式推进保证推进速度，减少超挖。② 适当保压，欠压推进时在舱内土体上方充填膨润土液或泡沫，浆液压力或气压能对掌子面起到一定的稳定和止水作用，渣土改良较好时可以适当提高渣土舱位。③ 通过土舱壁板上各高度位置的压力传感器间差值变化可以推断出渣土舱位，从而进行渣土舱位控制。

（4）泥饼防治技术。

① 减少泥饼生成条件，在掘进过程中通过渣土改良控制、土舱渣土舱位控制（避免刻意建立土舱压力）、土舱温度控制（注水降温）等措施减少泥饼的生成条件。② 及时发现泥饼，主要现象为：土压频繁波动变化；扭矩规律性波动；推力持续增加；推进速度降低；渣温持续上升；卵石过度破碎。当出现这些异常现象时，应及时采取相应措施或开舱检查。③ 泥饼处理，在泥饼形成前期阶段可使用分散剂泡舱，或根据参数波动情况预判板结位置，并通过土舱壁板预留的注入孔对该位置进行冲洗，泥饼严重时则开舱清理。

（5）喷涌防控技术。

① 保压掘进，保压后，同步注浆不会串到土舱，管片背后也会饱满，产生喷涌的情况会大大降低。② 减小加水量，把泡沫水量减到最小，泡沫交替开启加入，前提是要保证泡沫孔不能堵塞，加水管关闭，保证管路没有堵塞。③ 螺旋输送机控制，螺旋输送机要开起，转速为 2 ~ 3 r/min 即可，不造成螺旋堆积压力。④ 管片后部放水，打开管片吊装孔，把后部积水放掉，减少土舱水汇积。⑤ 二次双液浆做封水环，连续注多环双液浆做封水环隔断后部来水。

（6）坍塌防控技术。

砂卵石地层受扰动后变得松散，易产生掌子面及刀盘上前方土体超挖，甚至造成地层坍塌和地面较大沉降或塌陷。防控技术为：① 严格控制每环出土量，采用出土体积和出土质量双重指标控制。② 严格把控同步注浆的浆液质量和注浆量，同步注浆采用凝结时间较短、强度高的浆液，每环注浆结束或中途停机要及时采用膨润土清洗注浆管路以防堵管；正常注浆量为计算空隙体积的 1.5 ~ 1.8 倍，在出土超方地段加大同步注浆方量，或采取背后二次补注浆。③ 空洞回填，当出现大方量超方时，立即停止掘进，探测寻找空洞，做好土舱保压工作。若空洞与开挖面连通，则在径向及盾尾注入膨润土防止盾体被抱死，在刀盘周围回填砂形成隔离层后，再回填水泥砂浆或混凝土，使地层形成板块效应，待回填材料凝固后再恢复掘进。

（7）穿越重要建（构）筑物控制技术。

盾构穿越河流、建（构）筑物、管线、铁路和既有地铁线等重、特大风险源时的控制措施为：① 穿越前准备：对被穿越物及其基底地层进行预加固或施作隔离桩，对建筑物基底地层加固是在地表采用袖阀管注浆，或者管棚加固；邻近穿越的 50 ~ 100 m 为试验段，积累最佳参数；做好盾构设备维保及刀盘刀具检修，保证穿越过程中盾构设备处于良好状态，避免停机。② 穿越过程控制：严格控制穿越掘进参数，采用注入膨润土+泡沫+水为渣土改良措施，高舱位保压推进；连续施工快速通过，减少停顿；加大同步注浆量，及时二次补注浆，确保将盾尾建筑间隙及扰动松散带填充密实，控制注浆压力，防止地层隆起；通过盾体径向注浆孔向盾体周边注浆，确保被扰动后松散土体充分填充加固。

3. 适用条件与应用范围

该技术主要适用于黏土含量极少的富水砂卵石地层。

4.6　大直径土压平衡盾构隧道建造技术

1. 技术背景

区间渡线在常规直径盾构隧道布设困难；多区间盾构与车站施工协调困难，盾构过站需等待车站具备条件，施工工期过长；外部环境更加严峻，严重制约地铁建设开展；

地下空间有限，双洞隧道不具备条件；绿色建造要求高，需要节约资源、减少能耗、节省地下空间、安全高效、环境友好等[7]。

2. 主要技术内容

（1）大直径土压平衡盾构选型、设计与制造。

大直径盾构的针对性设计：大扭矩系数的选取、合适土体改良设备的布置和完备同步注浆设备的配备；大直径土压平衡盾构加工制造和组装模块化。

（2）大直径盾构管片衬砌选型设计。

应注意合理确定以下内容：钢筋混凝土平板型管片单层衬砌、直线衬砌环加楔形衬砌环；管片环宽、厚度；管片结构模式、分块模式；管片连接方式、拼装方式。

（3）大直径盾构引起的地表变形预测与规律。

建立基于LS-SVM的地表沉降最大值以及地表沉降槽宽度预测模型，揭示变形规律。

（4）大直径盾构始发关键技术。

该技术包括端头加固、反力架结构设计、始发时托架和盾构壳体之间的防扭措施、负环管片拼装控制措施等。

（5）大直径盾构无基座接收、解体技术。

（6）渣土改良技术与同步注浆技术。

注入浓度为5%的泡沫和浓度为8%的泥浆改良渣土；渣土改良采用坍落度为160 mm的改良标准；同步注浆采用双液浆，浆液配比为水：水泥：泥浆：缓凝剂＝1：1：0.3：0.013，在盾构上配备同步注浆系统。

3. 主要技术特点

（1）单洞双线大直径盾构地铁隧道建造技术。

相比传统直径盾构双洞隧道建造，单洞双线大直径盾构显著提高了施工效率，降低了地下影响，减小了城市地下空间浪费，避免了盾构完成后联络通道暗挖风险，为城市地铁建造提供了新思路、新方法。

（2）大直径土压平衡盾构地铁隧道建造技术。

大直径土压平衡盾构适用于国内大部分城市地层，为开发城市有限的地下空间开创了新思路，具有很强的针对性和适用性。

4. 适用条件与应用范围

大直径土压平衡盾构隧道建造技术，其应用条件非常宽泛，能采用土压平衡盾构工法的工程皆可选用。该技术还能应用于城市地下空间建造领域，包括综合管廊、公路隧道、城市地下微循环工程、城市供排水及蓄洪工程等。

4.7　大直径泥水盾构水中接收技术

1. 技术背景

鉴于盾构始发和接收施工风险较大，盾构始发和接收风险也成为盾构法施工技术发展的瓶颈，特别是对于大型泥水盾构，在始发和接收时难以建立或保持泥水压力平衡，其掌子面的保压效果受到限制，易出现盾构与洞门圈间隙涌泥涌砂及地表沉降现象，严重时会造成隧道废弃、盾构被埋等重大事故。因此，如何安全、顺利地完成盾构始发和接收，是盾构法地下工程亟须解决的难题之一。

2. 主要技术内容与关键技术

盾构在富水地质条件下接收时，在竖井内施作低强度等级砂浆接收基座；洞门混凝土破除后，向竖井内回填土并对回填土进行压实。回填土高度为盾体 2/3 以上，并在回填土后向工作井内灌入清水，灌水深度达到盾构顶部 1 m 范围内，使盾构在通过洞门圈后有土体支撑，并保持压力平衡。这样可使盾构在进入工作井向前推进过程中继续进行泥水循环及同步注浆，同时可以保证盾构接收过程有足够的反力，能够保证管片拼装时推进油缸有足够的压紧力，保证最后几环管片拼装紧密，注浆饱满，控制管片变形及沉降。盾构接收完毕，抽排接收竖井内的泥水后，及时进行洞门密封。其主要技术内容如下：

（1）洞门破除后及时进行工作井内土体回填，防止土体长期暴露，造成坍塌。

（2）接收基座采用低强度等级砂浆（一般不大于 MU5），防止强度过高造成掘进困难。

（3）接收完成后及时抽排竖井内泥水，进行洞门封闭和二次注浆。

（4）接收过程中加强对地表沉降、地下水位等监测。

盾构水中接收主要关键技术如下：

（1）盾构切口在靠近洞门混凝土前，向接收井内灌水，使得水位标高与外界地下水水位标高一致。

（2）在隧道内通过管片上预留的注浆孔向盾尾后部管片外侧连续压注双液浆，稳定已建成隧道，封堵后部未加固土体与盾构之间的水土流失通道。

（3）上述工作完成后，盾构切削洞口碳纤维钢筋混凝土，之后切削 MU5 水泥砂浆层，并坐卧于砂浆支座上缓缓进入接收井。其间，推进速度应控制在 5 ~ 10 mm/min。同步注浆采用活性浆液压注，盾构采用清水推进。

（4）盾构进入工作井后，立即抽水，并及时通过洞圈周围预留的注浆孔向该处压注聚氨酯，直至洞圈周围没有渗漏水。

3. 主要技术特点

（1）安全性高。盾构接收过程始终保持内外压力平衡，避免了盾构接收过程中出现的坍塌、涌水、涌砂风险，安全性高。

（2）质量好。盾构接收过程中刀盘前方有足够的反力支撑，避免了盾构接收过程中由于反力不足而导致最后几环管片无法压紧，常常出现的错台、漏水现象，质量有保障。

（3）经济性好。竖井内回填的黏土可采用基坑开挖土方回填，灌水采用降水井抽出的水，无须外购材料。

4. 适用条件与应用范围

该技术适用于大直径泥水盾构在地下水丰富的地段进行接收的工程，已在武汉轨道交通 8 号线越江隧道、武汉轨道交通 7 号线越江隧道中应用。

4.8　大直径盾构隧道复合内衬结构同步施工技术

1. 技术背景

伴随着盾构隧道直径的不断增加，为了更加有效而又经济地利用盾构隧道内部空间，单洞双线的地铁隧道逐步成为地铁隧道施工的主要选择。对于复合的内衬结构来说，水工隧道应用较多，主要是利用复合衬砌承受输水隧道的内水压力，需要整体的内衬与管片结构共同受力，这在我国的公路隧道或地铁隧道领域是十分少见的。随着对城市地下隧道工程的功能性要求不断增加，在防火、防撞、防爆以及耐久性等要求下，单洞双线复合衬砌结构的盾构隧道也应运而生。因此，如何优化隧道内衬创新设计，如何实现盾构掘进与内衬结构的同步实施，已成为工程亟待解决的关键问题。

2. 主要技术内容

采用双层衬砌结构的盾构隧道，衬砌结构常分为三层：上层为排烟道；中间为行车隧道层，布置左右两条车道；下部为服务层，设置泵房、排污等管路。行车道中设中隔墙，墙两侧各设置一条疏散通道，如图 4-7 所示。

大直径单洞双线盾构隧道内衬结构同步快速施工技术的总体原则是以先下后上、先衬砌后分隔的顺序进行。首先，盾构推进过程中同步安装预制箱涵、箱涵两侧混凝土填充，然后施作下部衬砌小拱墙，利用钢筋台车绑扎二衬钢筋，采用混凝土台车进行烟道板及下部衬砌浇筑，待烟道板混凝土达到设计强度后施工拱顶衬砌，另外采用移动台车施工直线段中隔墙，待隧道贯通后再施工曲线段中隔墙。在盾构隧道贯通后再施工疏散平台及道路找平层，需要先对成型隧道进行贯通测量，根据结果对隧道轴线及高程进行统一调整，如图 4-8 ~ 图 4-12。

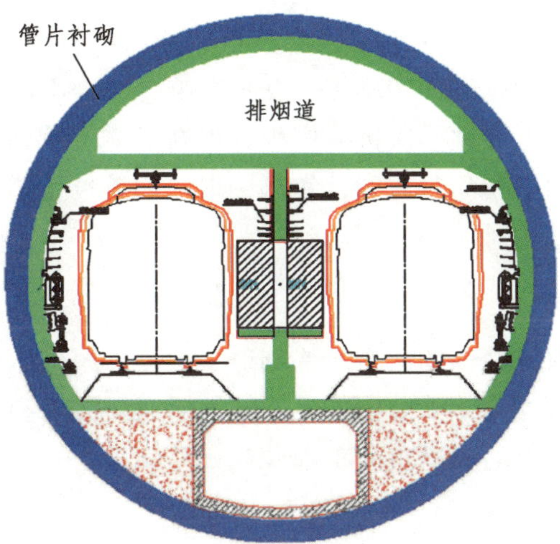

图 4-7　采用双层衬砌结构的盾构隧道

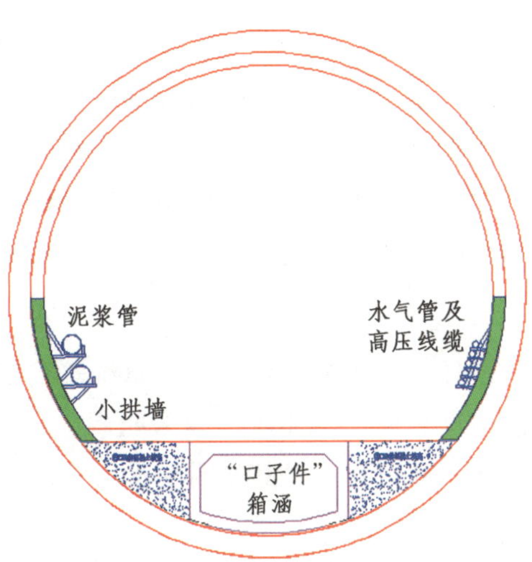

图 4-8　下部小拱墙施工示意图

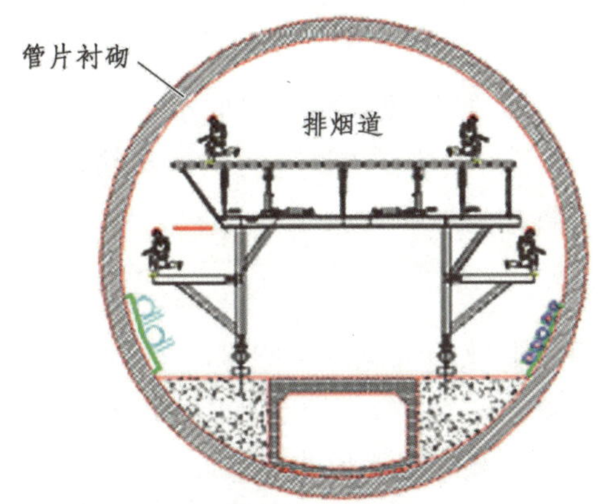

图 4-9　烟道板钢筋台车示意图

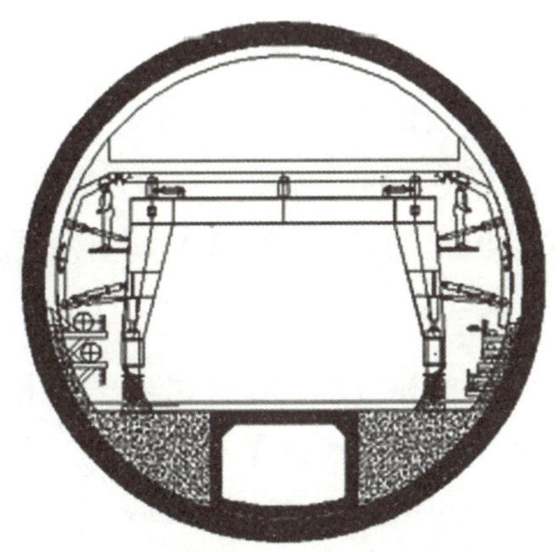

图 4-10　烟道板及下部拱墙台车示意图

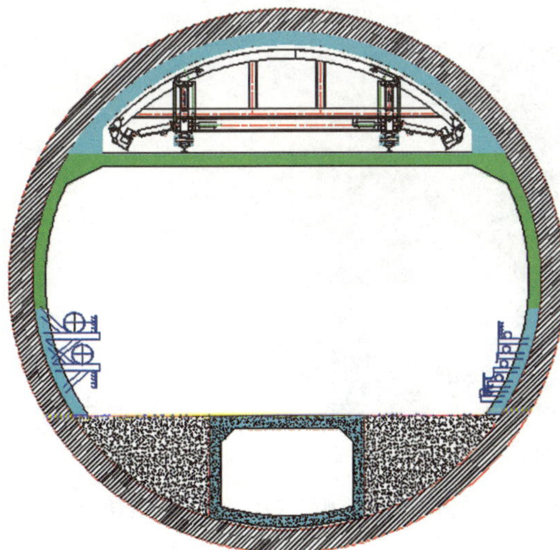

图 4-11　拱顶台车示意图

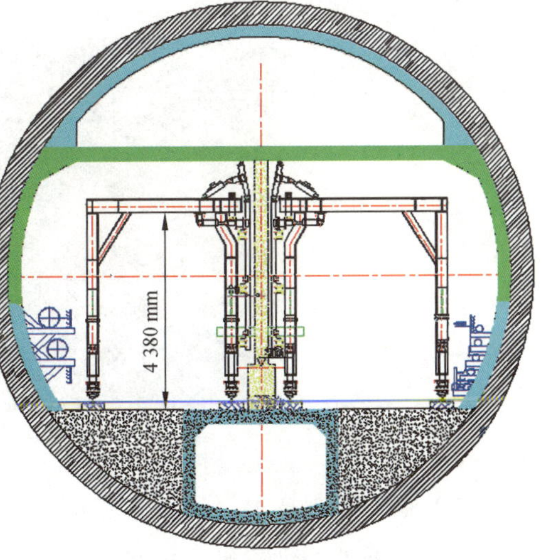

图 4-12　中隔墙台车示意图

3. 主要技术特点

（1）施工效率高。隧道内部衬砌结构与盾构掘进同步施工，互不影响，三种不同类型的衬砌台车协同浇筑衬砌结构，整体移动行走无须多次拆装模板，提高了施工效率。

（2）施工工艺简单。施工工艺操作及控制简单易行有效，箱涵、现浇烟道板及箱涵两侧的回填伴随盾构掘进、管片拼装同步进行，对工期无制约。

4. 适用条件与应用范围

该技术适用于采用大直径单洞双线复合内衬结构的泥水盾构隧道工程（采用土压盾构施工工艺时，同步施工复合衬砌，影响渣土及管片的运输），主要包括地铁区间和大型交通市政工程，尤其是需要进行穿越江河湖海的大型市政工程。

4.9 类矩形盾构隧道建造技术

1. 技术背景

传统圆形盾构在狭窄的老城区道路下施工时，会遇到地下空间“放不下”、周边建筑“碰不得”的工程技术难题。为有效破解这一难题，推动城市地下空间的集约化利用，减少盾构施工对周边环境的影响，开发了类矩形盾构隧道修建技术。

2. 主要技术内容

（1）结构设计。设计以 4 条光滑相切的圆曲线形成的成拱效果明显的“类矩形”隧道断面形式，结构包含分散式逃生横通道、内置式泵房等。衬砌环全环由 11 分块（含中间立柱块）组成。环间采用 A、B 型衬砌环交错拼装形成错缝形式。

（2）类矩形土压平衡盾构：采用 11.83 m × 7.27 m 全断面切削类矩形土压平衡盾构（图 4-13）。

图 4-13 全断面切削类矩形土压平衡盾构

（3）施工控制技术。通过管片拼装仿真模型初步确定拼装顺序及质量控制措施，并经管片水平拼装、拼装机试拼装、负环拼装等环节验证和反馈，最终确定拼装顺序。通过室内试验、现场试验确定浆液配合比及注浆参数，采取八点位注浆的方式保障注浆质量。采用防背土装置、土压调节装置和出土计量系统。出土计量系统采用高精度皮带秤和轨道智能土量检测系统，检测出土量，并与综合管控系统进行数据交互，实现盾构施工的“土量平衡控制”，以有效控制地表沉降。

3. 主要技术特点

（1）节约地下空间占用率。类矩形断面结构形式可节约地下空间占用率，且具有较高结构强度和刚度；11.83 m × 7.27 m 全断面切削类矩形土压平衡盾构可保证全断面切削，施工扰动小。

（2）施工控制要求高。类矩形盾构隧道为扁狭结构，隧道纠偏过程易偏转，且偏转对隧道成型质量影响大。施工过程实时监控隧道偏转状态，出现偏转时及时采用压载、不对称注浆等方式纠偏。盾构铰接系统可实现上下纠偏角度 ± 1.5°、左右纠偏角度 ± 1.1°和最小转弯半径 250 m 的急转弯。

4. 适用条件与应用范围

该技术主要适用于城市轨道交通建设中沿线道路狭窄、交通繁忙、建筑物密集区域的隧道施工，已成功应用于宁波轨道交通 3 号线出入段线工程、宁波轨道交通 4 号线翠柏里站—大卿桥站区间、宁波轨道交通 2 号线五里牌站—枫园区间等项目。

4.10　联络通道盾构建造技术

1. 技术背景

根据现行国家标准《地铁设计规范》（GB 50157）的规定：2 条单线区间隧道之间，当隧道连贯长度大于 600 m 时，应设联络通道。因此，地铁隧道上下行线之间均设置有大量联络通道。目前，软土地区联络通道施工主要采用冻结法加固结合矿山法开挖的工法，该工法存在工期长、机械化程度低、工后冻融沉降控制难等不足。如何实现高安全性、高效率、低扰动的联络通道施工成为工程亟待解决的关键问题。因此，开展了盾构法联络通道修建技术研发。

2. 主要技术内容

（1）结构设计。联络通道隧道管片分 5 块（图 4-14）：1 块封顶、2 块邻接、2 块标准。洞门一定范围内联络通道管片采用钢管片。联络通道洞门采用钢混复合管片结构，复合管片采用玻璃纤维筋替代原钢筋。联络通道与主隧道 T 形接头包含特殊衬砌环、后封板、后做环梁结构。

（2）盾构法联络通道掘进装备。该装备包含盾构及其后配套、始发和接收套筒、快速支撑体系三大部分。盾构采用锥形刀盘，通过特殊设计满足狭小空间内的始发、掘进、接收；始发套筒采用分段设计并在内部设置密封刷，接收套筒内部带压灌注泥浆；始发及接收影响范围内设置一体化的内支撑台车系统，支撑系统由液压控制，通过伺服控制的千斤顶支撑，达到施工全过程隧道结构保护的目的。

（a）联络通道结构形式

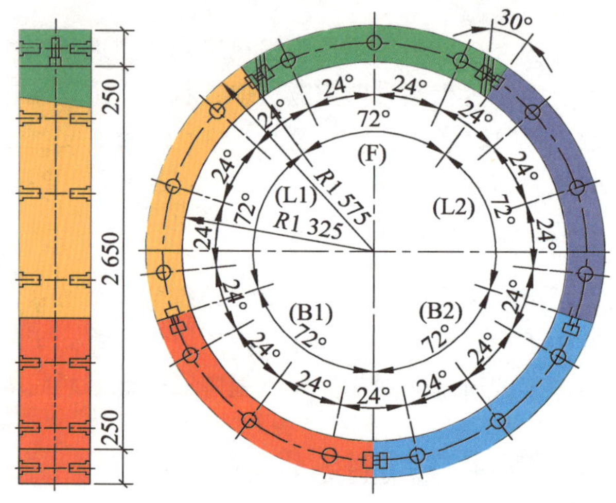

（b）联络通道隧道管片分块（单位：mm）

图 4-14 联络通道及隧道管片分块

（3）施工控制技术。采用微扰动双液注浆加固技术，对联络通道与主隧道连接位置的 T 形接头位置进行第一道止水注浆；盾构始发过程直接在始发套筒内切削复合管片混凝土洞门，同时实时监测支撑轴力变化、千斤顶推力变化、扭矩变化等；通过盾构微调、精确测量等手段实现狭小空间的盾构精确定位始发。

3. 主要技术特点

联络通道盾构建造技术的主要技术特点（图 4-15）如下：

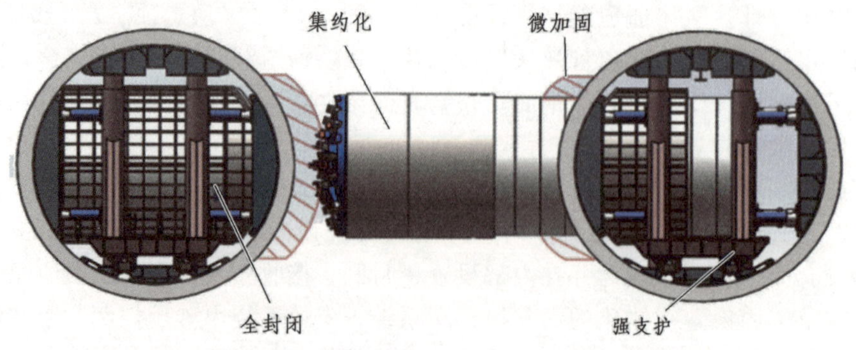

图 4-15 联络通道盾构建造技术的主要技术特点

（1）微加固。为保证联络通道与主体结构之间的密封性，防止联络通道施工过程中地下水土沿着间隙进入隧道，对联络通道与主体结构连接部位进行局部微加固处理。

（2）全封闭。采用套筒始发、接收，保障施工过程全封闭。

（3）强支护。快速支撑体系主动加压保障联络通道施工全过程结构受力、变形可控。

（4）集约化。实现狭小空间全机械化施工。

4. 适用条件与应用范围

该技术除应用于地铁联络通道外，还可在交通、市政、水利工程盾构隧道连接工程中推广应用。

4.11　盾构隧道钢套筒密闭始发与接收施工技术

1. 技术背景

随着盾构工程项目越来越多，盾构始发或接收施工中出现的问题也有增多的趋势。盾构隧道的始发或接收施工方法采用传统的地面加固+洞门环板密封装置法较为常见。

在盾构始发或接收施工过程中可能遇到的一些影响因素有：隧道埋深很深，始发或接收端头的地层加固很难保证端头土体的加固效果；由于存在地下管线等可能造成地面加固困难；地面加固占地面积大，时间长，投入大；盾构进出洞的密封装置一旦漏水，对地面和车站结构影响较大，极易造成地面坍塌和建筑物倒塌。

2. 主要技术内容

（1）盾构钢套筒装置安装技术。

根据现场实测洞门上预埋 A 板实际平整度，量身定做过渡环，过渡环与 A 板通过焊接连接；安装钢套筒下半圆和反力架，并在钢套筒内安装钢轨；然后在钢套筒内第一次填砂（钢轨之间铺砂，压实），后把盾构推入套筒内，并安装连接桥和后配套。盾构主体连接后安装钢套筒上半圆，接着进行预加反力。

（2）盾构钢套筒装置受力变形控制及回顶技术。

在盾构钢套筒装置上装有百分表，用于检测盾构钢套筒装置的位移和变形情况。如果盾构钢套筒装置的变形量超过控制范围，可以通过调节反力架上的压紧螺杆来改善盾构钢套筒装置的受力情况，从而控制盾构钢套筒装置的变形量。

（3）盾构钢套筒装置内模拟土层回填技术。

向盾构钢套筒装置组装内填料，填料要尽量模拟原土层，这样有利于盾构掘进。

（4）盾构接收进入钢套筒装置掘进技术。

在盾构钢套筒装置内掘进，各个掘进参数都要严格控制好，特别要控制好盾构姿态，否则可能导致盾构卡死在盾构钢套筒装置内。

（5）盾构在钢套筒装置内推进防磕头技术。

为了防止盾构在钢套筒装置内出现磕头现象，在推进时要保持盾构的抬头姿态，而且在钢套筒装置内设置有专门的装置来防止盾构磕头。

（6）盾构始发或接收接口封堵密闭技术。

在盾构进入钢套筒装置时，通过注聚氨酯和注双液浆填充满管片与洞门的间隙，可以阻断水和砂流动的通道，以防止盾构和接收装置拆除时发生涌水、涌砂的现象（图4-16）。

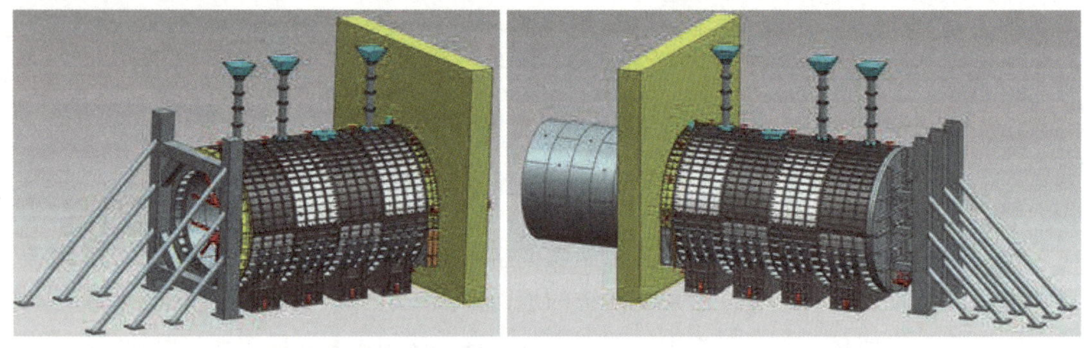

图 4-16 盾构隧道钢套筒密闭始发与接收施工

3. 主要技术特点

（1）风险可控。该技术解决了在盾构始发或接收施工中可能出现的接收端头地层条件不好、始发或接收端头加固效果不佳等问题，杜绝了盾构始发与到达时可能出现的洞门漏砂、漏水等风险。

（2）快速高效。盾构钢套筒装置，可高效、快速、安全地完成盾构始发施工，不受场地狭小、管线改迁等因素制约。

（3）可循环利用。钢套筒是由钢结构制作完成的，可多次组装、拆卸，可以多次循环使用。虽然制造费用较高，但多次循环使用将分摊成本，节省了大量端头加固费用，尤其是在盾构过站较多的线路上更具经济效益。

（4）安全环保。采用盾构钢套筒密闭始发与到达施工技术，能较好地控制施工过程中的各种风险，对周围建筑物和地下管线影响小，同时基本上不会对周边水土环境造成影响。

4. 适用条件与应用范围

该技术适用于盾构始发、到达端头的地层稳定性差、地下水压力较大，传统的地层加固方式不能确保加固效果，地层强度、渗透性不能达到安全指标的项目。

4.12　泥水盾构高压环境带压动火作业技术

1. 技术背景

在隧道建设过程中，隧道穿越江、河、湖、海以及繁华城区时，普遍采用盾构法进行隧道开挖建设。由于砂卵石地层及复合地层对刀具、刀盘磨损严重，施工中当刀盘出现磨损或刀具严重磨损无法拆装时，在无法进行常压进舱作业的地段，需在高压环境下进舱进行焊接、切割等维修工作。由于工程建设需要，发展高压环境下带压动火技术研究势在必行。

2. 主要技术内容

泥水盾构高压环境带压动火作业技术是一项综合技术，主要包括三个方面内容：

（1）通过一定的技术措施在掌子面安全构建地下高压作业空间。

（2）通过保压系统、废气排放系统以及使用密封气囊等其他技术措施维持地下高压作业的空间安全和气密性要求。

（3）高压环境下切割、焊接作业必须使用防爆电焊机，电焊机放置于舱外通过专用接口将焊把线拉入舱内，作业人员要佩戴呼吸面罩，人舱配置气体检测仪。

维持地下高压作业的空间安全和气密性有以下三种方法：

（1）利用空心桩预设带压作业空间，如图 4-17 所示。

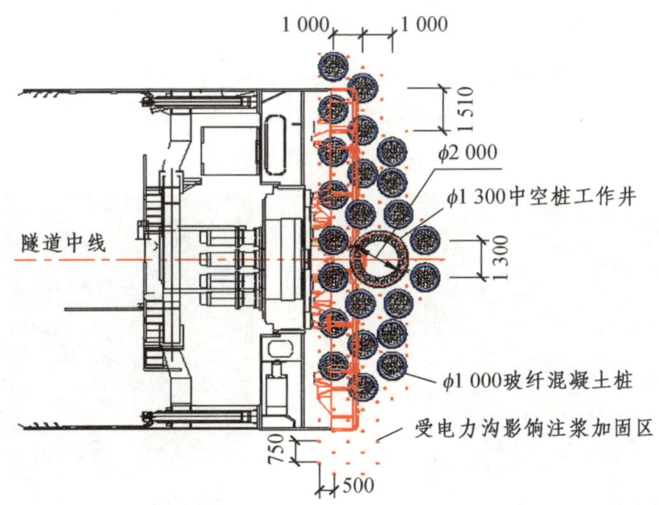

图 4-17　利用空心桩预设带压作业空间（单位：mm）

（2）地面加固措施+泥浆建膜保压技术。

地面加固如图 4-18 所示，泥浆建膜保压如图 4-19 所示。

（3）掌子面特殊泥浆直接建膜+气囊密封保压技术。

掌子面特殊泥浆直接建膜如图 4-20 所示，气囊密封保压技术如图 4-21 所示。

图 4-18 地面加固

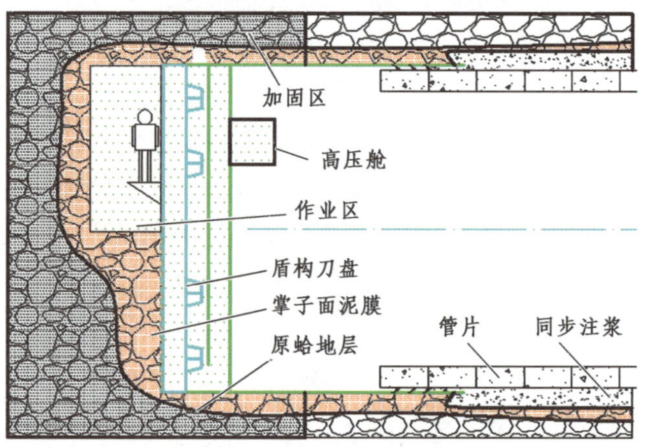

图 4-19 泥浆建膜保压

图 4-20 掌子面特殊泥浆直接建模

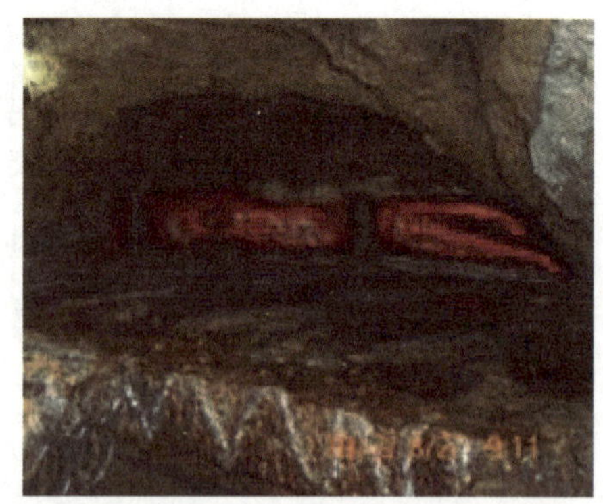

图 4-21 气囊密封保压

盾构的保压系统设置 2 套独立系统（1 用 1 备），便于 1 套系统出现故障时及时更换，以保证刀盘舱内压力稳定；设置废气排放系统，该系统主要包括废气收集罩、排放管路、舱外的废气收集箱（该箱内放置 1 种液体物质吸收废气中的杂质），动火作业过程中产生的废气通过该系统及时排放，以保证舱内空气新鲜。

带压进舱焊接、切割必须选用符合带压动火作业条件的防爆电焊机设备及知名品牌特殊焊条、碳棒等进行作业，以保证焊接质量。电焊机放置于舱外通过专用接口将焊把线拉入舱内，作业人员要佩戴呼吸面罩，人舱配置气体检测仪实时监控舱内气体含量，以防止因氧气浓度过高发生爆炸，防止有害气体含量超标引起人员中毒。

施工中，必须遵守带压动火作业指南，严格按安全操作规程作业。

3. 主要技术特点

（1）作业空间构建。高压作业空间的构建是关键点之一，上述 3 种方法构建的作业空间稳定、可靠。

（2）系统完善可靠。完善的保压系统、废气排放系统、气密性保障技术、气体检测、人员呼吸装置，相互独立但又相辅相成，是高压环境下带压动火作业人、机、环境安全保障的基础。

（3）应用范围广阔。该技术可应用于盾构穿江过海隧道或盾构临时停机于地面建（构）筑物、管线复杂区域等施工过程中对刀盘刀具的动火维修作业。

4. 适用条件与应用范围

（1）适用于盾构施工过程中掌子面稳定，或经加固处理后掌子面稳定，且需带压进舱在盾构刀盘舱内进行动火维修刀盘、刀具或其他设备的维修作业。

（2）适用于计划性停机或应急停机的盾构刀盘刀具维修作业。

（3）适用于工作压力小于 360 kPa 环境下的焊接、切割维修作业。

4.13　大断面马蹄形盾构及施工技术

1. 技术背景

圆形隧道结构受力好，容易实现机械化施工，但是空间利用率最低；矩形隧道空间利用率最高，浅覆土适应能力强，但由于顶板结构受力较差，一般适用于浅覆土工程，随着隧道埋深的增加，衬砌的成本会大幅提高。而马蹄形断面隧道综合了圆形断面结构受力好和矩形断面空间利用率高的优点，在公路、铁路、水利、城市地下空间开发等领域有非常好的发展前景。但是马蹄形隧道一般只能采用传统的矿山法施工，在施工效率、成本、安全等方面受到很大制约，影响了马蹄形隧道的推广应用。因此，对于能够实现马蹄形隧道机械化施工的马蹄形盾构机的研究十分必要，特别是对改善山岭隧道的极其复杂艰险的施工条件、解放劳动力、提高施工安全性、降低生产成本具有极为重要的意义[8]。

2. 主要技术内容

（1）马蹄形盾构全断面开挖适应性与结构稳定性设计方法。解决了异形断面开挖及主机构造难题，实现了低扰动多刀盘联合开挖及轻量化主机设计。

（2）马蹄形盾构土压自适应平衡技术。提高了双螺旋出渣的土舱压力控制精度，解决了浅覆土多源扰动下的沉降控制问题。

（3）马蹄形盾构姿态智能控制技术。解决了异形隧道掘进姿态控制难题，实现了异形隧道高精度掘进。

（4）异形多曲率管片拼装技术。解决了异形管片拼装及精准定位难题，实现了异形管片快速拼装。

3. 主要技术特点

这一全球首创的隧道开挖工艺极大地提高了隧道空间利用率，较圆形截面减少10%～15% 的开挖面积。

4. 适用条件与应用范围

该技术主要适用于软弱地层马蹄形断面隧道施工。

4.14 多模盾构技术

1. 技术背景

近年来，隧道建设逐渐呈现出长距离化、地质条件多样化、施工环境复杂化等发展趋势，现有机械化施工方法对于地层的适应性受到了极大的挑战，对隧道掘进设备的创新性设计要求越来越高[9]。为解决存在显著地质差异的地层掘进难题，多模式盾构/TBM 掘进设备应运而生。目前，多模式盾构/TBM 在城市地铁隧道建设中应用最为广泛。据统计，国内外多例采用多模式盾构的隧道工程，见表 4-1。

表 4-1 国内外双模盾构使用情况简表

序号	制造商	编号	始发年份	盾构型号	应用工程	地质情况	开挖直径/m	隧道长度/km	平均月进尺/m
1	海瑞克	S-246	2005	泥水/TBM	瑞典 Hallandsas 双管隧道	片麻岩、闪岩、辉绿岩带	10.53	10.925	110
2	罗宾斯	—	2015	土压/TBM	墨西哥 TEPII排水隧道	凝灰岩带与安山岩	8.70	5.800	—
3	铁建重工	DL379	2018	土压/TBM	广佛东环线	中风化花岗岩、中风化片麻岩等	9.14	5.998	432
4	中铁装备	CREC755	2019	土压/TBM（中心皮带机）	深圳地铁 12 号线[10]	中微、强风化混合岩	6.47	1.723	350
5	中铁装备	CREC740	2018	土压/TBM（中心螺旋输送机式）	深圳地铁 14 号线	全强中风化角岩	6.48	2.122	163
6	三菱重工	1735	2016	泥水/土压	广州地铁 9 号线 2 标	中粗砂、砾砂、黏土等	6.28	1.680	98.9

现阶段多模式盾构/TBM 施工技术的研究主要围绕“选-转-掘”，即设备选型、模式转换和掘进效能三个方面展开。

2. 主要技术内容

（1）针对多模式盾构在复杂地质情况下的掘进适应性，众多学者依托隧道工程中的实际地质情况展开了广泛研究，总结出不同类型多模式盾构的主要适应性地层及工作特点[11]，见表 4-2。

表 4-2　多模式盾构适应地层及工作特点

多模盾构类型	适应地层	工作特点
土压/TBM 双模	长距离硬岩段及软岩、软土段复合地层	TBM 模式提高硬岩段掘进效率；软岩软土地层采用土压模式平衡掌子面压力
土压/泥水双模	高地下水压力及软岩、软土复合地层	软土层采用土压模式，降低成本，提高掘进效率；强透水地层采用泥水模式规避施工风险，控制地层沉降
泥水/TBM 双模	长距离硬岩与强透水性软土复合地层	强渗透性地层采用密闭式泥水模式开挖；硬岩及渗透性弱地层段采用 TBM 模式
土压/泥水/TBM 三模	高透水及沉降敏感地层、长段硬岩及软土共存复合地质	高水压、地表沉降敏感地层及透水破碎带采用泥水模式；风化软土层采用土压模式；孤石及硬岩段采用 TBM 模式

（2）模式转换是多模式盾构/TBM 设备的重要施工工序之一，主要体现在对于施工安全和项目工期造价的影响，针对复合地层的合理模式转换点选取开展研究，同时提出掘进设备针对性设计及模式转换工序优化建议。

（3）多模式盾构/TBM 施工技术在实际施工过程中的效能分析是检验其地层适应性的重要途径。

总体来看，多模式盾构/TBM 创新型掘进设备应用地层更为广泛多变，当前我国各大城市采用多模式设备施工的隧道项目都在施工安全和掘进效率方面取得了良好效果。随着国内外隧道建设的深入发展，具有灵活地层适应性的多模式盾构将会是未来城市隧道技术发展的重要方向，未来将广泛应用于铁路隧道、城市地铁等领域。

4.15　盾构隧道“衡盾泥”辅助带压进舱技术

1. 技术背景

随着盾构工程遇到的地质条件越来越复杂艰险，进舱作业成为必然工序。进舱方式包括常压进舱和带压进舱，很多停机位置处于建筑物或江河底下，无法进行地面加固后常压进舱，且部分地层即使加固了仍无法常压进舱，例如盾构停在江河下面或遇地下水量太大无法堵住等工况时，带压进舱成了唯一可用的进舱方式。这对泥膜闭气性要求高，一旦出现漏气，开挖面失去平衡，轻则地面塌陷，重则舱内作业人员被埋，甚至存在地下水涌入淹没整条隧道的风险。本技术包含材料及工艺，易在解决某些特殊情况下带压进舱难题，同时提高带压进舱的安全性。

2. 主要技术内容

（1）“衡盾泥”材料。

该技术中的衡盾泥材料[12]是以优质膨润土为主要材料，通过一定改性后与增黏剂反应形成的一种高黏度的触变性泥浆，浆体具有良好的和易性和黏附性，在水中不易被稀释带走，成膜稳定，附着力好，且泥浆具有一定的强度，是一种绿色环保材料。衡盾泥材料为双组分配制材料，分 A、B 组分，A 组分为干粉料，B 组分为液体材料，工程中应用质量配比为 A 组分：水=1：1.5～1：3.0，B 液掺入质量比 1：5～1：20，如图 4-22～图 4-25 所示。

图 4-22 泥浆的裹挟性

图 4-23 泥浆的隔水性

图 4-24 泥浆的黏附性

图 4-25 泥浆的承载能力

（2）“衡盾泥”辅助带压进舱技术。

将衡盾泥泥浆填充、挤压、劈裂进入施工空隙和地层孔隙及裂隙，及时封堵地层中泄水泄气通道，并在开挖面形成具有一定厚度、结构致密、稳定性好的泥膜（图 4-26），突破盾构在特殊不稳定地层下进舱作业的困难，具体工艺流程如图 4-27 所示。

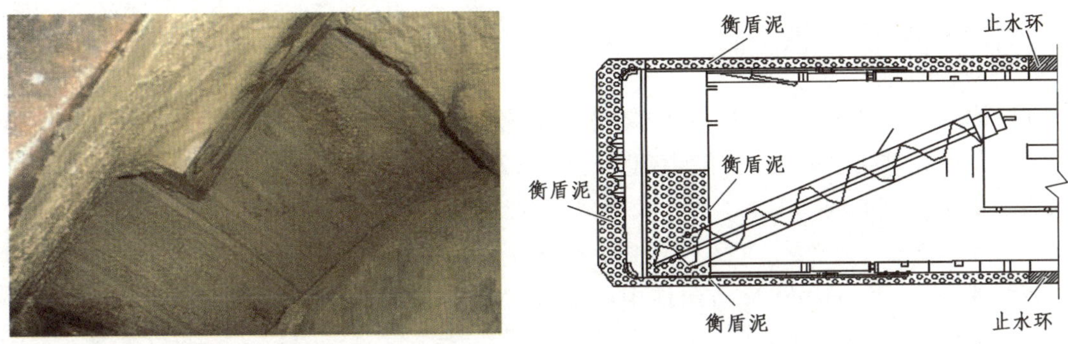

图 4-26　衡盾泥带压开舱示意图及掌子面泥膜情况

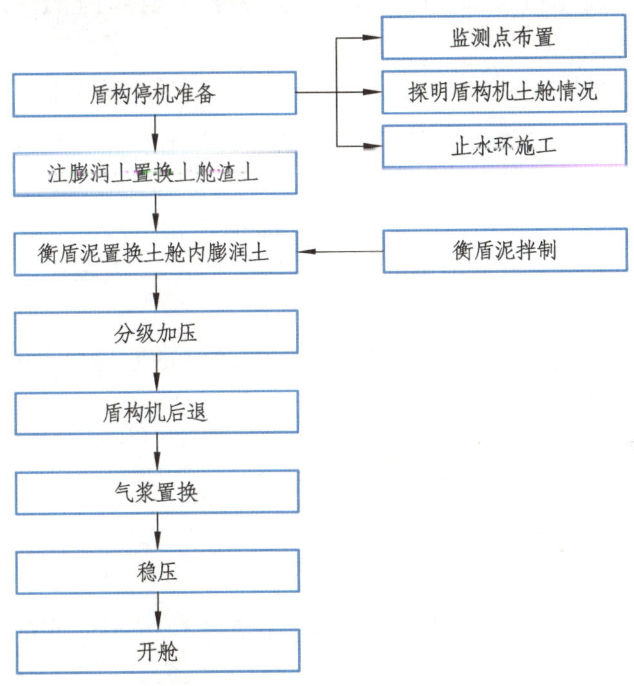

图 4-27　衡盾泥带压开舱工艺流程

3. 主要技术性能与技术特点

（1）技术性能。

衡盾泥泥浆黏度能达 10^4 mPa·s；泥浆能在水里（包括盐水）保持 8 个月不离散崩裂，富水地层不影响泥浆的成膜性，泥浆具有一定强度。

（2）技术特点。

与传统的膨润土泥浆泥膜护壁对比，衡盾泥泥浆黏度大，在地下水丰富或者地层孔隙较大的工况下成膜优势明显，且形成的泥膜保压时间长。

4. 适用范围及应用条件

盾构施工“衡盾泥”辅助带压进舱技术可应用于盾构进舱检查或进舱作业；其中衡盾泥材料也可用于渣土改良、裹挟大粒径渣块排出及隔离盾构周边地下水。

本章参考文献

[1] 谭顺辉，孙恒. 超大直径泥水盾构常压换刀设计关键技术——以汕头海湾隧道及深圳春风隧道为例[J]. 隧道建设（中英文），2019，39（7）：1073-1082.

[2] 朱伟，钱勇进，王璐，等. 长距离盾构隧道掘进的主要问题及发展趋势[J]. 河海大学学报（自然科学版），2023，51（1）：138-149.

[3] 杜闯东. 狮子洋隧道盾构地中对接技术及实施[J]. 隧道建设，2014，34（8）：771-777.

[4] 夏毅敏，罗德志，周喜温. 盾构地质适应性配刀规律研究[J]. 煤炭学报，2011，36（7）：1232-1236.

[5] 洪开荣，等. 盾构与掘进关键技术[M]. 北京：人民交通出版社，2018.

[6] 张英明，郭宏浩，李腾飞，等. 大直径土压平衡盾构在成都富水砂卵石地层施工的关键技术[J]. 建筑机械，2020（7）：80-83.

[7] 住房和城乡建设部. 城市轨道交通工程创新技术指南：建办质函〔2019〕274 号[Z].

[8] 李建斌，等. 异形断面隧道掘进机技术[M]. 北京：人民交通出版社股份有限公司，2020.

[9] 钟长平，竺维彬，王俊彬，等. 双模盾构机/TBM 的原理与应用[J]. 隧道与地下工程灾害防治，2022，4（3）：47-66.

[10] 宋天田，娄永录，吴蔚博，等. 城市轨道交通双模式盾构（EPB/TBM）模式转换技术[J]. 现代城市轨道交通，2020（12）：59-64.

[11] 《中国公路学报》编辑部. 中国交通隧道工程学术研究综述·2022[J]. 中国公路学报，2022，35（4）：1-40.

[12] 竺维彬，钟长平，米晋生. 衡盾泥辅助盾构施工技术[M]. 北京：人民交通出版社股份有限公司，2019.

第 5 章　辅助盾构施工新技术

本章重点

克泥效技术、速凝效技术、新型同步双液注浆技术、管片固定桩控制管片上浮技术、泥饼剥除技术、刀盘防泥饼涂层、盾构冷冻法用非冻结护盾泥等辅助盾构施工新技术。

5.1　克泥效技术

“克泥效”也称为“护盾泥”[1]。它是由合成钠基黏土矿物、胶体稳定剂和分散剂合成的粉剂材料。该材料与一定比例的水拌合成浆液后，与水玻璃按一定比例混合搅拌，可胶结成不易被水稀释、有一定支撑力、低强度的永不凝固的黏土（图 5-1、图 5-2）。

A：克泥效浆液

配比：每立方米A液浆400 kg粉剂）

B：水玻璃（40 °Bé）

体积比：A：B =20：1

图 5-1　克泥效拌合的 A 液浆与 B 液（水玻璃）

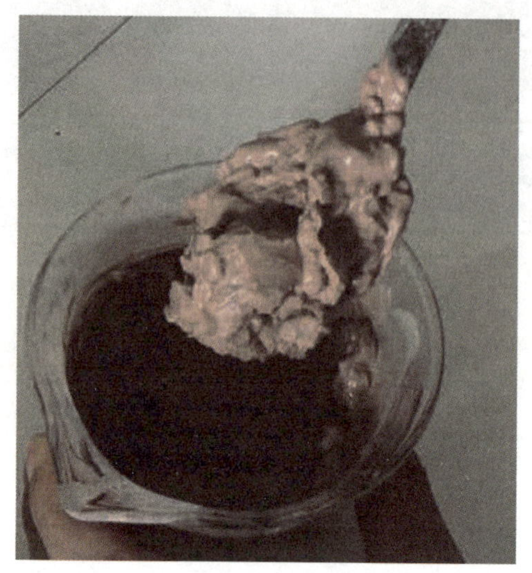

图 5-2 A 液与 B 液混合形成的永不固化可塑状黏土

克泥效与水玻璃形成的黏土十字板剪切实验如图 5-3 所示，实验数据见表 5-1。

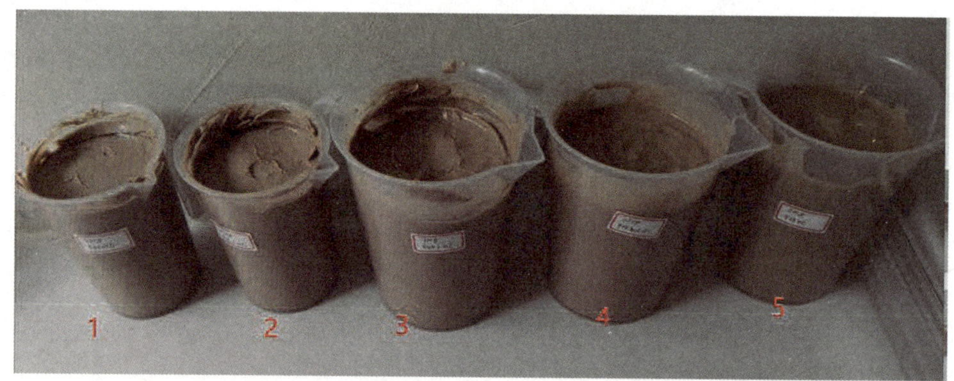

图 5-3 克泥效与水玻璃形成的黏土十字板剪切实验

表 5-1 克泥效与水玻璃剪切实验配比

试样编号	1	2	3	4	5
克泥效粉/g	400	350	300	250	200
水/mL	846	865.5	884.6	904	923
抗剪强度/kPa	1.705	0.6816	0.4686	0.1704	0.0426

1. 克泥效应用于盾构施工沉降控制

盾构施工过程中沉降共分为 5 个阶段，如图 5-4 所示。

（1）第 1 阶段沉降控制。

第 1 阶段为早期沉降。早期沉降也称为前期沉降或先行沉降，是自开挖面距地面观测点还有相当距离（数十米）直到开挖面到达观测点之前所产生的沉降，是随着盾构掘进因土压力波动、地下水位下降等因素产生的固结沉降。

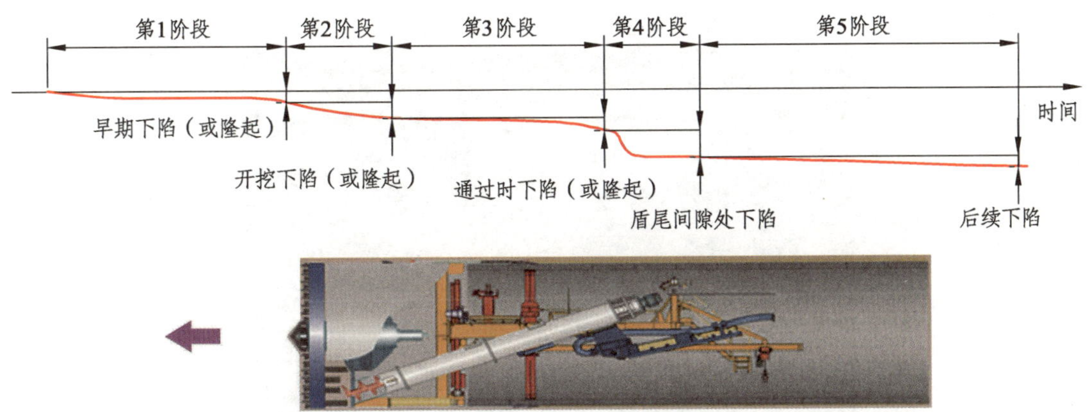

图 5-4 盾构施工沉降阶段划分

第 1 阶段沉降控制主要为盾构推进过程中对土舱压力的控制，重点是要做好渣土改良，并严格控制出土量，土舱的压力要在地层的主动压力和被动压力之间找到平衡点。同时，应同步监测刀盘正上方及前方的地面沉降或隆起量，调整土舱压力及出土量控制。

（2）第 2 阶段沉降控制。

第 2 阶段为开挖沉降。开挖沉降也称为开挖面前沉降或盾构到达时沉降，是自开挖面距观测点（约几米）起直至开挖面位于观测点正下方之间所产生的沉降，一般是由于盾构的推力过小造成开挖面崩塌或盾构推力过大引起开挖面土压力失衡所致，是盾构刀盘开挖时由土体应力释放或盾构反向土舱压力引起的地基塑性变形所造成的，是盾构开挖面的土压或者泥水压不足或者过高，引起开挖面土体弹塑性变形造成的地层隆起或下陷。

第 2 阶段沉降控制技术要点与第 1 阶段相同，主要应加强盾构推进过程中对土舱压力的控制，重点也是要做好渣土改良，严格控制出土量，土舱的压力要在地层的主动压力和被动压力之间找到平衡点。同时，应加强施工监控，同步监测刀盘正上方及前方的地面沉降或隆起量，调整土舱压力及出土量控制。对于特殊地层，通过合理添加材料对土舱的渣土进行改良，从而做好盾构前方地面的沉降控制。

第 1、2 阶段沉降控制主要是通过膨润土材料、高分子材料、泡沫材料进行渣土改良，要重视新型渣土改良材料开发以及辅以施工指导相结合等手段以有效控制沉降。

（3）第 3 阶段沉降控制。

第 3 阶段为盾构通过时沉降，是从开挖面到达观测点的正下方之后直到盾尾通过观测点为止这一期间所产生的沉降，主要是土的扰动和由盾构开挖直径与盾构直径差引起土体应力释放所致，是因为盾构开挖直径大于盾体直径，造成盾构掘进过程中壳体外产生间隙（图 5-5），从而使盾构壳体上方土体发生沉降。此外，围岩土体之间剪切的错动，也会发生沉降。

图 5-5 盾构掘进过程中壳体外产生间隙

盾构在设计与制造时，刀盘开挖直径一般大于盾体外径。在掘进过程中，开挖后的隧道就会与盾体外壳之间形成间隙，这个间隙会造成以下问题：① 在施工中沉降反应较快的情况下，盾构掘进过程中产生的间隙，在同步注浆还未到达之前，上方土体自然下沉填补间隙，直接造成地面沉降；② 施工反应较慢的地质，盾构在掘进过程中同步注浆液容易填补间隙，甚至会沿着间隙流入土舱，这种窜浆现象导致盾构土压力与同步注浆压力无法单一控制，严重影响盾构施工。

在盾构施工过程中，盾构外壳表面存在因为开挖产生的间隙。该间隙会引起土体沉降，尤其是软弱地层浅覆土施工或盾构下穿构筑物时，为减少上方土体扰动，在该间隙处填充一些材料可以控制土体的沉降，但这些填充材料应具备以下特征：① 必须有良好的流动性。如果材料缺乏良好的流动性，就无法流淌到盾构外壳所有的间隙，不能对盾构外壳进行有效包裹。而如果用塑性材料直接向盾构外壳处的间隙压注，则材料只能在盾构外壳径向周围扩散，注入压力难以控制，并且容易造成土体隆起，在下穿基础差的构筑物时，土体隆起的危害往往会大于土体沉降的危害。② 材料填满间隙后，应具有一定支撑力，以支撑住土体的下沉。但强度要低，如果强度高，会大幅度增加盾构推力甚至卡住盾构。③ 材料胶结成塑性体后应具有一定的防水性，不易被水稀释。④需要有一定润滑性，减少土体之间剪切的错动，减小盾构推力。

克泥效材料能够完全满足上述要求，其特点和优势如下：①“克泥效”是一种双液注浆材料。在施工时，先将克泥效粉料与水按一定比例拌合成浆液，然后与水玻璃边混合边向盾构外壳外间隙进行填注，填注后 4 ~ 5 s 开始开始塑化胶结，混合液在填注时流动性很强，极易对盾构外壳外间隙进行有效填充。② 在填注 20 ~ 30 s 后，“克泥效”材料开始塑化胶结成塑状黏土。在应用于沉降控制时，“克泥效”胶结后的黏度一般可通过配比调整在 300 ~ 350 dPa · s，其黏度相当于牙膏（300 dPa · s）和发蜡（400 dPa · s），强度比较低。③ 胶结后的“克泥效”材料不易被水稀释，且具有一定润滑性，有利于盾构的掘进。④ 盾构外壳外的材料填充，有效阻隔了同步注浆串浆到刀盘；盾构壳体外形成的克泥效泥膜会与土层胶结在一起，减少了盾构同步注浆的浆液渗透到土层中，使同步注浆能达到更好的填充作用，从而达到辅助第 4 阶段的沉降控制效果。

在盾构施工中，通过从中盾位置的径向孔处同步注入克泥效，及时填充盾构施工过程中由于刀盘超挖造成的盾体与土体之间的空隙，同时起到隔离前部土舱掘进压力和盾尾同步注浆的压力作用，可以单独管控前方土舱及后方注浆压力，隔绝窜浆现象，具体施工中根据盾构正上方地面的沉降量及时调整。克泥效在注入过程中，会向盾体四周的土层中渗透一部分，填充土体内的孔隙，从而形成泥膜，以有效减少同步注浆液向土层中渗透。克泥效在施工过程中主要起到两个作用：① 同步注入，及时填充掘进时所产生的间隙，直接减少第 3 阶段沉降量；② 渗透进土体，在开挖表面形成泥膜，保护同步注浆质量，从而又辅助控制了第 4 阶段沉降。

（4）第 4 阶段沉降控制。

第 4 阶段为盾尾间隙处沉降。盾尾间隙处沉降也称为盾尾脱出管片时沉降，是盾构的尾部通过观测点的正下方之后所产生的沉降，是盾尾空隙的土体应力释放所引起的弹塑性变形，是由于围岩土体失去支撑后，管片背面没有及时注入浆液或者注入浆液的饱和度不够所导致的间隙沉降。其沉降大小与盾尾同步注浆压力、浆液充填率密切相关，充填较理想时，沉降就小，反之就大。

第 4 阶段沉降控制主要是同步注入灌浆材料，根据地面的沉降情况，及时调整注浆压力和注浆量，由于事前已经有克泥效在土体中形成了一层泥膜，一定程度上会减少同步注浆量。对于特殊的地层，可选择具备双液注浆能力的盾构，则对于地面沉降控制更加有效。

（5）第 5 阶段沉降控制。

第 5 阶段沉降为后续沉降，后续沉降也称为后期沉降。后续沉降是前期土层扰动固结引起的沉降及同步注浆散失引起的沉降。后续沉降是固结和蠕变残余变形，主要是地基扰动所致。第 5 阶段沉降控制要点是在地面沉降未平稳之前，根据地面的沉降情况，及时进行二次补浆。

综上所述，盾构施工沉降控制是一个系统工程，为力争做到盾构施工过程中达到零沉降要求，必须针对盾构施工过程中沉降的 5 个阶段分别进行风险管控才能达到施工预期目标。

2. 克泥效应用于土压平衡盾构始发时土舱建压

在软弱地层进行盾构隧道施工过程中，盾构始发阶段，刀盘刚进入土层破岩，土体应力在瞬间得到释放，而土舱从空舱掘进到建立主动土压力来平衡水土被动压力还需要一个过程，此时，土压处于不断调整的阶段，在土压调整过程中，未能建立真正的土压平衡。因而，在始发阶段极易造成土体“不稳”，出现大量涌砂、涌水现象，影响始发质量，严重者可能造成盾构被掩埋。

克泥效因为具有排水、易于泵送、有支撑力、胶结后压缩比小等特性，在软弱地层中，可以作为盾构始发前的土舱建压手段；洞门钢箱内采用双层帘布设置，钢箱外预留注浆孔进行克泥效注浆保压。

克泥效工法应用于盾构始发流程如下：

（1）当盾构刀盘紧贴掌子面时，盾构停止掘进；通过盾构土舱加泥孔向土舱注入克泥效，如图 5-6、图 5-7 所示；土压建立数据可以通过刀盘顶部和底部土压合力的平均值计算得出。

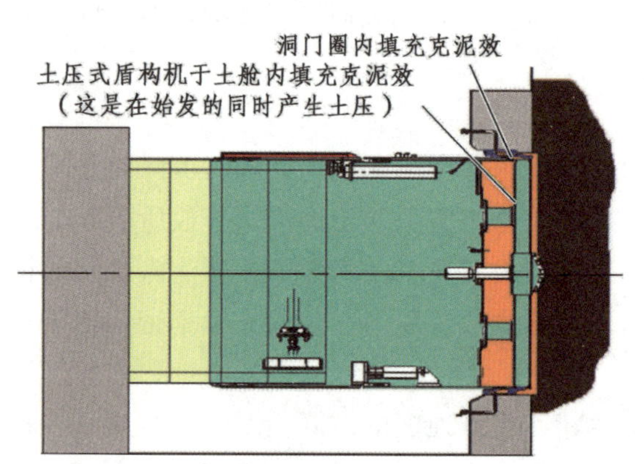

图 5-6　克泥效应用于土压平衡盾构始发

图 5-7　盾构始发采用克泥效工法

（2）通过钢箱注入孔向盾壳与洞门钢圈以及掌子面的空隙部位注入克泥效，全部注满为止，以防水从洞门向外溢出，同时有效压住洞门钢箱第二道止水板，使之与盾壳处于密闭状态。

（3）钢箱内注满克泥效。

（4）盾构开始始发掘进，在掘进过程中，通过盾构前盾径向孔中注入克泥效，填充盾构壳体外因刀盘开挖产生的间隙。

3. 克泥效应用于盾构长期停机时保压

在土压平衡盾构工法中，保持挖掘面土压是非常重要的。盾构的掘削一旦停止，土压平衡工法中的土压保持就无法像泥水加压工法般容易。此时，应考虑使土舱土压与加泥泵联动以保持所需的正常泥土压。在软弱地层中，加泥材料会有超量注入发生的可能性，这是由于挖掘面的前方土质松软。此时，为了达到土舱内的土砂改良以及改善挖掘面前面松软土质的目的，可将克泥效注入土舱内，并启动切削刀头回转，进行土砂搅拌，这将能够有效地实现土压的保持。

盾构掘削停止之前，可自靠近螺旋输送机位置的注入口处或土舱的注入口处注入克泥效，这样做除了可以让土舱内部获得完全的填充外，也能确保再掘削时施工的顺利进行。注入克泥效的原因在于：当盾构处于停工阶段时，螺旋输送机闸门处会出现少量漏水，土砂会逐渐沉淀后堆积在土舱的下半部，再次掘进时，会造成切削刀或螺旋输送机的扭矩过负荷。若使用克泥效进行填充，将能很好地提升施工性。

4. 克泥效应用于盾构姿势控制

在软弱地层中或由于盾构长度或重量不平衡而导致栽头时，若勉强扬起机头反而会导致盾构下沉更大。通常情况下，盾构会根据所选定的推进油缸来控制姿势并掘进。可是，有时因周边地质松软或盾构自重的关系，盾构头部会发生叩头的状况，遇到这种情况时，即使操作推进油缸或使用铰接装置，姿态控制也相当困难。此时，可用高黏性的克泥效从盾构下方（比如前盾 5 点钟或者 7 点钟方向的径向孔或者超前注浆孔）注入，调整盾构推进油缸上部和下部的参数，经多环掘进后可以调整盾构姿态，如图 5-8 所示。

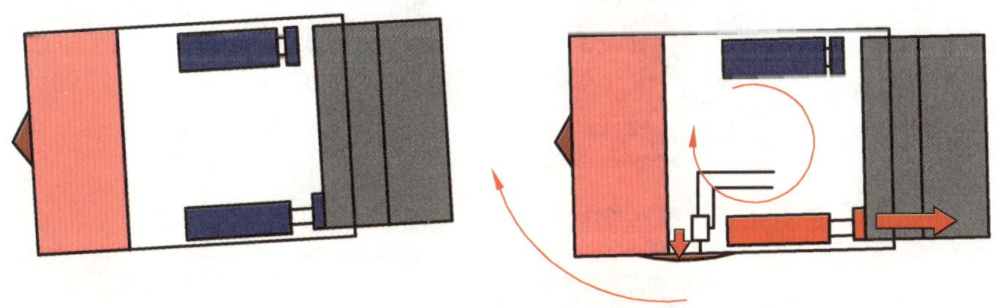

图 5-8　使用克泥效控制盾构姿态

5. 克泥效应用于盾构到达时止水

盾构在进入加固区之前，一边向四周注入克泥效一边掘进，这是因为盾构刀盘开挖在盾构壳体外形成了间隙，此间隙容易形成水道，造成通常说的“后方来水”，“克泥效”可以有效封住该水道并且可以避免盾构壳体上方沉降，如图 5-9 所示。

盾尾进入加固区，若采用的是同步单液注浆，可以停止注浆，改成早强型双液注入，早强性双液浆会迅速把管片与加固区胶结在一起，起到第二道防水作用。

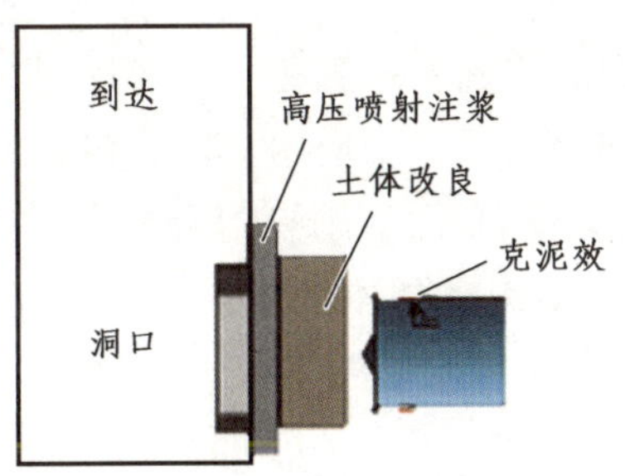

图 5-9　克泥效应用于盾构到达时止水

6. 克泥效应用于空洞填充及防止喷涌

在土压平衡盾构的施工过程中，在沉泥、黏土成分含量极少的砂砾层中经常会发生喷涌现象。为了应对这样的情形，施工中添加高浓度、高黏性的加泥材是非常必要的。但普通的高黏度加泥材料很难被搅拌，也很难被运送较长的距离，所以实际上很难得到有效利用。

此时，“克泥效”作为有助于长距离运送并只在注入前才混合的高黏度加泥材料，在任何情况下都能使用。“克泥效”可以由土舱加泥孔注入，也可由螺旋输送机反转输送至土舱。在土舱压力高于前方水压 200 ~ 300 MPa 时，喷涌状况会得到很好的缓解，如图 5-10、图 5-11 所示。

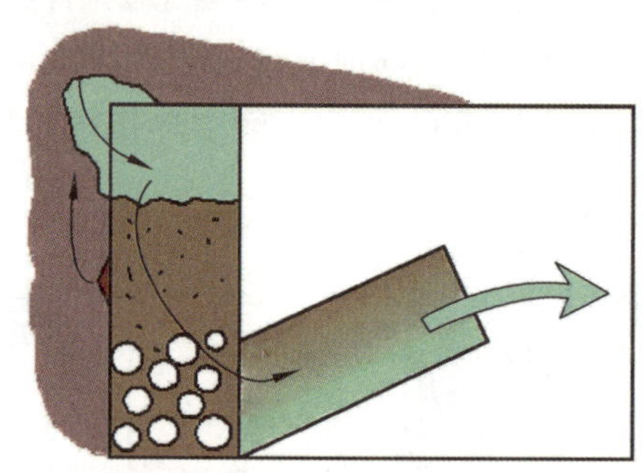

图 5-10 水量过多时添加“克泥效”可以防止喷涌

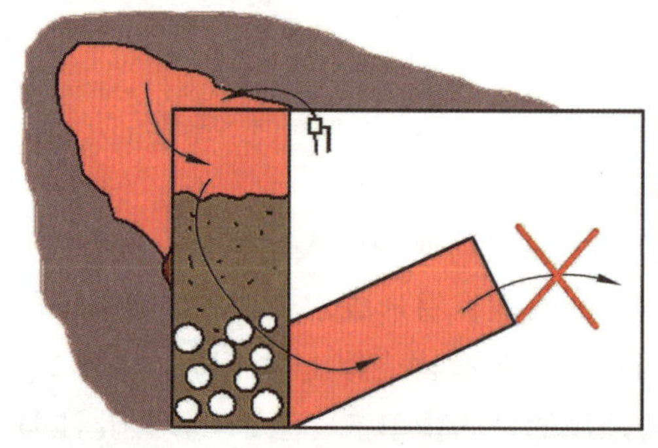

图 5-11 空洞过大时添加“克泥效”可以防止下陷

克泥效工法近年来在国内盾构始发与到达、沉降控制、渣土改良、协助开舱、喷涌处理、封堵有害气体等方面都得到了成功应用。在盾构施工中，克泥效作为一种新材料不能起到绝对性的作用，但有效降低了盾构施工风险。进一步研究盾构施工中“人”“机”“材”的结合才是解决盾构施工难题的根本。

5.2 速凝效技术

速凝效技术是一种新型的渣土改良技术。

渣土改良就是通过盾构配置的专用装置向刀盘面、土舱内或螺旋输送机内注入水、泡沫剂、膨润土、高分子聚合物等添加剂，利用刀盘的旋转搅拌、土舱搅拌装置搅拌或者螺旋输送机旋转搅拌使添加剂与土渣混合，使盾构切削下来的渣土具有良好的流塑性、合适的稠度、较低的透水性和较小的摩阻力。

渣土改良的作用主要是提高渣土的流动性、保水性及止水性；具体来讲就是使改良后的渣土具有更好的可排性，能降低刀盘扭矩、减少地层中水的流失和结泥饼的风险。

在复杂的地质情况下，普通的聚合物性能无法满足盾构正常掘进需求，但其侧链上含有酰胺基，易形成氢键，可通过接枝、交联和改性等方法得到多种衍生物，从而研制出满足盾构施工需求的专用材料。

速凝效是一种将多种以共价键结合而成的高分子聚合物共混改性，而制备出的与水互溶、呈凝胶状的改性高聚物。

速凝效是针对盾构施工的特性而专门研制的：

（1）为强化速凝效的携带渣石性能，在速凝效分子链上引入某类胶体基团进行改性，从而减少分子链受静电吸引作用引起的卷曲、收缩。

（2）为强化速凝效的防喷涌性能，通过在速凝效主链结构上引入少量疏水基团对原本亲水的聚合物进行疏水改性，疏水基团具有的疏水缔合作用可使主链的吸附桥联和增黏性能进一步增强，使其具有独特的流变学特征。因为疏水基团可使聚丙烯酰胺在分子链内和分子间形成缔合作用，大分子链瞬间形成网状结构，从而强化防喷涌性能。

速凝效是渣土改良新型材料，是一种通过多种共价键结合而成、分子量达到 1 000 万的改性酰胺类液体材料。该材料与原土或者钠基膨润土按一定比例混合后，可以让原土或钠基膨润土形成具有一定塑性并且不易被水稀释的状态。速凝效主要适用于对砂卵石地层进行渣土改良，是解决富水砂卵石地层盾构施工螺旋输送机喷涌问题的有效方法之一。

根据盾构施工的特性，速凝效具备预防喷涌、携带渣石以及降低摩阻三个基本功能。

由于掌子面的高水压作用，且开挖下来的渣土渗透性强，无法止水，螺旋输送机无法将开挖下来的渣土和地下水混合输送至皮带输送机，高压水体穿越开挖舱和螺旋输送机形成喷涌。速凝效与水混合迅速形成网状结构将开挖舱的地下水和渣土进行联结，在降低渣土渗透性的同时，将地下水“禁锢”在渣土颗粒之间，形成土塞挡住来水，在盾构施工中起到动态预防喷涌的作用。

大粒径卵砾石易在刀盘与开挖面之间、土舱下部产生堆积，造成滞排。卵砾石堆积堵塞排渣通道，使得正常排渣无法进行，进一步造成渣土无法及时顺利排出开挖舱，加重积舱，形成恶性循环。速凝效通过分子链在水中形成空间网状结构而有效增黏，且在渣温过高的情况下黏度不会如普通聚合物一样下降，分子链进一步溶解伸展，克服渣温过高时，普通聚合物携渣能力下降的缺陷。

刀具与开挖面的摩擦、挤压，造成不同程度的刀具磨损。刀具从磨损到损坏分为初期磨损、正常磨损、急剧磨损三个阶段。淤泥、黏土、粉土等地层对切削刀磨损很小，但砂土、卵砾石及硬岩地层对刀具的磨损十分严重。

速凝效与水反应后的黏性润滑液体可有效降低摩擦系数，与水反应得出的黏性润滑液体与泥渣由于正电荷之间的静电作用，倾向于相互排斥，从而进一步降低摩擦系数。

膨润土改良渣土与速凝效改良渣土的实验对比[2]如图 5-12 和图 5-13 所示。图 5-14 所示为速凝效加膨润土（膨润土不需膨化）的状态；图 5-15 所示为裂隙水比较大的中风化泥质粉砂岩经速凝效改良不黏附皮带的照片；图 5-16 所示为富水砂砾地层速凝效加膨润土渣土改良，渣土容易被皮带机带走的照片；图 5-17 所示为富水粉细砂层使用速凝效改良之后的渣土实况。

不含黏土的砂砾土

添加30%膨润土添加剂

砂石与添加剂无法融合

图 5-12 膨润土改良砂石层

不含黏土的砂砾土

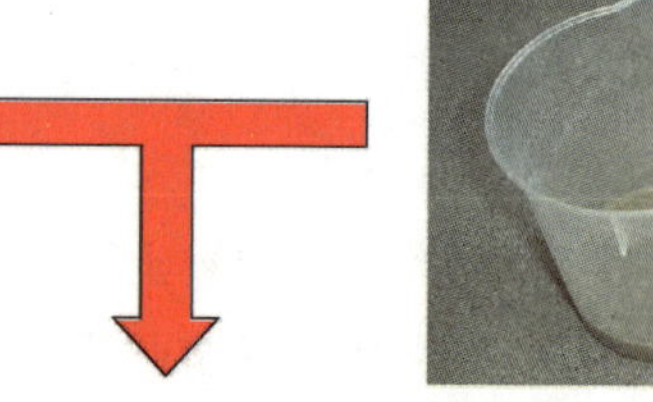

膨润土20%+速凝效溶液10%（浓度0.3 kg/m^3）

原本松散的砂石有被凝结在一起的感觉，手感较软

图 5-13 速凝效改良砂石层

图 5-14　速凝效加膨润土（膨润土不需膨化）的状态

图 5-15　裂隙水比较大的中风化泥质粉砂岩经速凝效改良不黏附皮带

图 5-16　富水砂砾地层速凝效加膨润土渣土改良，渣土容易被皮带机带走

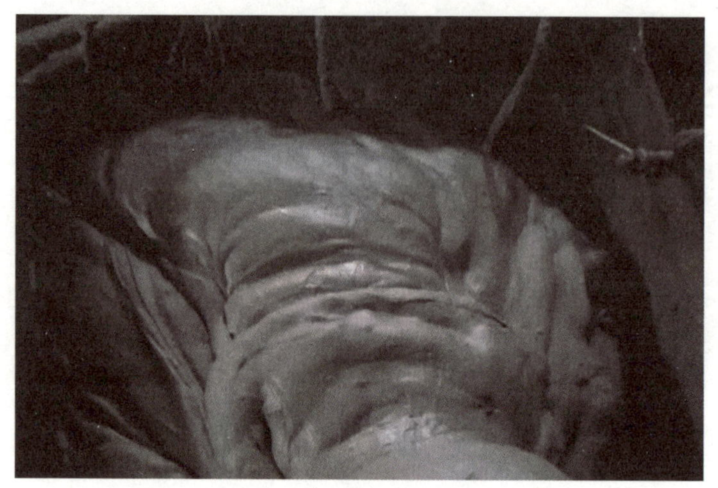

图 5-17 富水粉细砂层使用速凝效改良之后的渣土

速凝效改良渣土的机理如图 5-18 所示。

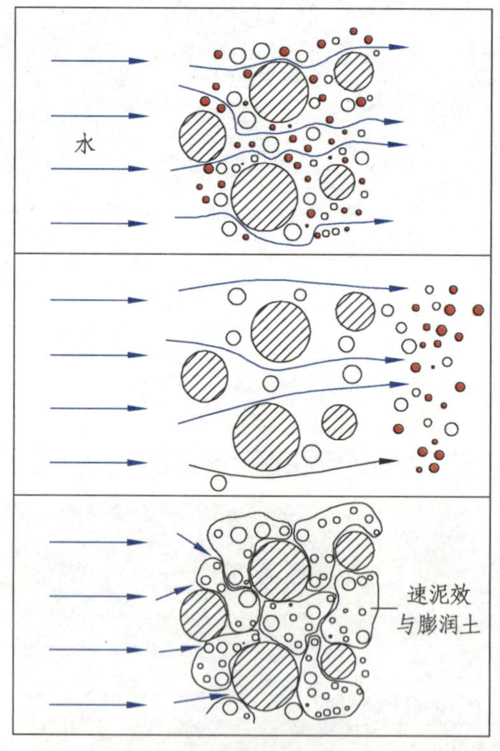

图 5-18 速凝效改良渣土机理

在不含黏性土或者黏性土含量比较低的地层中，如果地下水量比较大，中细颗粒的渣土容易被水带走，掌子面的水与螺旋输送机之间就形成涌水通道，螺旋输送机很难形成土塞效应，从而造成喷涌。同时，随着大颗粒的渣土不断在土舱底部堆积，容易积舱并且会卡螺旋输送机和卡刀盘。采用速凝效加钠基膨润土添加到土舱的措施，速凝效和钠基膨润土还有渣土就会黏合在一起，从而在螺旋输送机内形成土塞效应，可以有效避免喷涌的发生。此外，速凝效改良过的渣土不容易被水稀释，当土压高于前方水压时，盾构可以实现连续掘进而不喷涌。

5.3　新型同步双液注浆技术

1. 技术背景

（1）同步注浆概念。

由于盾构刀盘的开挖直径大于管片外径，管片拼装完毕并脱出盾尾后，与土体间形成一个环形间隙，简称超挖间隙（图 5-19）。超挖间隙如果不及时得到填充，势必造成地层变形，使相邻地表建（构）筑物沉降或隧道本身偏移。填充超挖间隙、防止因超挖间隙的存在导致地层发生较大变形，是盾尾注浆的最重要目的之一。因此，盾尾注浆是盾构工法中必不可少的关键性辅助工法，合理的施工工艺选择是盾构掘进施工安全顺利的保证[3]。

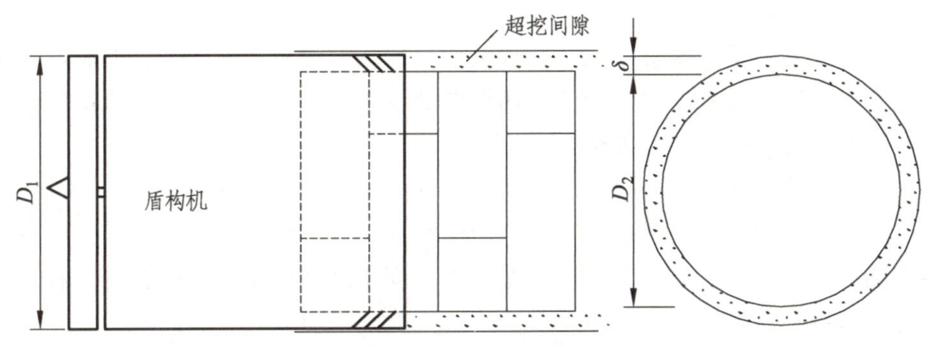

图 5-19　盾构超挖间隙示意图

（2）同步注浆目的。

① 控制地层变形。

由于理论间隙的存在，如果盾尾间隙得不到及时填充，周围土体将会下塌于管片之上，造成地层移动、变形，从而导致隧道及地表建（构）筑物沉降或偏移。因此，盾尾同步注浆最主要的目的就是浆液及时填充盾尾空隙，以控制周围地层的移动，从而防止盾尾空隙的存在而导致周围地层较大的变形。

② 保证衬砌结构稳定。

盾构法隧道是一种管片衬砌与周围土体共同作用的结构稳定的构筑物，管片周围空隙均匀、密实地注入与填充是确保土压力均匀作用的前提条件。盾构隧道壁后注浆会产生对管片的压力，该压力大小与注浆压力、注浆时间、浆液黏度、土体渗透率、建筑间隙厚度、注浆管半径等众多因素有关。

③ 提高隧道抗渗性。

管片在隧道土体中，整个外弧面与土体及地下水相接触，承受地下水渗透压力的作用，地下水含有氯离子、硫酸根离子等，对混凝土有腐蚀作用。盾尾间隙填充的浆液凝固后，将管片包裹覆盖，具有一定的抗渗性能，可以作为隧道的第一道止水防线。

④ 防止隧道上浮。

隧道上浮可分为初次上浮和二次上浮，由盾构上浮而引起的隧道上浮称为隧道初次上浮，由管片上浮而引起的隧道上浮称为隧道二次上浮。在浆液未凝固之前，管片底部上浮量大，而下卧地层回弹量相对较小，管片相比地层对浆液更敏感。因此要求浆液具有一定的早期强度，能够有效约束管片，同时也防止开挖面泥水后窜稀释浆液，以控制隧道上浮。

⑤ 作为隧道衬砌结构的加强层。

上面提到过地下水含有氯离子、硫酸根离子等，对混凝土有腐蚀作用，所以具有耐久性和良好的物理学性质的浆液包裹在隧道管片外，形成的浆液耐腐蚀且具有一定的强度，可对管片衬砌起到一定的保护加强作用。

（3）同步注浆体性能。

选择符合实际地层的浆液配比，并根据地层的改变进行及时调整，以满足地质条件需要，达到满意注浆效果。对同步注浆体性能的要求主要体现为耐久性、抗压强度、抗剪强度、耐腐蚀性、抗渗性等五个方面。

（4）同步注浆形态。

同步注浆的渗透性与所处地层的物理力学性质、地下水形态、注浆压力以及注浆量均有一定的关系。因此，在不同的地层条件下，同步注浆所呈现的形态特征各不相同。

① 砂土地层。

砂性土不具黏着性和塑性，且透水性极强，而同步注浆液从盾尾喷射出后也呈现出一定的渗透性，浆液相对容易通过盾尾同步注浆孔在盾构管片衬砌圈外侧渗透扩散，包裹整个刚脱离盾尾的管片周边，强化土层与管片结构之间的相互作用，封堵水力通道，形成具有一定强度的保护层。但如果砂性土的渗透性过大，而同步注浆的压力和注浆量不足，必然导致注浆液通过砂砾间的孔隙流失，盾尾建筑间隙不能得到有效的填充，结构与土体之间的相互作用不强，管片结构缺乏足够的反力支撑，导致结构失稳。

② 黏土地层。

黏性土具有吸水性好、渗透性差的特征，同步注浆相对不容易在土体中渗透扩散，因此导致大部分注浆液集中在注浆孔附近，形成局部加固区，对管片衬砌结构造成一定的应力集中现象，且易造成管片的整体下沉趋势，不利于发挥管片的整体受力性能特征。

③ 硬质岩层。

硬质岩层具有渗透性小的特征，同步注浆不能有效地扩散渗透入周围岩体。在这种地层中，浆液易造成窜浆现象，固结盾体，尤其是在泥水盾构施工中，易造成同步注浆与泥水压不能分别有效控制的后果。而刚出盾尾的注浆液又具有一定的流动性，在重力作用下，不断流向管片底部，造成底部沉积相对较多的注浆液，对已拼装好的管片形成上浮力作用，而一旦隧道局部上浮严重，隧道轴线将成为不规则折线，导致管片的受力不利现象。

2. 国内同步注浆现状

（1）同步注浆分类及对比。

盾构同步注浆浆液的发展可分为两大类：一类是以日本、美国等为代表的活性双液浆；另一类是以德国、法国等欧洲国家为代表的单液浆。其各有优缺点。国内目前多种类型的浆液均在使用（表 5-2）。但是国内工程实践中还是普遍使用单液浆，对于双液浆的使用尚少，且均以堵水为目的。

表 5-2　不同类型浆液性能对比

注入类型	单液型	双液型
材料	注浆材由水泥、粉煤灰、砂和膨润土组成，浆液易离析	A 液由水泥与膨润土组成，B 液由硅酸钠担任硬化剂
注浆方式	注浆材料采用注浆泵加压的方式将材料注入盾尾间隙	A 液及 B 液分别由注浆泵加压后注入，A 液及 B 液至盾尾间隙内混合后胶结，利用注浆泵的压力将盾尾间隙全部填满
流动性	低	高
注浆泵送的能力要求	高 需要高压的柱塞泵	低 由于设备设计缺陷更容易堵管
抗压强度的产生	注浆体的抗压强度产生需要几个小时甚至几天来达到要求	在 A 与 B 混合胶结后 10～20min 即产生固结状态，易于早期建立强度
操作要求	简单	较复杂
浆液损失情况	易散失，被水稀释、窜浆	极少散失

（2）同步注浆存在的问题。

① 国内大部分盾构采用同步单液注浆。

同步单液注浆浆液类型有水泥砂浆、消石灰浆。单液浆初凝时间长，容易散失，沉降不易控制；填充的饱满度不够，而工地实际以二次注浆（一般以双液浆为主）来补充，二次注浆与同步注入的单液浆固结之后，因为形成的强度不同，易产生裂缝，在后期产生渗漏水质量缺陷。此外，单液浆初凝时间长，容易造成管片上浮，引起隧道轴线的偏移。

② 个别盾构采用同步双液浆也存在问题。

虽然在东南亚以及日本，盾构同步双液注浆很普遍，但是在国内目前采用同步双液注浆比较少。从传统意义上看，在沉降控制和管片上浮控制方面同步双液浆优势明显，但是也存在成本高、操作不方便、容易堵管、早期强度比较高、易拖住盾尾和盾尾刷问题。

3. 同步双液注浆

（1）双液注浆体中水泥与水玻璃分布状态以及特征。

① 细小均匀分布。

这种分布形态是由于注浆体在成型过程中一部分水玻璃和水泥能够较为充分地反应，生成的凝胶型硅酸钙能够较为均匀地分散在注浆体中，如图 5-20 所示。

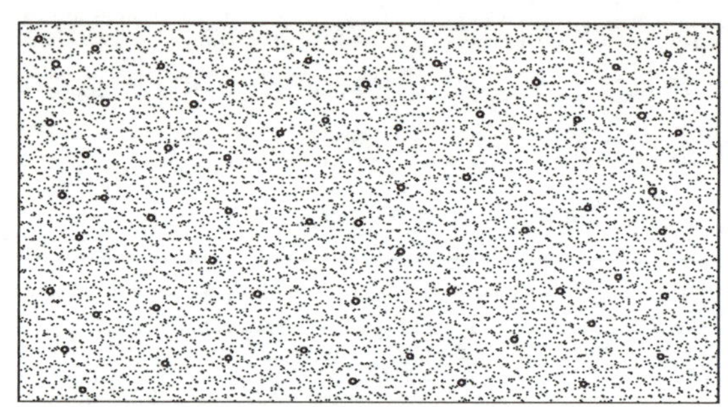

图 5-20 细小均匀分布微观结构

② 局部集中分布。

这种分布形态随着双液浆配比中水玻璃用量的减少而呈现出增长的趋势（图 5-21），因为水玻璃用量少时，双液浆的反应凝结时间更快，水玻璃和水泥浆还没有得到充分混合就已经生成了凝胶型硅酸钙，因此部分区域会出现集中分布的特征，但总体来说，这一类分布特征出现的频率是最小的。

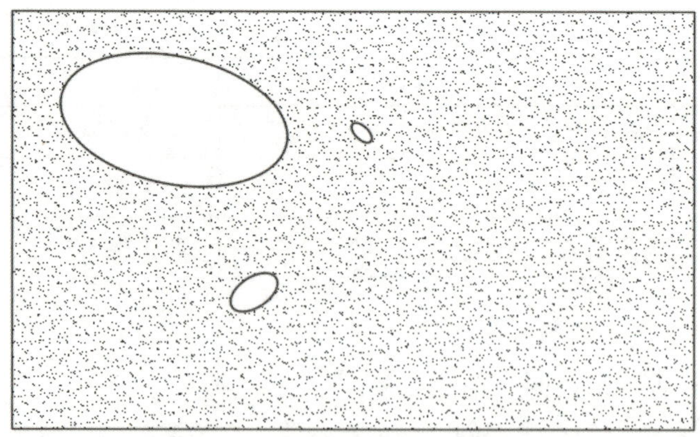

图 5-21 局部集中分布微观结构

③ 复合型分布。

这种分布形态特征介于细小均匀分布和局部集中分布之间（图 5-22），呈现出两者共同的特点。这种分布形态也是在注浆体中出现频率最高的。

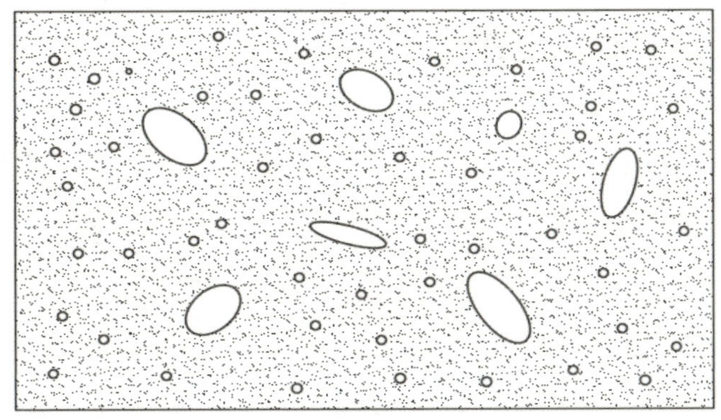

图 5-22　复合型分布微观结构

（2）双液注浆体耐久性分析。

水泥 水玻璃注浆材料是目前应用最多的水玻璃悬浊型双液注浆材料，由于材料的组成以及工艺环节的限制，传统的水泥-水玻璃注浆材料的耐久性能存在着诸多问题，如水化产物耐溶蚀性差，裸露在空气中较易发生碳化等。水泥和水玻璃组合的同步双液注浆正式使用虽然只有 30 年的时间，而且有关双液型盾构同步注浆体的耐久性文献报道极少，但是关于双液型同步注浆体的耐久性问题是不能回避的。所以同步双液注浆材料必须具备一定的耐久性，保证注浆层硬化后即使出现材质劣化的情况也能提供必要的能够保护管片结构安全的地层抗力系数。

双液型注浆体的耐久性不仅仅决定于配合比中材料的组成，更决定于各材料混合反应后产物的稳定性。双液型注浆体出现劣化的根本原因是水泥和水玻璃反应生成能够提供早期强度的凝胶状硅酸钙，晶型不稳定，后期容易失水引起结构发生转变，使双液注浆体疏松，从而导致材质劣化。

测定双液浆结石体耐久性，可以将水泥和水玻璃反应产物完全扣除以后，对剩余的双液浆材料的物理力学性能（弹性模量以及抗压强度等）进行再评估。

（3）同步双液注浆问题及解决方案。

① 早期强度过强问题。

图 5-23 为浆液强度变化曲线，从图中可以看出，A 液水泥浆与 B 液水玻璃初凝时间为 10 s，浆液初凝以后，有 30 min 的低强度区间，30 min 以后，其胶结体强度上升。由该强度曲线可以看出，该浆液并不容易因强度上升过快拖住盾尾和盾尾刷。

② 成本偏高问题。

首先列举几种不同配比浆液的性能参数情况，见表 5-3。

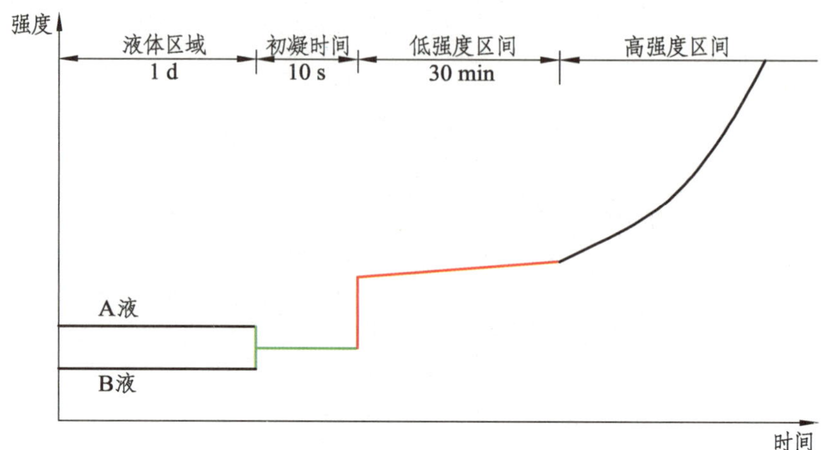

图 5-23 浆液强度随时间变化曲线

表 5-3 几种不同配比的双液浆性能参数对比

种类	配比（1m³）					性能参数				
	A 液				B 液	A 液稠度/s	初凝时间/s	可塑保持时间/min	强度/（N/mm²）	
	水泥/kg	膨润土/kg	外加剂/L	水/L	水玻璃/L				早期 1h	稳定 28d
No.1	200	50/60	2.0	850/845	65	8 ~ 11	5 ~ 15	25 ~ 35	0.06	1.5
No.2	230	50/60	3.0	835/830	70	8 ~ 11	5 ~ 15	20 ~ 25	0.10	2.0
No.3	250	56/60	3.0	808/804	90	8 ~ 11	5 ~ 15	15 ~ 20	0.18	2.5
No.1	230	30/60	2.0	835/823	75	8 ~ 11	6 ~ 15	35 ~ 45	0.02	2.0
No.2	260	30/60	3.0	819/807	80	8 ~ 11	6 ~ 15	30 ~ 40	0.04	3.0
No.3	300	60	4.0	773	100	8 ~ 11	6 ~ 15	20 ~ 30	0.10	5.0

关于成本，应考虑两方面因素：一是单方浆液成本，根据上面的配比可以看出，单方双液浆成本是接近于单液浆成本的；二是关于注入率的问题，单液浆初凝时间长，容易散失、渗透、串浆，而双液浆正因为初凝时间短，所以，同步双液注浆注入率一般只有 120% ~ 130%。综合来看，双液浆的材料成本是低于单液浆的。

③ 外置式适应范围受限问题。

传统外置式同步双液注浆装置由于凸出盾尾（图 5-24），仅适用于软土地质，其适用范围有限。其盾尾处的多处凸起点对洞门密封要求严格，处理不当会造成洞门涌水、涌砂现象。

新型同步双液注浆装置内嵌于盾尾中，不凸出盾尾（图 5-25）。内嵌式双液同步注浆有 4 个通道，分别为 A 液管、B 液管、活塞管和清洗水管，在注浆装置的尾部通过连接孔将 A 液管、B 液管、活塞管连接到一起，清洗水管与活塞管连接到一起。在工作需要注浆时将活塞管内的活塞回缩，A 液与 B 液分别从 A 液管和 B 液管流到活塞管，最

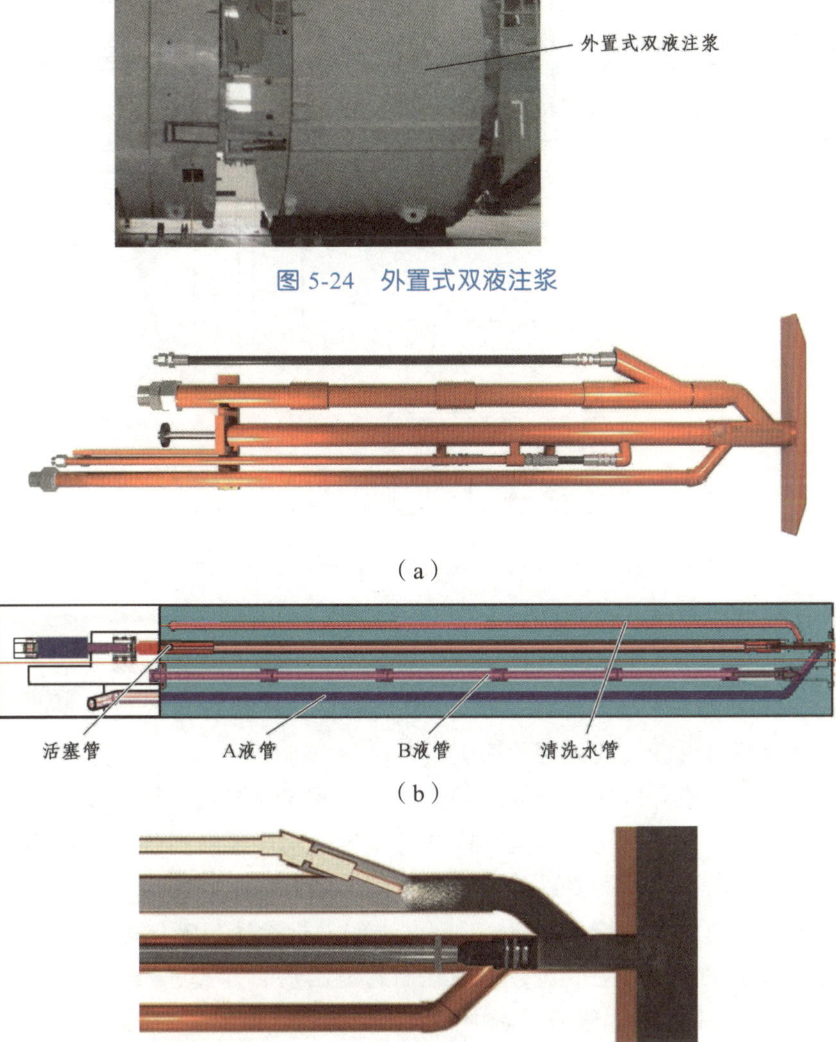

图 5-24　外置式双液注浆

（a）

（b）

（c）

图 5-25　新型同步双液注浆装置

后流出盾尾。在清洗时，将活塞管内的活塞伸出，清洗水可经过清洗水管和 A 液管，将 A 液管清洗干净，由于 B 液管内有单向阀，因此清洗水不能流到 B 液管内。新型同步双液注浆装置不凸出盾尾，适用范围广，不受地质条件限制，适用于所有地质。装置的 A、B 液混合点靠近盾尾最后部，降低了管路堵塞的风险。

④ 单液浆注浆管的升级改造。

若盾尾注浆管设计采用的是单液浆注浆管或者在没有条件改造的情况下，可采取在同步双液注浆设备中，将 B 液管插入 A 液管中混合的设计形式（图 5-26），使其不需要更改盾尾结构就可安装使用，在单液注浆与双液注浆两种模式之间灵活切换。通过双液注浆机分别输送 A、B 液至盾尾处混合，管路设有紧急停止阀门以应对突发情况，安全可靠。

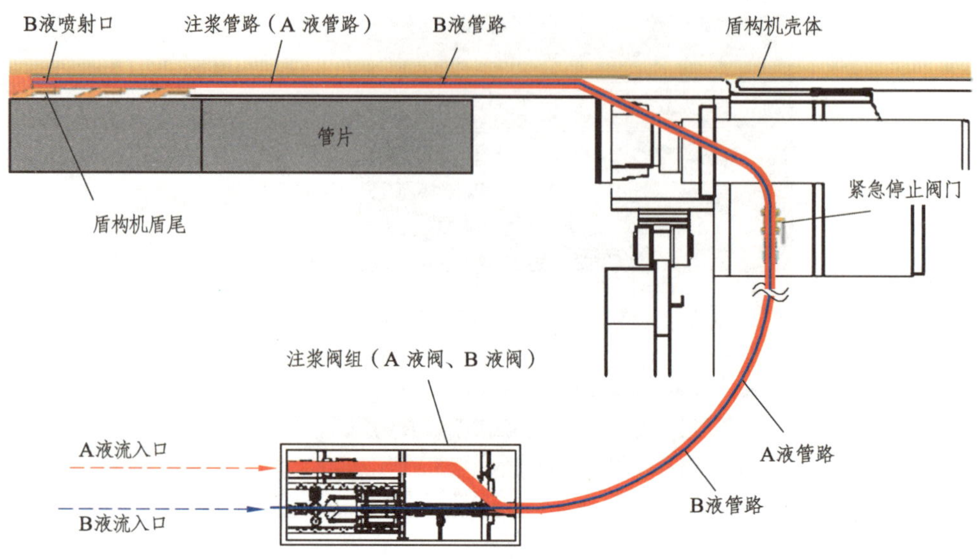

图 5-26 同步双液注浆设备新型设计形式

（4）地面搅拌与泵送注浆系统。

双液浆中的 A 液浆（水泥浆）的配比、投料与搅拌有严格的技术要求，在材料选择方面，水泥、膨润土、安定剂（缓凝）、水玻璃的材料选择有技术规范要求。所以，地面拌合站是双液浆是否能实现预期的关键设备。

新型同步双液注浆可以配备整套地面全自动地面拌合泵送系统。该系统操作界面植入在盾构主司机操作室，盾构主司机可以通过该界面实现浆液搅拌、泵送的操作，无须地面搅拌站操作人员，也不需要砂浆车输送浆液，极大地提高了工作效率。

搅拌机为高转速的立式搅拌主机，对膨润土的先行搅拌与膨化是 A 液浆成浆质量的关键。因为 A 液浆的泵送性好，可以采取地面管道压浆的方式进入盾构台车，隧道长度超过 2 km 的，可以采取气泡浆液或者中间增压的方式。双液浆拌合站如图 5-27 所示，双液注浆系统原理如图 5-28 所示，双液注浆系统如图 5-29 所示。

图 5-27 同步双液注浆制浆站

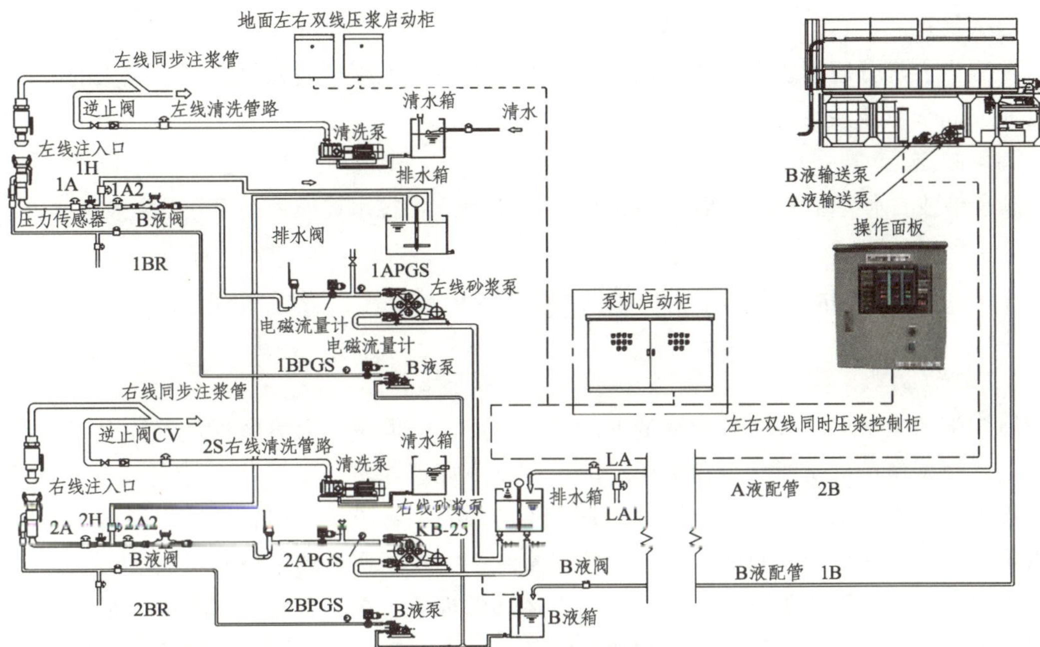

图 5-28　双液注浆系统原理

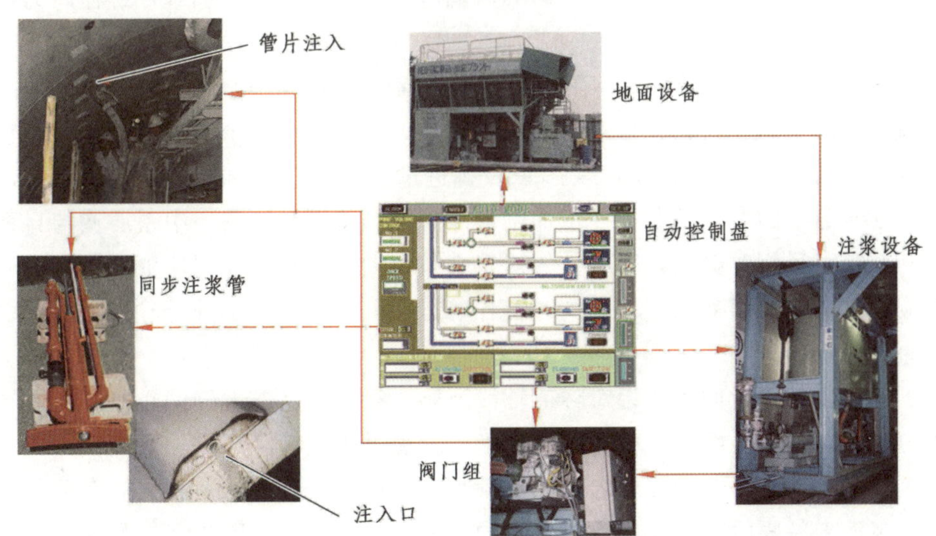

图 5-29　双液注浆系统

4. 适用条件及优缺点

（1）适用条件。

新型同步双液注浆系统采用的是植入式的盾构同步双液注浆技术。盾构机盾尾注浆管在不具备同步注双液浆的条件下，在原有的注浆管中植入一根可以伸缩的水玻璃管，水玻璃管中的水玻璃和原注浆管中的水泥浆，在脱出盾尾 500mm 的地方混合，以达到注入双液浆的条件。

（2）优点。

在国内大部分盾构机配置为单液注浆管的情况下，无须对盾构机盾尾作较大的改造即可完成同步双液注浆。

（3）缺点。

没有单独的水清洗系统，清洗管路较困难；此外，抽拉水玻璃管大部分需要人工解决。

5.4 管片固定桩控制管片上浮技术

1. 管片上浮原因

盾构施工中常见的一些较为普遍的问题有：刀盘结泥饼、刀具磨损、管片上浮、管片破损、螺旋输送机喷涌、刀盘卡死、渣土改良不理想等。

管片是盾构施工的主要装配构件，是隧道的最外层屏障，承担着抵抗土层压力、地下水压力以及一些特殊荷载的作用，管片质量直接关系到隧道的整体质量。

管片上浮是指管片脱出盾尾后产生向上运动的现象。在盾构施工过程中，很多地区或多或少都会遇到管片上浮问题，管片上浮危害巨大。管片的上浮，会导致管片错台、管片破损、管片漏水、验收不达标、影响后期电力支架安装、增加管片螺栓应力导致二次破损。

造成管片上浮的主要原因是：在盾构施工过程中，由于盾构开挖直径大于管片外径，管片背后的活动空间较大，管片背衬的同步注浆无法快速填充密实、凝固时间又较长、盾构掘进产生的惯性位移和震动影响，以及掘进过程中渣土改良加水、砂浆中所含水分、地层中所含水分等因素，都会进一步加剧管片上浮。特别是德系、中系盾构与日系盾构相比，其开挖直径相对更大，所产生的建筑空隙也大，管片上浮现象更严重。

影响管片上浮的因素主要有盾构与管片姿态、推进油缸推力、同步注浆配比及压力、管片接头特征等。

（1）盾构姿态：盾构轴线相对隧道轴线下倾，管片承受较大的偏心荷载及盾尾向上的作用力，主要受地层性质、盾构操作水平、隧道纵向坡度等影响。

（2）隧道纵向刚度：管片纵向刚度与管片接头形式、管片拼装方式等有关。

（3）浆液未凝固段长度及浆液对管片的浮力：浆液未凝固段长度、浆液凝固时间与施工速度有关，浆液对管片的浮力主要受浆液性质（黏度、坍落度等）、地下水状况影响。根据实际情况，确定浆液凝固时间及浆液对管片浮力的大小非常困难。

（4）地层性质与地下水状况：地层越软弱，地层抗力系数越小，管片越容易变形；越软弱地层透水性越差，易产生超孔隙水压力，管片将承受较大浮力。若富含水的地层透水性强，地下水将稀释浆液，影响其胶凝时间及浆液性质。

2. 管片上浮的常规治理措施

治理管片上浮的措施主要有：

（1）适当的浆液配合比。

同步注浆施工一般采用惰性浆液，这种浆液泌水量大，无强度，极易造成管片上浮、隧道后期沉降量大、地面房屋开裂等后果。针对管片上浮，施工中的首要措施一般是调整砂浆比例，可采用胶凝时间可调的浆液或含砂率较大的可硬性浆液。基本原则是提升砂浆稠度、减少水分、缩短浆液初凝时间；目的是让建筑空隙内的砂浆快速定型，挤压前方刀盘加水系统的部分水源，减小盾尾处的水分囤积，降低浮力。在浆液性能的选择上，应保证浆液的充填性、初凝时间与早期强度以及限定范围防止流失（浆液的稠度）的有机结合，才能使隧道管片与土体共同作用形成一体化的构筑物；盾构推进过程中应依据不同地质、水文、隧道埋深等情况的变化而不断调整同步注浆浆液性能，以控制地表沉降和确保管片的稳定。

（2）控制盾构姿态。

盾构过量的蛇形运动必然造成频繁纠偏，纠偏的过程就是管片环面受力不均的过程。在掘进过程中必须要控制好盾构姿态，尽可能地使其沿隧道轴线作小量的蛇形运动。在盾构掘进中，发现偏差时应逐步纠正，避免突纠，以免人为造成管片环面受力严重不均。

（3）控制推进速度。

为了保证管片外部同步注浆浆液初凝速度，盾构掘进速度控制需要与浆液初凝速度相匹配，适当地调整盾构掘进速度，采用匀速缓慢推进，以保证管片外部空隙注浆饱满。

（4）加强二次注浆。

盾尾后 3 环管片进行二次壁后注浆，每 3 ~ 5 环注 1 次双液浆，以减小管片上浮。

（5）其他措施。

① 根据地层情况采用适当的接头形式。

② 根据测量到的管片上浮情况，在推进过程中，为了保证隧道轴线偏差控制在设计允许的范围内，盾构掘进轴线可适当低于隧道设计中线。

3. 管片固定桩技术

针对盾构隧道上浮，湖南中天凿岩科技有限公司自主开发了管片固定桩技术，可有效解决盾构施工中管片上浮的难题。

管片固定桩控制管片上浮的原理为[4]：管片固定桩装置连接于管片注浆孔，注浆时，浆液填充注浆囊袋，于管片与围岩土之间形成支护水泥桩，以固定隧道管片，解决了以往二次注浆易被地下水冲散或流向隧道底部而无法有效快速抑制隧道上浮和小半径掘进隧道变形这两大问题，实现了盾构施工时对隧道管片进行及时固定，使用方便，效率高。管片固定桩在管片与围岩之间形成结块，在同步注浆的浆液未凝固前，管片固定桩凝固的结块镶嵌在管片和围岩之间，使管片和顶部的围岩连成一个整体，利用围岩的约束力来有效控制管片上浮（图 5-30）。

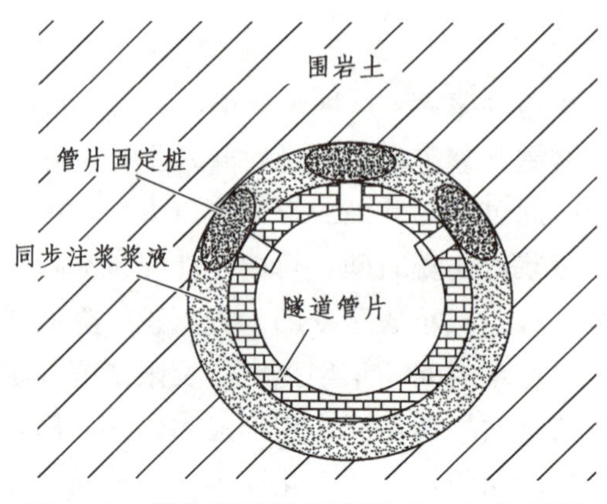

图 5-30 管片固定桩控制管片上浮的原理

5.5 泥饼剥除技术

1. 技术背景

盾构刀盘结泥饼是刀盘切削下来的渣土碎屑滞留在刀盘和盾构开挖面之间，经刀盘挤压作用形成的固体或半固体块状物，黏附并阻塞刀盘进渣的一种现象。当盾构刀盘结泥饼时，刀盘上的刀具会逐渐被固结黏土糊住，导致切削地层时刀具贯入度降低，盾构开挖效率下降；若盾构刀盘结泥饼没有得到妥当处置，而任由盾构继续推进，刀盘泥饼会越压越密，固结成岩，造成掘进参数波动大、渣温过高等情况，这使得盾构掘进风险的可控性大大降低，同时对设备安全造成了极大威胁。

盾构刀盘结泥饼是盾构在黏土地层中施工普遍遇到的工程难题，在国内外盾构施工历史中都遇到过，国内外专家都曾对其进行过研究。但就目前的施工情况看，这个问题还没有得到彻底解决。实际施工中刀盘结泥饼问题依然很严重，并且日益成为限制盾构施工效率的技术瓶颈问题。

基于上述技术背景，针对盾构刀盘泥饼的形成机理，相关单位研发了泥饼强制剥除剂，在盾构刀盘和土舱结泥饼时，通过保压泡舱，向土舱和刀盘注入剥除剂进行浸泡。利用微观电荷作用力，剥除剂分子会吸附于黏土表面，通过渗透作用，剥除剂分子迅速进入土体内部，将大块的土体剥除、分离，屏蔽土体上所带的负电荷，降低黏土对盾构刀具和其他机械的黏附力，并伴随转动刀盘搅动，使土舱内的泥饼充分均匀浸泡和搅拌扰动脱落，从而达到改善土舱渣土结构以及解决刀盘和土舱结泥饼的难题。

在盾构还未结泥饼时，可将剥除剂与泡沫剂混合注入改良渣土，可起到预防结泥饼的效果，掺入比例为 5%，可根据现场情况调整。

2. 剥除剂成分及作用原理

剥除剂由分散剂、扩散剂、渗透剂、表面活性剂等成分组成。泥饼的黏聚机理由静电引力、土颗粒咬合、颗粒间的胶结等共同作用。静电引力包括库仑力和离子-静电力。

由于黏土矿物颗粒是片状的，在平面部分带负电荷，而两端边角处带正电荷。边角与面间的接触则会相互吸引。另外，由于黏土颗粒表面带负电，在水溶液中吸附阳离子，两相邻颗粒靠近时，双电层重叠，形成公共结合水膜，通过阳离子将两颗粒相互吸引。这也是一种由静电引力产生的黏聚力，分散剂用于削弱土颗粒之间的静电引力。由于泥饼的外表面通常存在一层低渗透性的水化膜，导致仅仅单用分散剂时无法快速渗透，使用效率低，渗透剂用于将剥除剂渗透至泥饼深层进行剥除。土颗粒之间的咬合其实是一种隐形的摩擦力，是在固体自重作用下的摩擦力，表现为宏观的黏聚力，表面活性剂用于降低这种摩擦。

5.6 刀盘防泥饼涂层

1. 预防泥饼思路

盾构施工中泥饼形成的原因在上一节已经作了介绍，在土压平衡盾构施工时，预防泥饼与处理泥饼的方式较多，比如向土舱加入剥除剂预防、黏性不是很大的地层可以采取分散型泡沫作渣土改良、开舱处理等等。而在泥水盾构施工时，由于加入的分散性材料会使循环泥浆劣化，且由于分散性材料中的大部分活性成分与循环泥浆先行发生反应，无法对刀盘泥饼进行有效剥除。

刀盘结泥饼由黏土附着和固结前后两个不同的阶段组成，黏土会附着在刀盘上主要是由于外部压强大于黏土与刀盘之间孔隙中的压强，这样就形成了无数个细小的“吸盘”，这种吸附在盾构的高压作业环境下是无法避免的。黏土附着在刀盘上后不易脱落而产生堆积，进而受挤压产生固结，最终形成泥饼。所以在预防结泥饼的措施选择上，尤其是泥水盾构的施工，应使附着在刀盘上的黏土易于脱落，阻断泥饼形成，从而达到预防效果。

2. 刀盘防泥饼涂层工艺

刀盘防泥饼涂层是一种摩擦系数低、分子极性小、表面能低、抗黏附性强的高结晶聚合物。涂层原液通过高压空气雾化，在常温状态下均匀喷涂在刀盘面板上，可使刀盘结泥饼概率大幅降低。

刀盘防泥饼涂层具有以下特点：

（1）抗黏结性强。黏土附着后不会黏结牢固，易脱落。由于涂层的表面能低，接触角大，黏土与涂层之间结合力很弱，再加上涂层表面光滑，黏土很难在涂层上黏结牢固，通过刀盘转动以及流动水或泥浆的冲刷，可轻易使黏土脱落后排出。

（2）摩擦系数低。工作性能稳定持久，负载滑动时测得摩擦系数虽然有变化，但仅在 0.05 ~ 0.15 之间。而涂层应对刀盘中心区域线速度小的泥饼高发区域更能在防止泥饼生成的同时，减缓涂层自身磨损速度，保证了涂层的耐久性。

（3）与金属黏结强度高。经过常温固化后，涂层与金属黏结强度高，涂层厚度一般在 70 ~ 90 μm。

盾构工程应用效果：

中俄东线天然气管道长江盾构穿越工程应用了湖南中天刀盘防泥饼涂层新技术（图5-31），有效减少了刀盘中心泥饼的产生，实现月最高掘进 1023m。

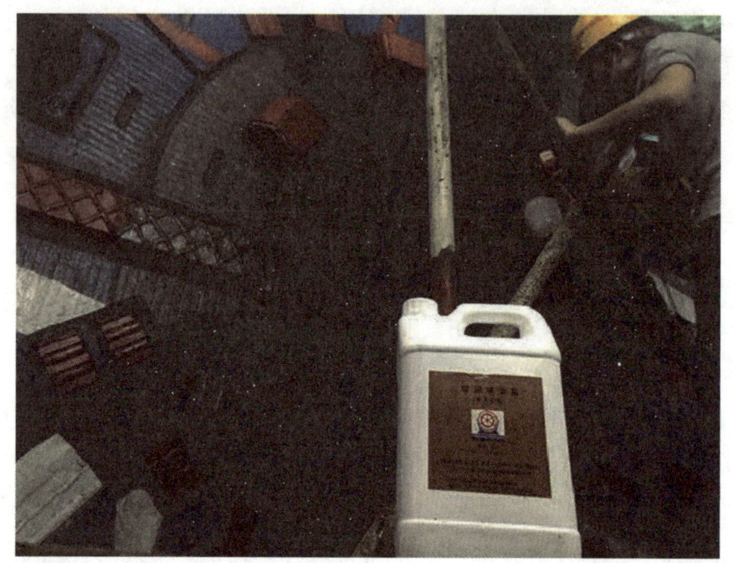

图 5-31 中俄东线天然气管道长江盾构穿越工程应用刀盘防泥饼涂层技术

5.7 盾构冷冻法用非冻结护盾泥

冻结法是针对松散、软弱含水地层，采用人工制冷进行预加固的施工方法，能起到封水、护壁、抵御围压等临时支护作用，具有安全性高、环保节能、灵活高效等优点。

1. 冻结法开舱换刀的工程问题

冻结法开舱换刀会将盾构刀盘与周围土体冻结牢固，需要通过人工凿除刀盘前方和侧面的冻土（图 5-32），人工开挖出与刀盘直径同等大小、进深 1 m 左右的换刀作业空间，而冻土坚实难挖，给人工开挖增加难度，耽误工期，造成成本的巨大浪费。

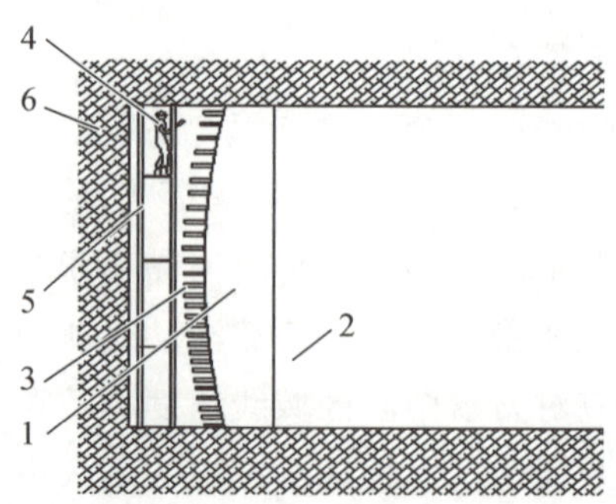

1—刀盘；2—盾体；3—刀具；4—换刀人员；5—脚手架；6—高强度冻土。

图 5-32 冻结法开舱换刀存在的工程问题

2. 非冻结护盾泥的应用

在对地层进行冻结前，通过向刀盘周围压入非冻结护盾泥，在刀盘周围形成一个“防冻屏障”（图 5-33），在冻结地层时可保护刀盘不被冻结。

由于盾构刀盘受“非冻结护盾泥”保护而可以转动，构筑换刀所需的作业空间的人工费用会减半，通过构筑盾构刀盘面上半部分的作业空间，可减少 1/2 的冻结土体挖掘量和 1/2 的挖掘时间，因此在狭小低温的空间内的挖掘作业减半。

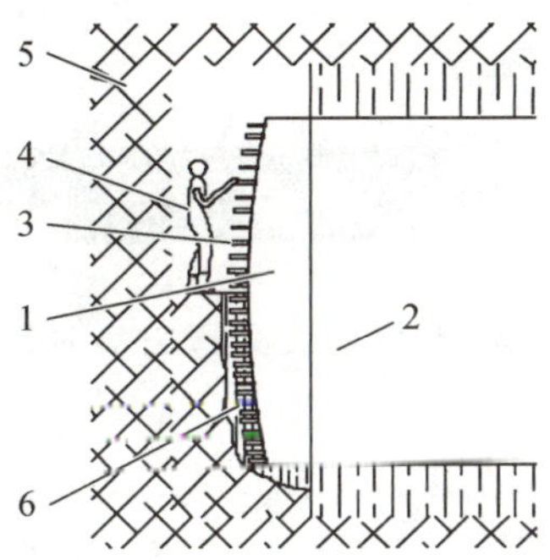

1—刀盘；2—盾体；3—刀具；4—换刀人员；5—高强度冻土；6—非冻结护盾泥。

图 5-33　非冻结护盾泥的应用

非冻结护盾泥具有以下特点：

（1）安全性强。可防止盾构复推时因刀盘被冻结而无法转动的情况发生。

（2）简化了施工。简化了以往对冻土掌子面的开挖搭设操作平台的方式，中小型盾构可免脚手架，大型盾构可降低脚手架搭设高度。

（3）经济性好。经济效益明显，节省开挖费用，节省脚手架费用，节省刀盘冻结后的处理费用。

本章参考文献

[1]　陈馈，王江卡，等. 盾构施工关键技术[M]. 北京：中国铁道出版社，2020.

[2]　陈馈，焦胜军，冯欢欢. 盾构法施工[M]. 北京：人民交通出版社，2021.

[3]　陈馈，张岩涛，梁超，等. 盾构法施工新技术新工艺[M]. 福州：福建科学技术出版社，2021.

第 6 章 盾构智能化掘进新技术

本章重点

盾构法施工的不良地质识别技术、设备状态实时感知技术及同步推拼连续掘进技术等盾构智能化掘进新技术。

随着工业 4.0 和人工智能 2.0 的来临，智能建造理念已进入地下工程领域，盾构隧道智能化建造是隧道工程建设的必然趋势，代表了未来隧道修建技术的发展方向。近年来，我国的盾构智能化掘进技术得到了长足的进步与发展，涌现出大批先进技术，主要包含不良地质识别技术、设备状态实时感知技术、同步推拼连续掘进技术等，为我国盾构智能化掘进提供了良好的技术基础[1]。

6.1 不良地质识别技术

不良地质的定性辨识和定量预报明细主要包含：

（1）探明断层及其影响带的位置、规模及其性质，是否充填水。

（2）探测岩溶位置、规模，判断其充填物性质。

（3）探测不同岩体接触面位置及其产状形态。

（4）判断隧道围岩级别变化情况。

（5）判断地质灾害可能发生的位置和规模。

隧道开挖过程中实时准确地对掌子面前方的地质情况及不良地质体的性质及位置、产状进行探测、分析解释及预报，以此实现对开挖面前方不良地质体空间位置、赋存形态、充填特性的定性辨识和定量预报[2-3]。

为达到超前地质预报的目的，不同的超前探测方法应运而生，主要有直流电法、地震波法、电磁波法等超前探测技术，并且已经在大量工程实际中得到应用。但是不同的检测方法对不同地质缺陷预报效果、探测距离及施工方式不尽相同，如电法类适用于溶洞、富水不良地质的检测；声波法对断层、破碎带地质具有准确的识别特性；电法中发射电流的聚焦效果及电磁干扰的屏蔽效果直接影响不良地质探测准确性；声波法中震源不同的发射方式与盾构施工效率相关，如人工敲击管片激发震源，需要盾构停机操作，占用一定的施工时间；电磁法根据电磁波天线与收发系统对掌子面前方岩体介质进行全方位探测，获得波阻抗异常界面的分布，进一步判断异常体的性质，但是在盾构电磁环境复杂工况下，电磁波收发天线的布置受到极大限制[4-5]。

6.2　设备状态实时感知技术

1. 刀盘刀具智能检测技术

盾构以安全、快速、高效的巨大优势广泛应用于地铁及长大隧道工程项目中，而带压进舱进行刀具检修是盾构施工中最易发生重大安全事故的工作。由于刀盘运行工况复杂，刀具消耗严重，施工中需多次人工带压进舱检修刀具，人工开舱作业因开挖面未支护存在一定的安全隐患。为解决人员带压进舱检查过程中的重大安全风险问题，及时避免刀具更换不及时造成的经济损失，同时科学准确地指导司机在复杂地质下的掘进操作，创新研制稳定、可靠、准确的刀具智能诊断系统非常重要。

（1）刀具关键参数在线检测方法。

鉴于滚刀处于强冲击振动、高压富水、渣土淤泥的工作环境中，接触式的检测方法无法满足工作要求，通过建立非接触式磨损传感器（电涡流、超声波）的模拟试验[6]，设计采用电涡流传感器直接测量滚刀刀刃磨损量，数据更加准确可靠；针对滚刀出现异常磨损或卡死的状况，采用磁传感器测量转速，对滚刀刀圈中预埋的钕铁硼磁场强度、传感器嵌入深度、测量距离开展深入研究，设计微控制器处理复杂磁场环境，开关磁场元件利用周期法测量计算滚刀转速，以实现刀具转速的准确测量。

（2）刀具参数实时传输技术。

基于复杂工况下无线通信方式的选择，需满足传输信号不被盾构大量的钢铁所屏蔽的要求，同时需要解决在渣土或泥浆介质中的传输问题；另外，需对信号传输过程中背景噪声进行过滤处理。通过无线通信传输方案的设计和工业性验证，采用双频通信技术，实现不同盾构施工环境下的无线通信。

（3）刀具智能诊断算法。

在复杂地层中刀具参数检测数据呈现波动明显、多参数冗余的特点，存在刀具状态判断困难、判断准确率较低的问题，如何通过刀具的多维度多参数信息综合判断刀具磨损程度及损坏类型是数据分析的难点。针对上述难题，通过刀具多参数的综合分析、大数据的深度学习及模型策略的研究，构建刀具状态综合分析诊断模型，实现多特征参量协同判断刀具状态的功能，辅助盾构司机准确判断刀具当前状态。刀具智能诊断算法根据采集到的刀具关键数据，采用小波去噪和经验模态分解法（EMD）对参数信号进行预处理，通过建立卷积神经网络模型（CNN）判断识别刀具状态，实现多特征参量协同判断刀具状态的功能，解决复杂工况下实时监控的数据波动幅度大、数据冗余和刀具分析判断难的问题，从而实现刀具状态的智能诊断（图 6-1）。

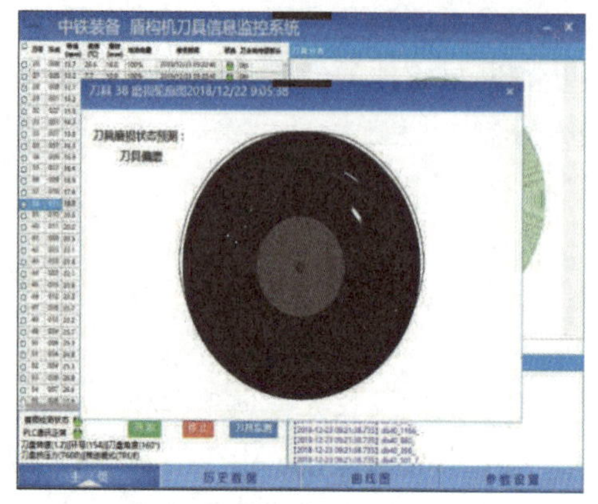

（a）刀具诊断结果——偏磨

（b）拆刀结果——偏磨

图 6-1　多节点无线组网通信技术

2. 开挖状态智能监测预警技术

（1）舱内可视化装置。

盾构在富水地层中掘进，土舱内存在结泥饼情况时，容易诱发喷涌现象，导致土舱压力波动，引起地表沉降；采用土舱可视化装置可视频监控土舱内的工作状况，包括刀盘刀具状态、开挖地层的图像信息和渣土的流动特性，在土舱内泥饼尚未压固前，预警施工人员提前干预处理，稳定平衡土舱内压力。可视化系统硬件组成及连接：舱内可视化系统主要由上位机、前端设备、可编程控制器（PLC）、水气阀及其管路等组成，其中，前端设备主要由控制单元、摄像机、补光灯、冷却装置和壳体等组成，系统连接如图 6-2 所示。

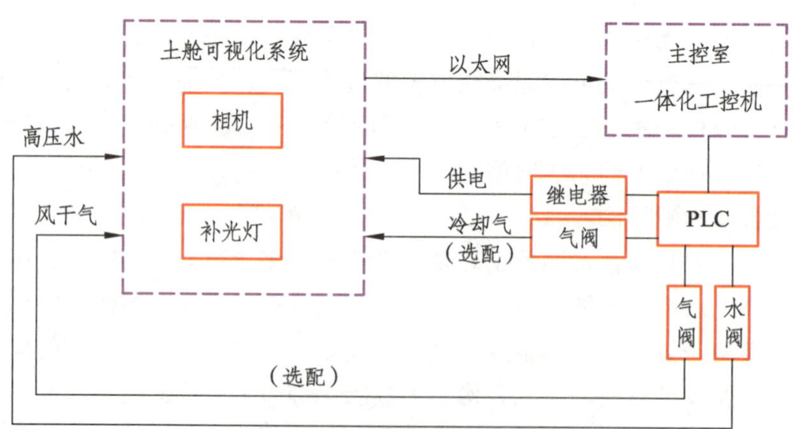

图 6-2　土舱可视化原理

系统配置有自动冲洗功能，定时清洗摄像头视窗，以保证监控的清晰度。视频监控画面设置在主控室内，盾构司机可实时对舱内情况进行观测。

（2）出渣实时测量系统。

在盾构施工过程中，控制土舱内的泥土压力与开挖面水土压力之间的平衡是盾构平稳推进的决定因素；然而，为控制地层变形，避免超挖造成地层沉降，更需要掌握盾构掘进挖土量与出渣量之间的平衡，发出险情预警及时排查处理，把风险的损失降到最低。因此，准确、及时的出渣控制是盾构精细化施工的重要依据。

盾构通过螺旋输送机排出的渣土量大于盾构开挖进土舱的渣土量时，即发生盾构超排。盾构超排易造成地层扰动，严重时甚至引发地表塌陷等工程事故。因此，基于出渣量的实时监测，计算渣土超排量，通过调控螺旋输送机排渣速度控制超排，可平衡土舱压力与开挖面水土压力。该系统调节过程如下：在土压平衡盾构土舱隔板上安装有土压力传感器，土舱压力值由土压传感器测得并输送给可编程控制器，可编程控制器将测得的土压力值与设定的土舱压力值相比较后输出电信号调控液压控制系统中的比例流量阀，以此改变螺旋输送机转速或推进液压缸的伸出速度，使土舱压力的测定值与设定土舱压力相等。渣土测量系统具有灵活性、实用性与可靠性等优点，由软硬件两大部分组成。硬件部分包括激光雷达、编码器、计算机；软件部分实现渣土截面实时显示及出渣量计算。整个系统的结构如图 6-3 所示。

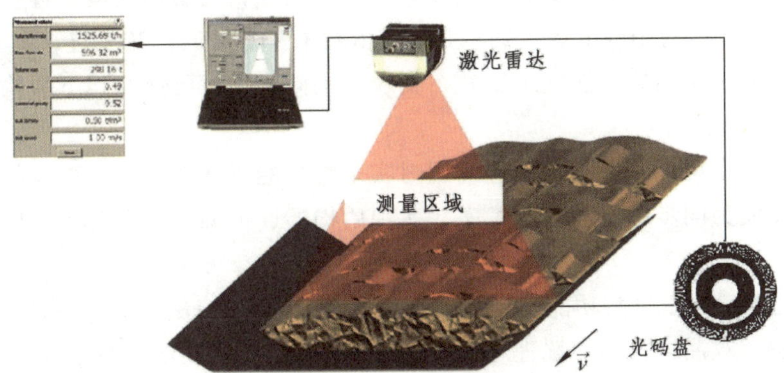

图 6-3　出渣实时测量系统总体结构设计

3. 盾尾密封状态监测系统

在盾构掘进过程中，尾盾支护与管片之间会形成一定尺寸的间隙，该间隙连通着具有一定压力的隧道土层与盾体内的安全空间，故需要相应的密封装置来进行隔断。现阶段，大部分的盾构都采用钢丝刷涂抹盾尾密封油脂实现盾尾密封的目的。由于复杂的地下环境（富水中粗砂地层）和密封结构形式的固有缺陷，盾构在掘进过程中将不可避免地产生漏水、漏泥、漏浆等危险。在实际盾构掘进过程中，盾构姿态、盾尾密封关键参数（尾刷间距、刷丝数目、盾尾间隙）、外部水压都会对盾尾密封系统的密封能力产生不同程度的影响，其中外部水压过高是造成盾尾密封能力下降的主要因素。尾刷腔状态监测系统包括腔体监测单元、信号采集单元、上位机，腔体监测单元主要包括布设结构件和尾刷腔内部的串联式尾刷腔前端感知传感器，系统方案如图 6-4 所示。

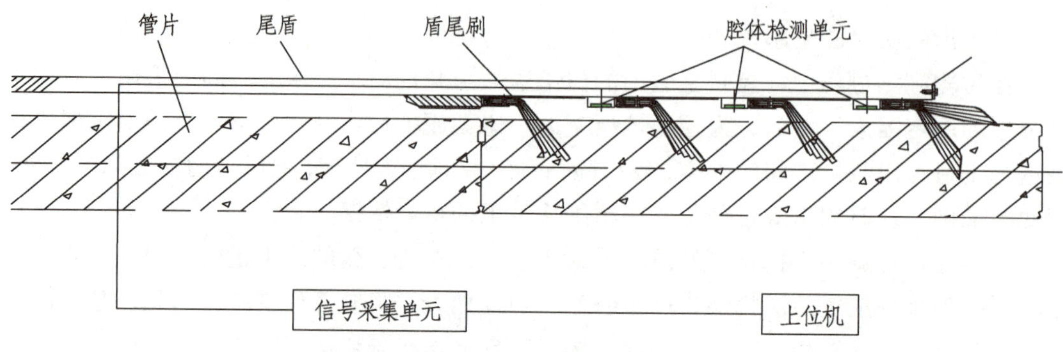

图 6-4 尾刷腔状态监测系统安装方案

6.3 同步推拼连续掘进技术

1. 同步推拼技术概况

盾构施工一般采用掘进—管片拼装交替进行的方式工作，盾构掘进一环后必须停机一段时间进行管片拼装，盾构工期主要由掘进和拼装两部分时间组成。这种“走走停停”的作业模式成为盾构施工效率提升的瓶颈。随着国内外长大盾构隧道工程项目的不断涌现，特别是针对长度为 10 km 以上的项目，若依然采用常规盾构法掘进，施工周期过长。提高长距离或超长距离盾构法施工工效、实现盾构同步推拼已成为当下盾构施工技术亟待突破的关键问题。

同步推拼技术可以使盾构在掘进的同时实现管片的拼装作业，将以往的推进、拼装的串行工序转变为同步进行的并行工序，实现盾构的连续掘进，提升了盾构法施工的整体效率。

目前，国外对同步拼装功能实现主要集中在 LoseZero 工法、ASC-OM 系统、格构式油缸盾构工法、双油缸式同步掘进盾构工法、F-NAVI 盾构工法等技术上[7]。日本从 20 世纪八九十年代开始进行盾构同步推拼技术研发并走在世界的前列，诞生了 F-NAVI 盾构工法、Lattice 格构式油缸盾构工法、双油缸同步推拼工法等多种同步推拼技术。上述技术须对常规盾构或者衬砌管片进行较大的结构改造，技术难度与建设成本均较高，故仅在研发之初进行了少量工程示范应用。

国内对于盾构同步推拼技术的研究尚处于起步阶段，没有成熟的研究成果。随着近 20 年国内外长大盾构隧道尤其是 10 km 级以上工程项目的不断涌现，以大幅提升盾构建造工效、降低施工建设成本为主要目标，将传统盾构推进与拼装“串联”的作业方式升级为“并联”的盾构同步推拼技术（图 6-5）已是新一代智能盾构技术的关键核心技术。

同步推拼技术的实质是在盾构向前掘进的时段内完成前一环管片拼装，避免掘进与拼装交替循环，从而减少盾构停机时间。

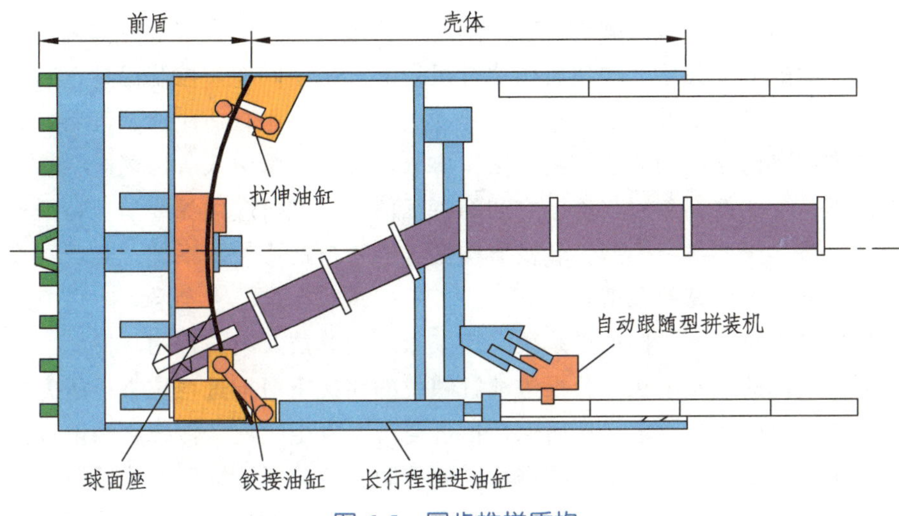

图 6-5　同步推拼盾构

据统计，盾构采用同步推拼技术可以提高掘进施工效率达 20%～50%。同步推拼是智能化盾构的重要技术支撑，结合管片快速接头、管片自动拼装、盾构智能掘进等技术，可以实现盾构隧道的全智能化建造。同步推拼盾构的施工流程如下：

（1）在初始状态下，所有推进油缸的靴板均压在上一环管片上并伸出一定距离。当所有油缸伸出长度大于管片环宽一定距离后，保持盾构掘进的同时开始进行当前环管片拼装。

（2）收回预拼装管片对应区域的推进缸，保持其余推进缸处于正常顶推管片状态，开始第一块管片的拼装，并保持盾构同步掘进。

（3）按顺序拼装其他管片，同时保持盾构正常掘进，直到推进油缸行程达到最大值。

（4）整环管片拼装完后重复工序（1）～（3）。

2. 同步推拼技术关键

同步推拼技术首先需要通过改进管片连接方式、提高拼装效率等手段尽量缩短管片拼装用时；同时，需要改进盾构推进系统，通过适当增加推进油缸行程、动态调整掘进速度，保证管片拼装与盾构掘进的有序协同。此外，同步推拼技术需要攻克以下关键技术：

（1）盾构掘进轴线自主规划技术。

在掘进时盾构的姿态关系到整个隧道的贯通精度与走向，同时也易因推进油缸对后部管片推力不均而造成管片破裂、盾尾密封刷失效等一系列工程问题。因此，合理规划盾构掘进轴线、保证盾构姿态稳定是同步推拼技术的一个关键问题。通过有效利用盾构推进油缸的压力控制，实现盾构掘进时同步完成部分甚至整环管片的拼装。

为保证盾构按照设计轴线稳定连续掘进，控制掘进轴线在设计轴线误差范围内，需要及时对盾构掘进轴线进行合理规划，并通过有效利用盾构推进油缸的压力控制保持盾构姿态的稳定。需要通过盾构掘进姿态空间向量轨迹跟踪方法，解析盾构掘进参数与实际轴线拟合之间的数学关系，构建盾构执行机构的三维空间姿态控制模型；结合人工经验对盾构姿态纠偏进行定性和定量分析，建立关于盾构姿态自适应控制策略；分析不同地层下盾构推进参数与盾构姿态控制方法，将分类集成技术引入盾构掘进状态和不同软土层分析识别，寻找控制参数与土层之间的特征值，研究对应的深度学习特征模型；基于姿态控制策略、深度学习模型，开发盾构掘进轴线自适应控制系统，实现同步推拼盾构自主连续掘进与安全高效施工。

（2）推拼同步模式下盾构推进系统力矩矢量控制算法及组态控制。

推拼同步系统的本质是在部分推进油缸缺位的前提下对推进系统进行压力控制，控制盾构推进总推力以及合力矩，从而保持推进姿态不发生改变。传统盾构推进油缸被分区编组后，每区均由单个比例减压阀进行开度控制，各分区油缸压力根据盾构实际掘进负载开环获取。与传统盾构不同的是，推拼同步盾构每组推进油缸均安装了独立的比例减压阀以及油压和行程传感器，可实现各个推进单元的压力闭环调节和伸缩功能。

在同步推拼模式下，油缸推动盾构向前掘进的同时，需要缩回若干个相邻的油缸用于管片拼装。但是直接缩回部分油缸将会导致盾构总体推力矢量变化，为维持盾构姿态稳定，剩余各组油缸必须进行推力的重新分配以维持推力矢量的一致性。这需要将推进油缸压力控制实现推进系统压力从常规盾构的被动响应转化为同步推拼盾构的主动控制，对每组油缸的压力进行精确控制（图 6-6）。

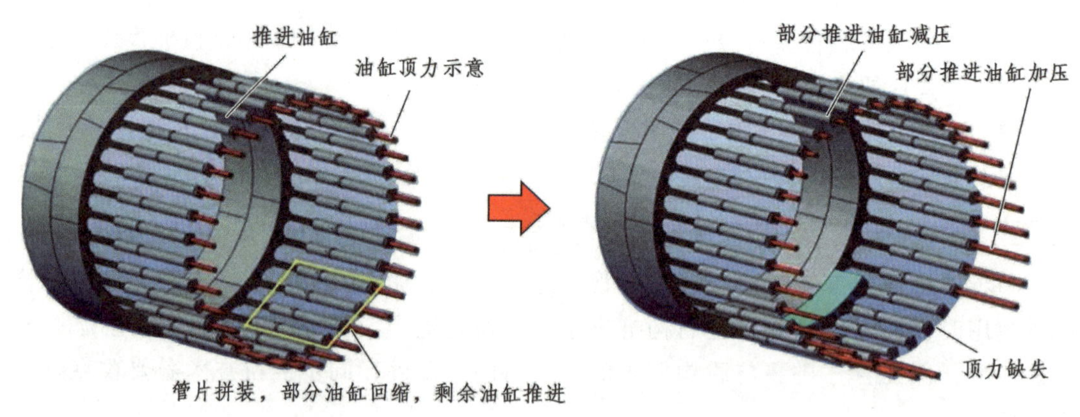

图 6-6　同步推拼盾构推力分布模式

因此，需要构建盾构在多种工况条件下的负载动力学模型，构建基于围岩环境扰动的盾构掘进姿态与推力矢量之间的数学关系，研究盾构掘进与管片同步拼装稳态控制方法和矢量控制模型，通过组态控制策略比选随机场土压力条件下的盾构推力矢量关键性控制最优算法；形成盾构推拼同步控制技术，解决同步拼装条件下姿态稳定控制难题。在此基础上，开发同步推拼矢量推进的程序化控制模块研发，通过嵌入同步推拼模式下推进油缸推力矢量控制算法，控制推进系统各组油缸压力，实现推进系统分组推力的精确控制。

（3）推拼同步模式下拼装机平移机构运动控制。

传统盾构施工管片拼装作业是在停机状态下进行的。而盾构在同步推拼状态下作业时，盾构处于持续前进运动状态，管片拼装机随之运动。为确保管片抓取与拼装作业的顺利进行，管片拼装机抓取头与已拼好的整环管片间要保持相对静止。因此需要对传统拼装机进行改进，对拼装机平移机构进行高精度闭环位移控制，研发管片拼装机同步拼装功能，实现对盾构位移量的精确、实时补偿，以确保盾构掘进过程中待拼装管片与已成环管片间的相对静止。

本章参考文献

[1] 龚晓南，等. 城市地下空间开发中岩土工程新进展[M]. 杭州：浙江大学出版社，2023.

[2] 金新锋，夏日元，梁彬. 宜万铁路马鹿箐隧道岩溶突水来源分析[J]. 水文地质工程地质，2007（2）：71-74；80.

[3] 殷颖，田军，张永杰. 岩溶隧道灾害案例统计分析研究[J]. 公路工程，2018，43（4）：210-214；273.

[4] 何振宁. 铁路隧道疑难工程地质问题分析——以 30 多座典型隧道工程为例[J]. 隧道建设，2016，36（6）：636-665.

[5] 钱七虎. 隧道工程建设地质预报及信息化技术的主要进展及发展方向[J]. 隧道建设，2017，37（3）：251-263.

[6] 李东利，孙志洪，任德志，等. 电涡流传感器在盾构滚刀磨损监测系统中的应用研究[J]. 隧道建设，2016，36（6）:766-770.

[7] 杜彦良，陈馈，王江卡. 盾构设计施工管理关键技术[M]. 成都：西南交通大学出版社，2023.

第 7 章　典型工程盾构施工关键技术

本章重点

广深港客运专线狮子洋隧道、北京铁路地下直径线、蒙华铁路（现浩吉铁路，后同）白城隧道、佛莞城际狮子洋隧道、扬州瘦西湖隧道、汕头海湾隧道、深圳春风隧道、深圳妈湾跨海通道工程、青岛地铁 8 号线过海通道、厦门地铁 2 号线过海通道、济南地铁 5 号线黄河隧道、上海机场联络线 11 标、南京和燕路过江隧道、济南济泺路黄河隧道等典型工程的盾构施工关键技术。

随着我国基础设施建设日益增多，城市轨道交通、大型过江过河隧道工程大规模兴建，盾构法隧道技术的应用越来越广泛，大批典型盾构法隧道工程不断涌现，如广深港客运专线狮子洋隧道、北京铁路地下直径线、蒙华铁路白城隧道、佛莞城际狮子洋隧道、扬州瘦西湖隧道、汕头海湾隧道、深圳春风隧道、深圳妈湾跨海通道工程、青岛地铁 8 号线过海通道、厦门地铁 2 号线过海通道、济南地铁 5 号线黄河隧道、上海机场联络线 11 标、南京和燕路过江隧道、济南济泺路黄河隧道等。这些典型工程展现出了我国盾构法隧道工程蓬勃发展的现状，体现了我国盾构法施工的最新技术。

7.1　广深港客运专线狮子洋隧道

1. 工程概况

广深港客运专线狮子洋隧道位于珠江三角洲平原区，下穿小虎沥、小虎岛、沙仔沥、沙仔岛、八塘尾水道、狮子洋水道、虎门港沙田港区 5 号与 6 号泊位、规划虎门港的监管保税仓库，然后以 7 000 m 曲线半径左转下穿沿江高速公路后出地面，如图 7-1 所示。其中：小虎沥水道宽 460 m；沙仔沥水道宽约 540 m；狮子洋水道江面宽 3 300 m，水深 26.6 m，为珠江航运的主航道；其余地段主要为农田、鱼塘及果园，线路部分地段下穿民居。

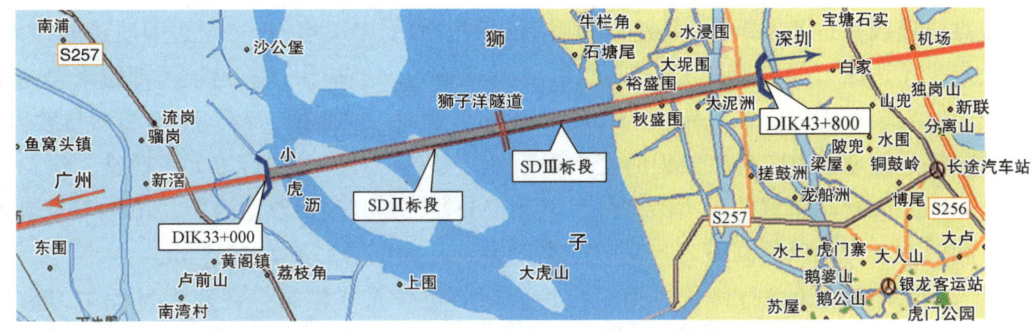

图 7-1　广深港客运专线狮子洋隧道工程地理位置

该隧道工程全长 10.8 km。其中：进出口引道敞开段长 310 m；明挖暗埋段长 10 490 m（包括进出口盾构始发井）；盾构隧道段长 9 340 m，分 SDⅡ、SDⅢ两标段，采用 4 台泥水盾构“相向掘进、地中对接、洞内解体”的方式施工。

隧道设计为单线双洞隧道，隧道内径为 9.8 m，属大直径、高水压、特长水下隧道。盾构隧道上覆岩土体厚度为 7.8 ~ 52.3 m，河道内隧道最小上覆岩土体厚度为 8.7m，最大水深处（26.6 m）上覆岩土体厚度为 26.0 m。隧道轨面最低点标高与百年一遇高潮位的高差约 64.2 m。盾构隧道大部分处于微风化砂岩和砂砾岩中，局部位于淤泥质与粉质黏土中，所穿越的基岩最大单轴抗压强度为 82.8MPa，基岩层渗透系数达 6.4×10^{-4}m/s，基岩石英含量最高达 55.2%，岩石地层黏粉粒（≤75 μm）含量为 26.1% ~ 55.3%。隧道范围内地表标高为 – 0.8 ~ 1.5 m，地下水位位于地表下 0.5 ~ 1.2 m，而进出口段河堤内侧的内涝水位标高为 2.67 m。地下水主要为第四系地层的孔隙水和白垩系岩层的裂隙水，且具承压性。

2. 工程重难点

（1）盾构隧道区间大部分处于微风化砂岩和砂砾岩地层中，其岩石抗压强度和石英含量相对较高。在该地层下掘进时，盾构刀盘刀具极易磨损。刀盘刀具的耐磨设计是工程施工需解决的首要问题。

（2）过江隧道地下水压高，基岩层渗透性强，盾构隧道存在喷涌、塌陷的风险。

（3）本区间内地下水位较高，压力控制可能失衡，使得泥水有可能回窜至盾尾，并进入盾构壳体与隧道衬砌间形成的建筑空隙内，管片存在极大的严重上浮风险。

（4）该工程首次采用“相向掘进、地中对接、洞内解体”技术施工，水下隧道对接施工难度大，如何精确可靠地实现水下隧道盾构地中对接是工程施工的重难点之一。

3. 突破的关键技术

该工程重点突破了以下关键技术：

（1）刀盘刀具优化改造技术。

① 边刀优化改造。

根据该工程地质水文特征，结合刀盘实际施工表现，分析边刀布置存在 3 个设计局限：

一是刀具轨迹圆弧过渡不圆滑，易造成刀具刀刃侧向力受力不均匀；二是边刀轨迹间距大，刀刃数量少（边滚刀仅 4 条轨迹，5 把刀），易造成边刀磨损快；三是边刀部位滚刀高出刮刀较小，安装新刀时，该间距仅为 19 ~ 22 mm，滚刀一旦磨损，刮刀将可能参与破岩，严重影响掘进效率。为应对该工程的复杂艰险地质条件，对刀盘进行了如下改造：除 M46 # 刀具采用刀刃对称布置的单刃滚刀外，其余 M42 ~ M50 改为双刃滚刀；增加刀具轨迹数量，同时改造刀轴以提高滚刀与刮刀的高度差，其高度增加量为 12.5 mm。

② 刀盘耐磨设计进行优化。由于掘进岩层石英含量非常高，在施工过程中刀盘外圈梁及刀盘切口环出现剧烈磨损，采用 HADOX400 钢板进行切口环修复，并增加外圈梁保护刀长度，以保护刀盘外圈梁。

③ 刀盘冲刷进行优化。从 G0 拖车进泥管安装 50 kW 泥浆冲刷泵，冲刷管道分别从主轴承隔板、气垫舱左侧圆形门进入开挖舱；分别对刀盘中心小三角、大三角、法兰死区、34 # 刀具区域进行冲刷；冲刷泵采用变频控制，冲刷球阀采用 DN100 气动球阀，以实现主机室压力监测和手动控制。

（2）强渗透地层下减压限排换刀技术。

通过盾构在狮子洋隧道出口标段左线软土段（450 m）、软硬不均段（500 m）、硬岩段（848 m，包括 2 次过破碎带）的摸索性开舱试验（累计试验长度为 1 688 m），成功应用了带压进舱、敞开式开舱、地层加固开舱和低压限排进舱换刀技术。其中，首创且拥有自主知识产权的低压限排进舱技术是在带压进舱和掌子面地层具有一定自稳性的基础上进行的，即当通过周边止水仍不能达到常压开舱（舱内水位可控或掌子面能够完全自稳）时，通过加低压阻止地下水和稳定地层的方法来进舱作业。该技术大大提高了带压进舱的工作效率。

（3）强渗透高水压条件下管片稳定技术。

施工中，采取如下措施实现了强渗透高水压条件下管片稳定目的：

① 在保证隧道线形的前提下，将盾构姿态降低，以给盾尾上翘和管片上浮预留一个预定值，使得盾构处于“栽头”模式掘进（即盾构掘进坡度大于线路纵坡），从而限制管片上浮。

② 高度重视注浆材料性能。在满足施工基本要求的前提下，把同步注浆水泥砂浆稠度值调低、比重调高、凝结时间调短，并进一步加大充填量，从而加强同步注浆对管片的早期约束效果。

（4）强渗透硬岩段盾构施工掘进参数的优化与管理技术。

① 推力。

从滚刀的破岩机理看，推力是主要参数，推力越大扭矩则越大，而扭矩占破碎功的绝大部分。同时，推力越大，切刀和齿刀等入岩越深，同等条件下切削下来的渣土也越多。从硬岩掘进前一段总结可以看出，盾构推力在去除泥水反力后，在 9 000 ~ 15 000 kN 比较适宜，从扭矩变化可以确定刀具磨损情况。

② 刀盘转速。

在软硬不均地段掘进，硬岩就像一个强度很高、根基非常深的巨大的桩，阻碍刀盘的正常旋转，刀具承受冲击荷载。根据爱因斯坦的能量公式 $E=mv^2$，则在刀盘质量 m 一定的情况下，转速越快，则和硬岩撞击后的冲击能越大。根据经验，根据泥浆质量排渣能力，刀盘转速在 1.6 ~ 2.5 r/min 为宜。

③ 贯入度。

根据切刀与滚刀的关系，确定贯入度为 10mm 左右。

④ 压力设定。

以液位变化作为参考值，结合注浆压力的大小设定。

（5）水下隧道盾构“相向施工、地中对接”技术。

综合考虑地质水文、对接测量及进出口盾构掘进进度要求，采取如图 7-2 的“水下机械对接、洞内解体、切口及盾壳范围内现浇混凝土”方案施工[1]。

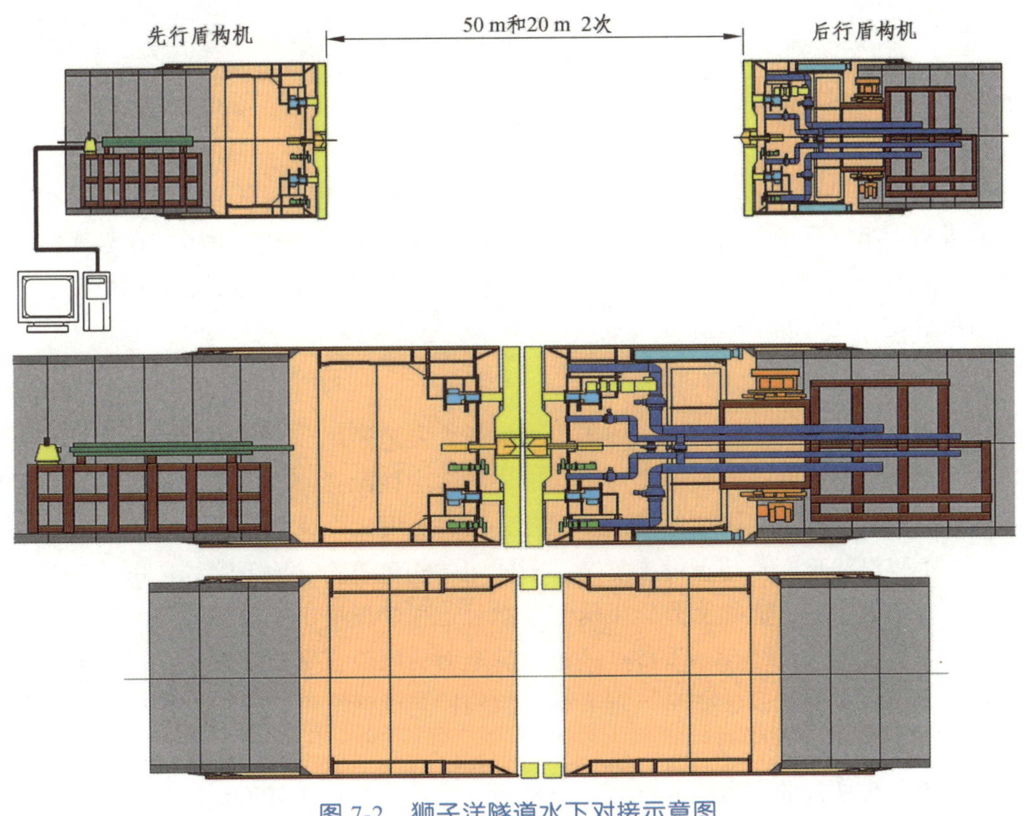

图 7-2　狮子洋隧道水下对接示意图

7.2　北京铁路地下直径线

1. 工程概况

北京铁路地下直径线是北京市中心城区内的一条铁路地下联络线，分别连接北京西站和北京站，系北京铁路枢纽的重要组成部分。如图 7-3，工程区间线路自北京站起，在崇文门大街十字路口东侧进入地下，沿前三门大街向西行经前门、和平门、宣武门、西便门、天宁寺，最后于小马厂出地面到达北京西站，全长 9 151 m，其中盾构段隧道长 5 175 m，由一台直径为 12.04 m 的气垫式泥水平衡盾构独头掘进。该隧道系我国采用大直径泥水盾构在砂卵石地层中独头掘进距离最长的城市核心区电气化铁路隧道。工程周边环境极其复杂，沿线重要建（构）筑物众多，包括地铁、房屋、桥梁和地下管线等特、重大风险源 23 处，其他风险源 105 处。

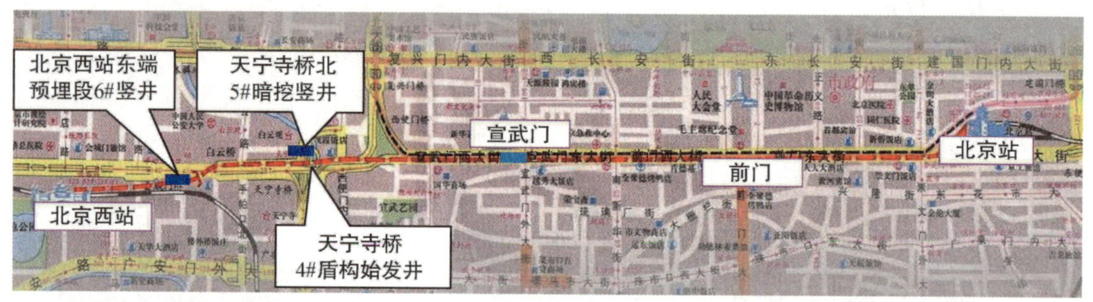

图 7-3　隧道线路平面示意图

隧道沿线地层均为第四系全新统、上更新统冲洪积层和第四系全新统人工堆积层，下伏基岩为上第三系中上新统砾岩。剥蚀面埋深在隧道出口为 30 ~ 40 m，在宣武门附近为 70 m。盾构段隧道洞身大部分处于卵石层中，局部地段穿越粉砂、中砂、砾砂，结构松散，易软化、变形和坍塌。

2. 工程重难点

（1）因盾构独头长距离掘进，施工中面临长大隧道通风、测量控制、泥水长距离环流以及管道磨损与爆管、刀盘刀具对不同地层的适应性配置调整以及磨损与修复、泥浆对不同地层的适应性、泥饼堵舱等诸多问题，掘进难度大，挑战性高[2]。

（2）工程沿线地面及地下设施复杂，不同建（构）筑物、地下管线、桥梁等对环境变形的敏感程度不同，加之部分建（构）筑物对工程建设提出了近乎苛刻的变形控制要求，因此需要施工人员结合环境特点进行大量全面的风险识别与评估，并根据各设施变形控制标准实时准确地调整变形控制策略，精确控制地面沉降。该项工作也是工程施工重难点之一。

（3）因工程地处北京市中心城区，盾构施工场地面积仅 1 500 m^2，施工场地狭小，给大直径泥水盾构组装调试、刀具检修更换、泥水处理等工作造成了巨大的不便；此外，施工场地邻近居民区，需严格控制噪声、抑制扬尘、控制废浆排放，防止地下室污染等。可见，狭小场地下大直径盾构掘进施工及首都核心区内环境保护控制等也属于本工程施工中的棘手难题。

3. 突破的关键技术

该工程重点突破了以下关键技术：

（1）复杂地质条件下大直径泥水盾构地质适应性设计。

① 刀盘。

考虑到东西向地层条件变化较大，为了满足长距离掘进要求，避免盾构刀盘在砂卵石地层下严重磨损，本工程采用经地质适应性设计后的复合式刀盘（图 7-4），其特征如下：由 8 根主辐条和 8 块副面板组成，刀盘开口率设为 30%；开口部位设计成楔形梯级结构以便刀盘后面的开口逐渐变大；刀盘中心开口率设为 45%，以防止在黏土地层中掘进时泥饼的形成；刀盘背面安装搅拌臂对泥水舱进行搅拌，防止渣土沉淀，改善泥浆的均匀性；为了加强刀盘整体结构，在刀盘辐板和辐条之间、辐条和法兰之间以及辐板和法兰之间均增加了加强钢板；为减少刀盘磨损，在刀盘辐板正面外围区域贴焊了耐磨钢板；在辐板、辐条所有溜渣口位置贴焊耐磨钢板及堆焊耐磨层，并在原有耐磨堆焊空隙部位增焊耐磨三角块；增加了 40 把保径刀，并在短刀梁两侧增加耐磨撕裂刀以保护刀盘倒角位置；刀具的刀座处采用堆焊耐磨焊的方法进行保护。

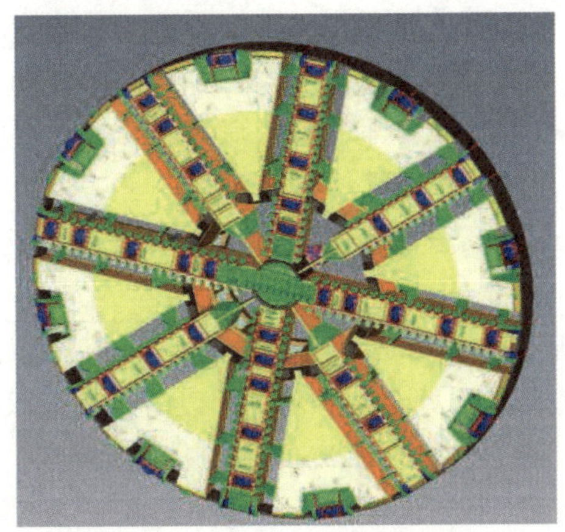

图 7-4 刀盘三维模型

② 刀具。

针对本工程复杂地层地质特点，根据硬岩掘进模式下的“滚压”破岩方式，采用“三层立体”切削理念设计选用刀具，即以“先行滚压+二次捶击+三次切削”的方式切削土体。具体来说，以滚刀为先行刀，第二层设一层撕裂刀参与土体切削并保护第三层的切刀。针对传统齿刀适用范围有限的局限性以及卵石地层下刀具荷载特性，施工单位与国内盾构刀具研发单位合作，研发了一系列新型刀具。例如：以大合金块结构代替齿刀结构，将撕裂刀设计成可更换式结构，以便磨损后及时更换；将切刀由螺栓式连接优化成销轴式连接，以增强刀座的抗冲击性。新型刀具的应用取得了良好的效果，实现了全部盾构刀具的国产化，如图 7-5 所示。

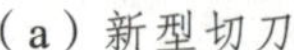
（a）新型切刀

（b）新型刮刀

（c）可更换式撕裂刀

图 7-5 部分新型盾构刀具

③ 泥水处理技术。

因隧道西端地层以胶结卵石层为主，施工中采用“筛分-旋流-沉淀”三级处理模式。基本设备包括振动筛（双层）、旋流器、调整槽、贮浆槽等。最小处理粒径至 20 μm。

进入隧道东段后，地层中粉细砂和粉质黏土等细颗粒物含量逐渐增多，三级处理模式对细颗粒物的处理能力不足，易造成泥水处理设备损坏、泥浆比重升高过快、劣化泥浆量急剧增大等问题，且无法满足城市污水排放要求。因此，改用“筛分-旋流-离心-沉淀-压滤”五级处理模式。与三级处理模式不同，该模式具有如下特点：增配 1 台卧螺式离心机及 6 台压滤机，并可调整预分筛、脱水筛筛板孔径；新增 1 套脱水筛和二级旋流器，并调整振动电机振幅，加强振动筛结构；改造一、二级旋流器和沉淀池渣浆泵等措施，将可处理粒径由 20 μm 降低至 5 μm，较好地满足了泥水处理要求。

④ 泥水输送技术。

泥水回路主进泥管在盾构内被分成 5 路，通过 5 个部位注入开挖室。其中，2 处在泥水舱上部，2 处在泥水舱底部，1 处在中心部，用以防止渣土积聚和刀盘堵塞。排泥管布置在气垫舱底部泥浆门后。综合考虑泥水流量与渣土颗粒级配，进排泥管内径为 337 mm。

施工中，针对砂卵石地层下泥浆管路异常磨损采取了以下解决方案：传统盾构泥浆管路一般采用 Q235 或 Q345 型钢材制作。当盾构在砂卵石地层中长距离掘进时，泥浆中的砂石、渣土容易对排泥管造成严重磨损乃至爆管。为了有效解决管路磨损问题，本工程设计制造了一种如图 7-6 所示的新型耐磨复合双层管。由图可知，该管由内外两层钢

（a）实物图

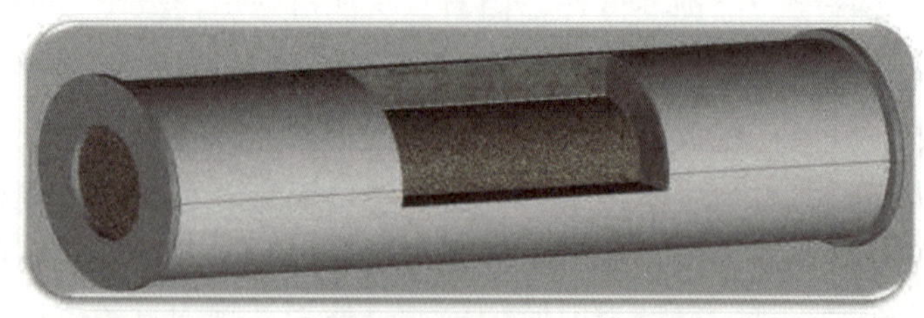
（b）模型图

图 7-6 一种新型耐磨复合双层管

管以及两层钢管之间填充加入耐磨材料的混凝土组成，其特征为：外层管采用普通钢材，内层管由高铬合金制成，两者之间浇筑 C55 耐磨混凝土，再通过焊接相应尺寸的法兰盘实现管件的密封及管与管之间的连接。采用耐磨双层管后，盾构正常掘进 500 m 后的排泥管磨损量仅为 5 mm。

（2）大直径盾构掘进施工参数控制技术。

对于大直径盾构而言，如何合理地设定盾构掘进参数，既使盾构掘进施工保持稳定高效，又能使土体所受扰动最小，从而有效控制地表变形，尽量减少盾构施工对环境造成的影响，是施工中必须面临的一个重要问题。

① 泥水压力设置。

由于盾构掘进参数的确定主要取决于工程地质、埋深以及环境沉降控制标准，因此，为合理地设定泥水压力，应分别从埋深、地质水文条件、环境控制标准三方面进行分析。首先，针对北京铁路地下直径线存在的浅覆土、自身强度较低的软黏土及细砂地层问题，泥水压力应根据相应地层下的主动土压留出一定余压，例如，对覆土深、自身地质条件较好的卵石及圆砾层，泥水压力按静止土压考虑适当余压进行设置；其次，由于环境控制标准不同，静止土压是设定地表不变形的临界条件，因此，应根据泥水盾构掌子面开挖过程进行动态平衡分析；最后，在施工过程中，还应严格控制泥水压力的波动值，而泥水压力的波动主要与刀盘的转速、贯入度以及泥浆本身的性能指标相关。如图 7-7 所示的计算土压力与实际设定泥水压力的关系曲线就证明了这一点。

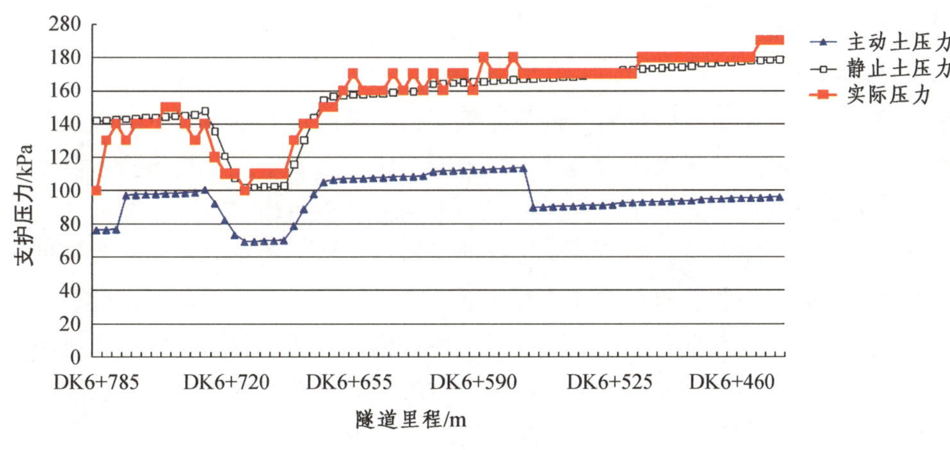

图 7-7　泥水压力设置

由于本工程中盾构泥水压力设置合理，故前期沉降与泥水压力调整规律基本一致，除前期试验段盾构刀盘刀具优化调整阶段外，后期总体上泥水压力波动平缓，由泥水压力的平衡状态变化引起的地表沉降不足 − 2 mm，且地表纵向累计沉降较小，如图 7-8 所示。

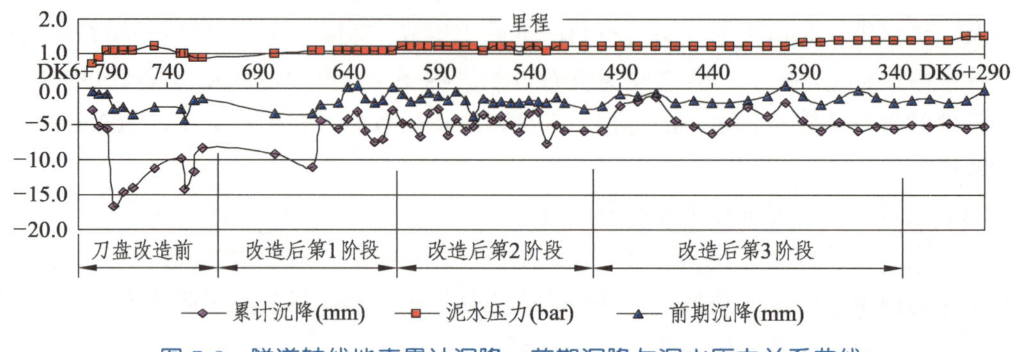

图 7-8 隧道轴线地表累计沉降、前期沉降与泥水压力关系曲线

② 其他掘进参数设置。

除泥水压力外，掘进参数还包括盾构推力、刀盘扭矩、刀盘转速、掘进速度等。这些参数互相制约，一般根据地层条件、刀盘状态、同步注浆状况、泥浆质量等因素进行综合调整。

③ 盾构姿态及掘进方向控制。

盾构掘进导向采用的是 PPS 导向系统，由全站仪、后视棱镜、前视棱镜、水平仪、控制电脑等组成，可以精确测量出盾构的姿态及偏离航向值。盾构姿态参数主要包括滚动度、俯仰度，掘进方向参数包括刀盘中心偏离设计中心的水平值、高程值。附加的参数包括管片与盾尾之间的间隙。受隧道空气质量影响，掘进约 100 ~ 150 m 后导向系统测量误差会增大，影响盾构操作，必须移站。在经过 4 ~ 6 次移站后，需要进行一次人工复测以修正累计误差。

④ 同步注浆控制。

在掘进过程中，控制好同步注浆量及注浆压力，及时填充掘进留下的空隙，保证管片的稳定性，提高隧道的防水性能，是控制地面沉降的必要手段。具体技术要点如下：盾构同步注浆系统设置了 6 根注浆管，按圆周方向分布在盾构尾盾上；根据开挖直径、管片外径计算出理论注入量；此外，应根据地层特点、盾构姿态等来对注浆量进行实时控制，例如，当遇到松散砂卵石地层或有地下空洞等导致注入量增加时，应放慢掘进速度以保证填充密实，因自重砂浆会向下流，一般盾构上部注浆量要保证达到总注入量的一半，才能最大限度地减小地表沉降；注浆压力通常大于同等水平位置开挖舱泥水压力 20 ~ 30 kPa。若压力过低，则注入量不够；过高，会损坏盾尾密封刷或导致泥浆通过地层空隙进入开挖舱；因砂浆凝固会导致注浆管路堵塞，每掘进 1 环，在掘进的最后 20 cm 就停止注浆；在盾构完成掘进拼装管片时，每隔 45 ~ 75 min 注浆一次（视环境温度决定，温度高应提高注浆频率），每次每根管注入 0.01 ~ 0.02 m^3。

（3）盾构刀盘带压动火修复技术。

盾构在砂卵石地层下独头长距离掘进时，刀盘刀具的磨损是一个不可回避的客观问题。一旦发生刀盘刀具的异常磨损，需要在隧道下构建高压作业空间，并在该作业空间内进行焊接、切割修复受损盾构刀盘等作业。

构建地下高压作业空间是盾构刀盘动火修复的关键技术。构建高压作业空间如图 7-9 所示，在群桩中间做 1 根ϕ2.0 m 的灌注桩，待混凝土初凝后，在ϕ2.0 m 桩中间位置采用旋挖钻复打钻出一个ϕ1.0 m 孔，其深度至刀盘中心以下 2 m。然后采用人工将带压进舱作业范围内的桩扩挖成ϕ1.3 m 工作井，并在工作井顶部做一层厚度为 1.0 m 的钢筋混凝土盖板。当盾构刀盘切削至 2 排桩中间位置时停止掘进，向刀盘舱置换高黏度泥浆，以保证液位与气垫舱压力不变。最后，由专业人员带压进舱对刀盘刀具进行焊接或切割等维修作业。

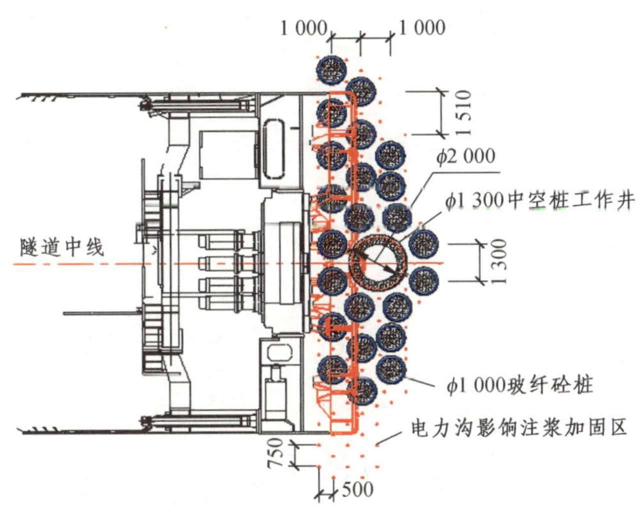

图 7-9　灌注桩和注浆孔位平面布置（单位：mm）

7.3　蒙华铁路白城隧道

1. 工程概况

蒙华铁路白城隧道为单洞双线马蹄形隧道，采用大断面马蹄形土压平衡盾构掘进，管片衬砌，隧道全长 3 345 m，隧道进出口各有 202.4 m 及 99 m 明洞，盾构法隧道长 3 043.6 m，隧道纵断面图如图 7-10 所示。白城隧道位于毛乌素沙漠边缘区，地表为黄土剥蚀丘陵。隧道沿线地形起伏变化，地面情况复杂，隧道最大埋深为 81 m，最小埋深为 7 m。

白城隧道地质主要为砂质新黄土、粉砂和细砂，细颗粒含量充足，天然含水量较低，透水性弱。隧道纵坡为人字坡，坡度及坡长依次为 4.5‰/1 935 m、－3‰/900 m、－11‰/510 m。

隧道内轮廓近似马蹄形，分布 3 个半径，4 个圆心 O_1、O_2、O_3、O_4，顶部为圆拱形，底部稍扁平，左右下翼侧圆弧直径偏小，各圆弧相切连接，竖向最大高度为 9 590 mm，横向最大宽度为 10 540 mm，如图 7-11 所示。

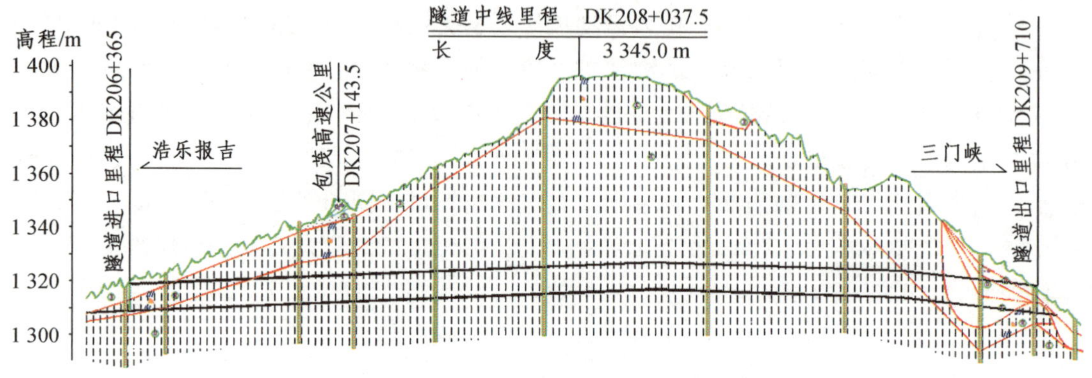

图 7-10 白城隧道纵断面图

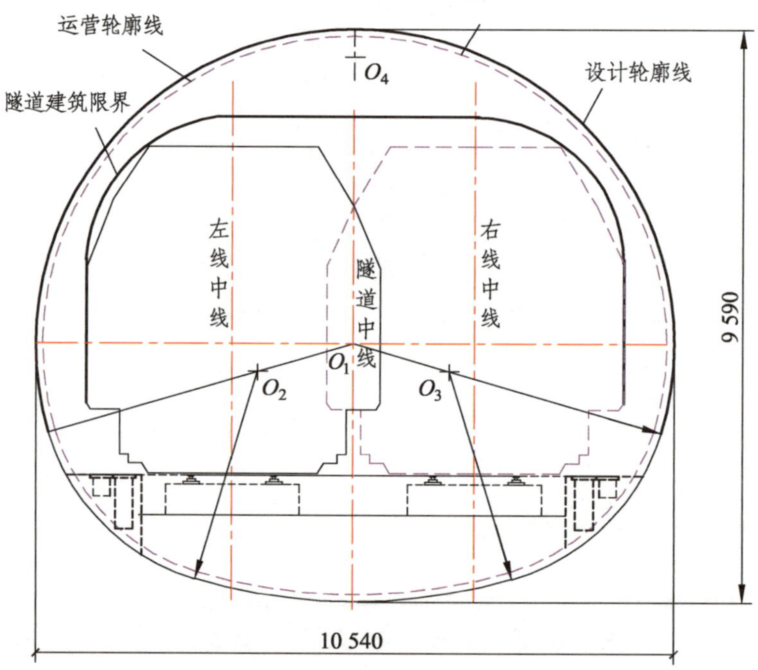

图 7-11 隧道轮廓（单位：mm）

2. 马蹄形盾构适应范围与主要参数

本工程使用的马蹄形盾构与圆形盾构内部轮廓相比，截面积可减少约 7.1 m^2，可明显减少圆形盾构的仰拱底端混凝土圬工方。马蹄形断面尺寸减小，管片厚度相应减小，混凝土及配筋和开挖土石方减少，从而节省工程成本。

马蹄形盾构整机长度约为 118 m，质量约 1 300 t，主要由开挖系统、驱动系统、盾体、推进系统、出渣系统、拼装机以及后配套等系统组成，适用于粉土、粉质黏土、淤泥质土、粉砂、细砂为主的地层，大断面马蹄形盾构整机如图 7-12 所示，马蹄形盾构主要技术参数见表 7-1。

图 7-12　大断面马蹄形盾构整机

表 7-1　马蹄形盾构主要技术参数

项目名称	技术参数	项目名称	技术参数
开挖尺寸	11 900 mm×10 950 mm	管片规格	11 540 mm×10 590 mm
主机总长	11 070 mm	最大掘进速度	60 mm/min
整机总长	118 000 mm	最大工作压力	0.576 MPa
装机功率	3 726 kW	最大推力	132 000 kN
驱动功率	1 980 kW	纵向爬坡	±50‰
整机质量	1 300 t	水平转弯半径	1 000 000 mm

3. 突破的关键技术

该工程重点突破了以下关键技术：

（1）异形管片制作。

白城隧道盾构段位于线路直线段，采用标准环衬砌。宽度为 1.6 m，厚度为 0.5 m，管片分为 8 块，采用 C50 高性能防水混凝土，抗渗等级为 P10，管片分奇数环和偶数环两种形式，奇数管片环单元和偶数管片环单元中的管片分块的拼接缝沿马蹄形管片环呈错位对称布设，管片结构如图 7-13 所示。由于是异形盾构，不同于圆形盾构管片环旋转

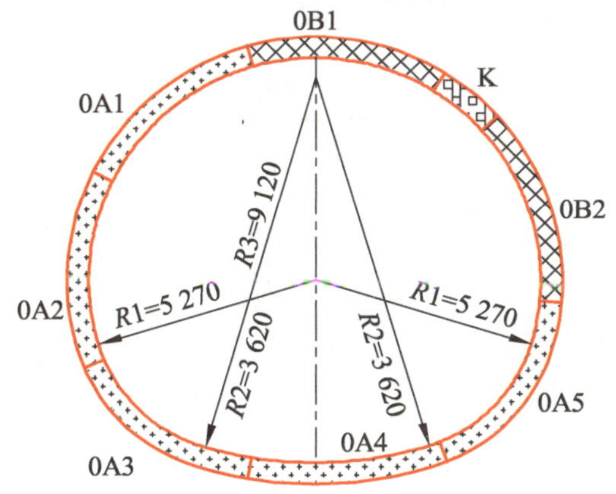

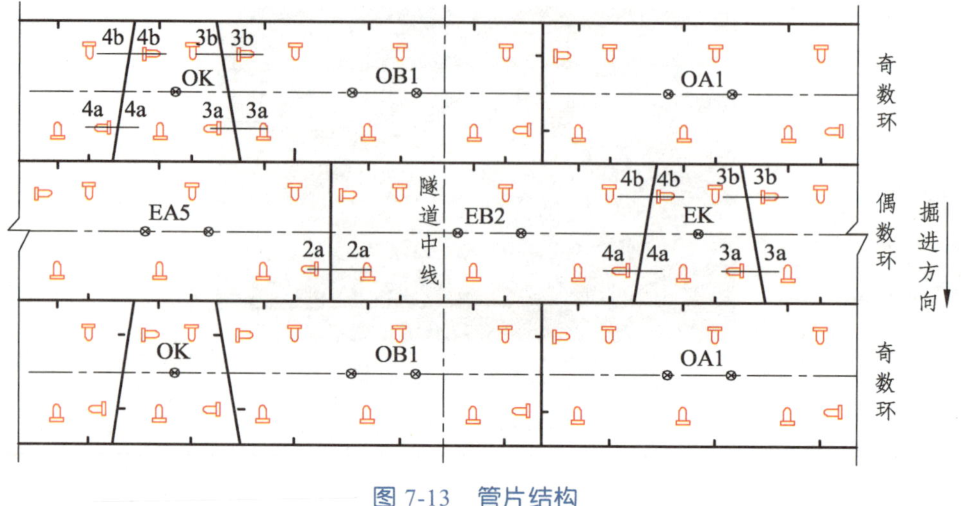

图 7-13 管片结构

错缝，本隧道采用奇数环和偶数环管片错缝拼装，封顶块 OK/EK 拼装方式为径向重叠 2/3 管片宽度，然后轴向推入，管片通过机械性能等级为 8.8 级的直螺栓连接，周向布置 RD30 螺栓 44 颗，纵向布置 RD36 螺栓 16 颗。

管片采取固定生产方式，养护模式采取蒸汽养护和水池养护，共使用 4 套模具，每天生产 8 环，共计生产管片 1902 环。

（2）大断面马蹄形盾构始发技术。

白城隧道最初设计为矿山法施工，进口 200 m 明洞（明挖暗埋）已经开挖完成，进口没有合适的始发场地，多位同行业专家现场踏勘一致认为应该在基坑端头施工始发井，马蹄形盾构采用竖井方式始发。由于马蹄形盾构高 10.95 m、宽 11.9 m，前、中、尾盾长度共计 11.5 m，考虑到安全距离，竖井尺寸为 16.6 m × 17 m。天然气管道距竖井的吊装区域距离不足 2 m，施工和盾构吊装都存在极大安全隐患[3-4]。天然气管道与竖井吊装区域位置关系如图 7-14 所示。

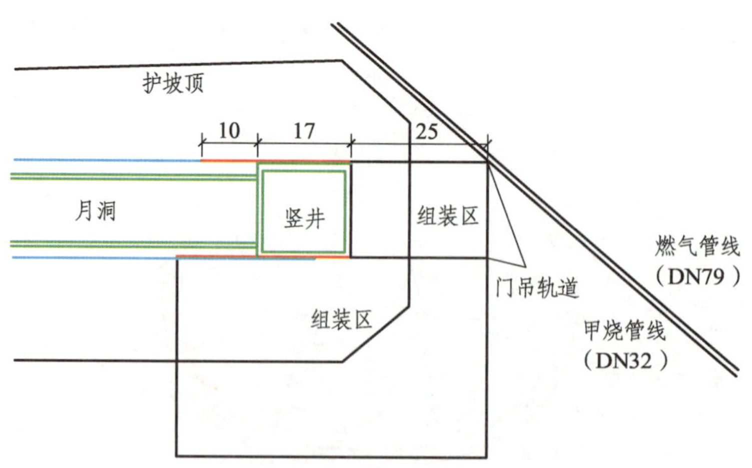

图 7-14 天然气管道与竖井吊装区域位置关系（单位：m）

经多次讨论，最终决定采用两模（24 m）加强明洞为盾构提供反力的方式始发，加强明洞作为隧道主体结构在盾构始发后不需要拆除。这样不仅不用施工始发竖井，还减少了反力架的制作、拆除费用和始发负环管片用量。加强明洞在后配套组装时施工，有效缩短了主体施工时间，节约了项目成本，对以后山岭隧道盾构施工具有较好的借鉴意义。

盾构始发主要内容包括：始发前场地准备、施作盾构始发基座、盾构就位、明洞加强段、始发密封装置、管片拼装定位、盾构试运转、洞门处理、管片周边回填、盾构加压贯入作业面和试掘进等，盾构试掘进过程中具体的盾构吊卸、组装、管片安装等。始发流程如图 7-15 所示。

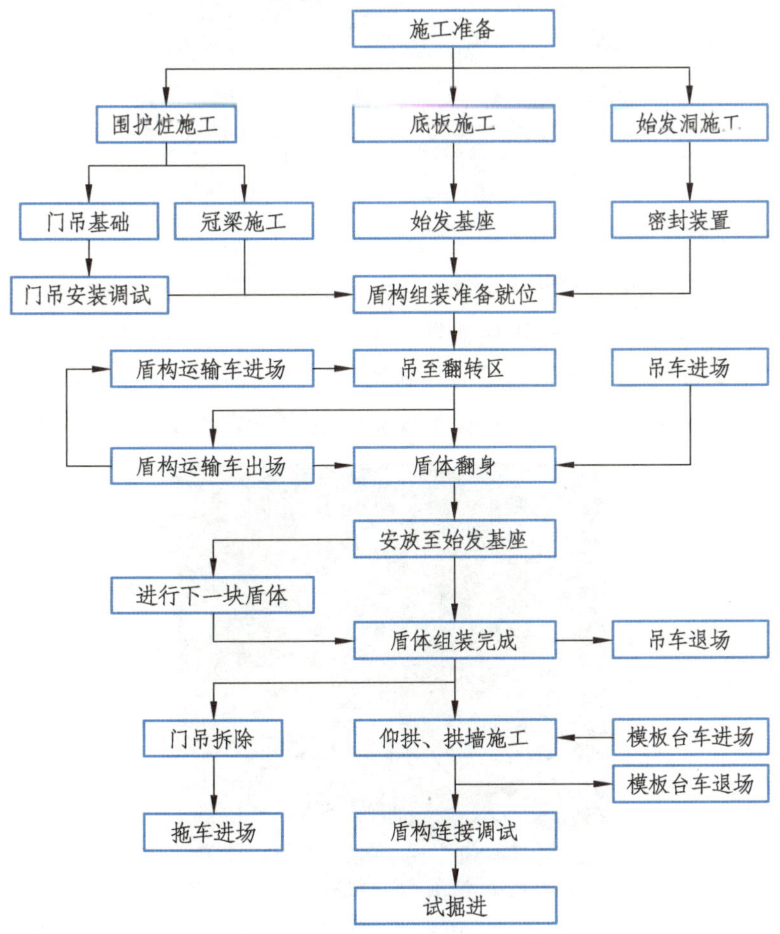

图 7-15　盾构掘进始发流程

盾构组装前，依据隧道设计轴线、洞门位置、盾构的尺寸及门吊吊装盲区，反推出始发基座的空间位置。

始发基座安装位置根据测量放样基线定位施工，基座上的轨道放置方式采用实测洞门中心居中对称放置。盾构始发基座结构采用 C30 钢筋混凝土。在始发基座上的盾构前进导向轨道采用 3 根 120 kg/m 的钢轨，底部导轨居中设置，上部设置左右对称、距中心 4.8 m 的两根钢轨。始发基座全长 24 m、宽 16 m，始发基座两侧高 3 m。在中盾与盾尾连接处，预留有高 700 mm、宽 800 mm 的盾尾焊接槽，保证中盾与盾尾焊接连接。始发基座如图 7-16 所示。

图 7-16 始发基座

为防止盾构刀盘下沉，在洞门导洞中铺设 3 根 120 kg/m 的钢轨作为导洞内导轨，导轨与始发基座导轨通过焊接方式连接，焊接要求牢固。在盾构空推过程中，导轨涂抹润滑材料减小摩擦力。同时在始发基座的底部均匀铺设豆砾石，减少盾构进入原状土后始发导洞与管片背部间隙的回填时间，保证安全快速地连续作业，如图 7-17 所示。

图 7-17 润滑剂涂抹及底部回填

反力支撑系统施工技术要点如下：

根据现场施工条件及组装场地布局，盾构的反力由明洞提供，在盾构组装完成后进行如下准备工作：① 根据盾构隧道的里程（端头里程）反算明洞加强段的位置，然后施作明洞仰拱及拱墙；② 从盾尾向小里程施作 24 m 拱墙，仰拱全部完成，其中与 0 环管片连接处为明洞加强段；③ 明洞加强段未施作前，明洞加强段区域在主机组装期间作为吊装区域，主机组装完成后再施作明洞加强段主体结构。

明洞加强段为盾构推进时提供所需反力，盾构始发时，下半部承担主要推力。明洞和管片两侧回填混凝土至门吊基础高度，增大摩擦力，保证明洞加强段能够为盾构推进提供足够反力。盾构始发前，根据明洞加强段大里程端面的测量结果，确定盾构安装的里程和姿态，保证首环 0 环管片与明洞加强段间距在 100 mm 以内，明洞加强段和管片的内弧面错台量在 15 mm 以内，并提前预备好明洞加强段与管片之间的橡胶密封。在首环管片 0 环整环安装过程中，需在管片内部做好支撑加固，防止管片因自重变形。明洞加强段与衬砌管片实际合拢效果如图 7-18 所示。

（a）外部

（b）内部

图 7-18　管片与反力明洞合拢

工程施工中采用基坑内的始发方式，在已经挖好的基坑内施工始发基座，并在盾构始发前施作 13.5 m 的始发导洞，套拱钢架内半径为 6.195 m，即在开挖轮廓线外 0.155 m。基坑始发如图 7-19。为保证马蹄形盾构在通过拱架区域时保持密封状态，采用始发导洞大里程与套拱连接，并且在小里程进洞端焊接预埋钢环。

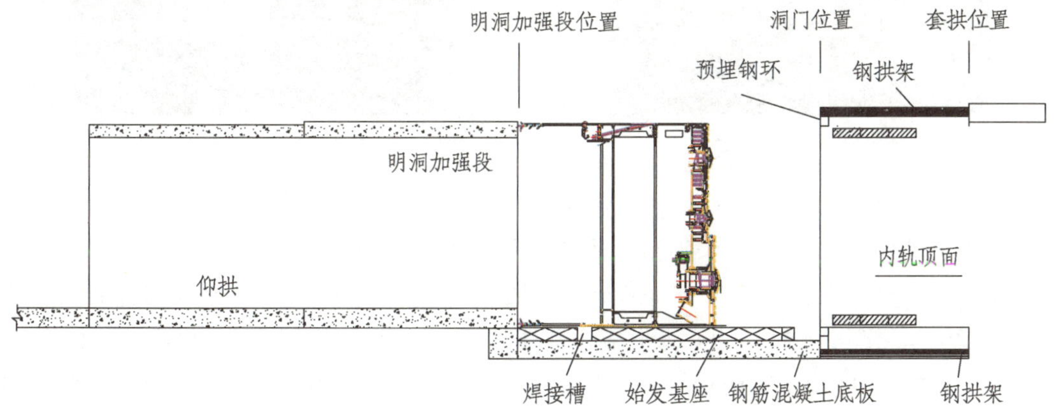

图 7-19　基坑始发示意图

拱架内径为 12 390 mm，在开挖轮廓线外 155 mm，距管片外轮廓 340 mm，管片脱离盾尾之后，将始发拱架与管片背部之间间隙用钢板进行焊接，并填充同步注浆浆液进行密封处理。密封装置如图 7-20 所示。

图 7-20 密封装置

根据现场工作条件，盾构采用后配套拖车与主机分别组装、整体调试的方式，主机组装如图 7-21 所示，后配套组装如图 7-22 所示。

图 7-21 主机组装

图 7-22 后配套组装

盾构组装场地分成三个区：吊机放置区、主机及配件存放区、后配套拖车存放区。本盾构采用整体始发模式，由前向后依次下井组装，下井顺序为：前盾→中盾→尾盾→螺旋输送机→1#拖车→2#拖车→3#拖车→4#拖车→5#拖车→6#拖车。盾体最重件为前盾下部（220 t），采用 1 台 260 t 履带吊将盾体从位于明洞段位置拖车上起吊，转体 180°后，再由 1 台 230 t 门吊进行吊装安装作业，另 1 台 100 t 汽车吊在明洞加强段吊装区域用于配合顶部盾体翻身。

待盾体全部组装完毕后，退出所有吊车，施作明洞加强段，同时连接主机及刀盘所有管线，待明洞加强段衬砌完成后，退出模板台车，将盾构拖车逐节进洞连接，全部连接后进行调试工作。盾构调试分为空载调试和负载调试，步骤如下：

① 空载调试：盾构组装和连接完毕后，即可进行空载调试。空载调试的目的主要是检查设备是否能正常运转。主要调试内容为：液压系统、润滑系统、冷却系统、配电系统、注浆系统、泥水处理系统，以及各种仪表的校正。电气部分运行调试：检查送电→检查电机→分系统参数设置与试运行→整机试运行→再次调试。液压部分运行调试：推进和铰接系统→螺旋输送机→管片安装机→管片吊机和拖车负载调试。

② 负载调试：空载调试完成并证明盾构及其辅助设备满足初步要求后，即可进行盾构的负载调试。负载调试的主要目的是检查各种管线及密封设备的负载能力，对空载调试不能完成的调试项目进一步完善，以使盾构的各个工作系统和辅助系统达到满足正常生产要求的工作状态。

导台上拼装管片数量根据始发场地长度和洞口设计宽度确定。初始管片安装前，需要确保盾构调试验收正常、明洞加强段完成施工作业以及其他准备工作（洞门加固、管路连接）均已完成。确保第一环管片小里程断面的平整度与隧道轴线的垂直度。

马蹄形盾构实际盾尾间隙为 45 mm，盾尾刷保护板厚 20 mm，盾尾总间隙为 65 mm，采用 2 m 长 8#槽钢（高度 80 mm）双拼后点焊至盾尾内弧面，基本与盾尾间隙相吻合。盾尾槽钢安装如图 7-23 所示。待盾尾完全进入原状土后取出，进入正常安装模式。

图 7-23　盾尾槽钢安装

马蹄形盾构处于始发台时尽量不调整盾构姿态，待盾尾离开始发台后，通过合理调节推进油缸长度来调整盾构姿态，必要时通过调整管片楔形量调节，确保盾构逐渐沿隧道设计轴线推进。

盾构掘进中，实行的纠偏原则为“勤纠、量小”，每环姿态调整量不大于 6 mm；盾构轴线偏离设计轴线控制在 ± 50 mm 以内。

根据盾构始发经验，盾构在始发基座上空推时，不建立压力；当刀盘进入原状地层后，土舱压力逐步建立。隧道最大埋深为 81 m，施工过程中不断调整完善相关掘进参数，因深埋隧道的成拱效应，总结出全线盾构土舱压力控制在 0.06 ~ 0.08 MPa，地面隆陷控制在 – 30 ~ + 10 mm。

始发掘进时，需严格控制盾构的各组油缸压力，总推力小于 50 000 kN（最大为 43 000 kN），刀盘扭矩小于 3 500 kN · m（最大 3 100 kN · m）。

盾构在始发基座上时推进速度保持 15 ~ 25 mm/min，进入原状土前 12 m 时推进速度保持 20 ~ 30 mm/min，盾尾完全进入原状土后推进速度可逐渐提升至 25 ~ 35 mm/min。

（3）大断面马蹄形盾构掘进参数控制。

盾构掘进施工流程如图 7-24 所示。

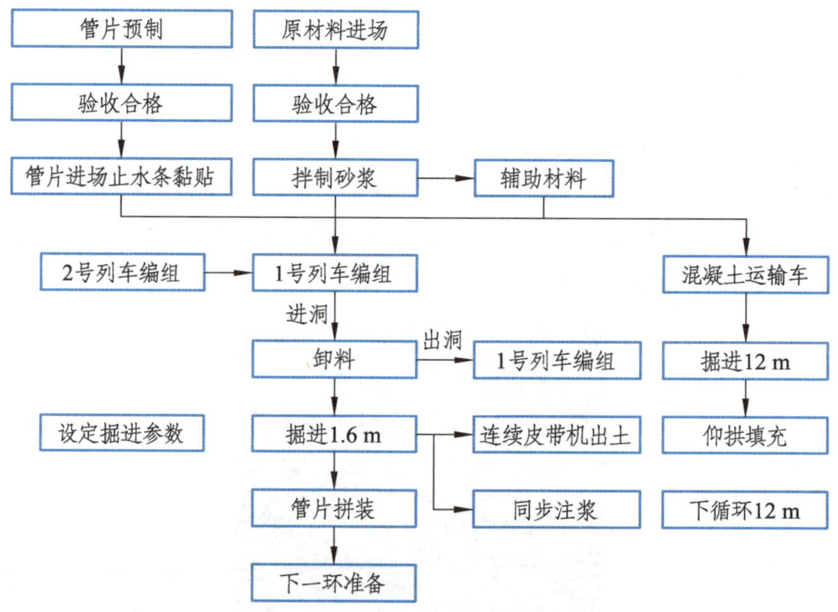

图 7-24 马蹄形盾构掘进施工流程

掘进参数控制要点如下：

① 土舱压力。

始发时，刀盘直接切削盾构掘进范围内的土体。根据盾构始发经验，盾构在始发基座上空推时，不建立压力；当刀盘进入原状地层后，土舱压力逐步建立。

当盾构盾尾全部进入原状土后，静止土压为原状的天然土体中土处于静止的弹性平衡状态时的土压力。始发段顶部埋深按 15m 考虑，在盾构工法中，压力 P 应该介于理论计算值上下限值之间。

$$P_{上限} = \gamma_{水} h + k_0[(\gamma_{土} - \gamma_{水})h + \gamma_{土}(H - h)] + 20$$

$$P_{下限} = \gamma_{水} h + k_a[(\gamma_{土} - \gamma_{水})h + \gamma_{土}(H - h)] - 2c_u k_a^{0.5} + 20$$

式中：$P_{上限}$—— 切口压力上限值（kPa）；

$P_{下限}$——切口压力下限值（kPa）；

$\gamma_{水}$——水的容重（kN/m^3），本隧道无地下水，不考虑浮容重；

$\gamma_{水}$——土的容重（kN/m^3），取 16 kN/m；

h——地下水位至隧道中心埋深的垂直距离（m），取 0；

H——地面至隧道中心埋深的垂直距离（m），取 15 m；

k_0——静止土压力系数，取 0.4；

c_u——土的黏聚力；

k_a——主动土压力系数，取 0.33。

理论建压值

$$P=(P_{上限}+P_{下限})/2$$

土舱顶部理论建压值为 0.097 MPa，隧道最大埋深为 81 m，施工过程中不断调整完善相关掘进参数。因深埋隧道的成拱效应，总结出全线盾构土舱压力控制在 0.06 ~ 0.08 MPa。

② 总推力。

前期始发段基本维持在 40 000 ~ 50 000 kN，待盾体全部进入至土体后进入正常掘进段，摩擦力增加，正常掘进段推力达到 6 500 ~ 7 000 t。

③ 刀盘转速。

马蹄形盾构共 9 个辐条式刀盘（ϕ4900 mm × 5 个，ϕ3 750 mm，ϕ2 700 mm，ϕ1 350 mm × 2 个），刀盘开口率为 58.2%（图 7-25），各刀盘可独立驱动，各刀盘转速根据螺旋输送机出渣情况及各刀盘扭矩变化动态调整，匹配盾构掘进各项参数，刀盘转速调整范围见表 7-2。

图 7-25　马蹄形盾构刀盘分布

表 7-2 刀盘转速调整范围

序号	主驱动范围	刀盘设计转速	刀盘实际转速
1	刀盘 3/4/5/6/7	0 ~ 1.08 r/min	0.8 ~ 1 r/min
2	刀盘 2	0 ~ 1.4 r/min	0.8 ~ 1 r/min
3	刀盘 1	0 ~ 1.8 r/min	1.2 ~ 1.5 r/min
4	刀盘 8/9	0 ~ 5.8 r/min	4 ~ 5 r/min

④ 刀盘扭矩。

刀盘扭矩调整范围见表 7-3，施工中根据地层变化及螺旋输送机出渣情况动态调整水及泡沫注入量，保持良好的渣土改良效果，达到调整刀盘扭矩的目的。

表 7-3 刀盘扭矩调整范围

序号	主驱动范围	刀盘设计最大扭矩	刀盘实际扭矩
1	刀盘 3/4/5/6/7	2942 kN · m	1 200 ~ 1 500 kN · m
2	刀盘 2	1186 kN · m	600 ~ 800 kN · m
3	刀盘 1	466 kN · m	200 ~ 400 kN · m
4	刀盘 8/9	50.5 kN · m	30 ~ 45 kN · m

⑤ 螺旋输送机转速。

马蹄形盾构采用双螺旋输送机出土，螺旋输送机形式为轴式，无级调速，有效地匹配推进速度，直径为 800 mm，最大通过粒径 560 mm × 300 mm，出土量为 335 × 2 m^3/h，转速为 0 ~ 25 r/min。在砂质新黄土地层中，螺旋输送机转速基本维持在 12 r/min。

⑥ 掘进速度。

正常推进速度在推力允许的情况下，维持在 25 mm/min 左右。

⑦ 注浆压力。

盾构配备两套同步注浆系统，8 路注浆管路，注浆泵出口最大压力为 3 MPa，注浆压力为 0.2 ~ 0.3 MPa。

（4）下穿包茂高速公路技术要点。

包茂高速公路起点为内蒙古自治区包头市，终点为广东省茂名市，设计速度为 100 km/h，路基宽度为 26 m，在 DK207+143.5 盾构进行下穿作业，下穿段隧道埋深约 30 m。隧道和包茂高速夹角约为 90°，如图 7-26 所示。根据现场实际情况，为确保高速公路及行车安全，下穿段影响范围确定为刀盘到达高速路基小里程端前 10 m，至盾尾通过高速路基大里程端后 10 m，起止里程为 DK207+110 ~ DK207+166.5，对应环号为 339 ~ 374 环。

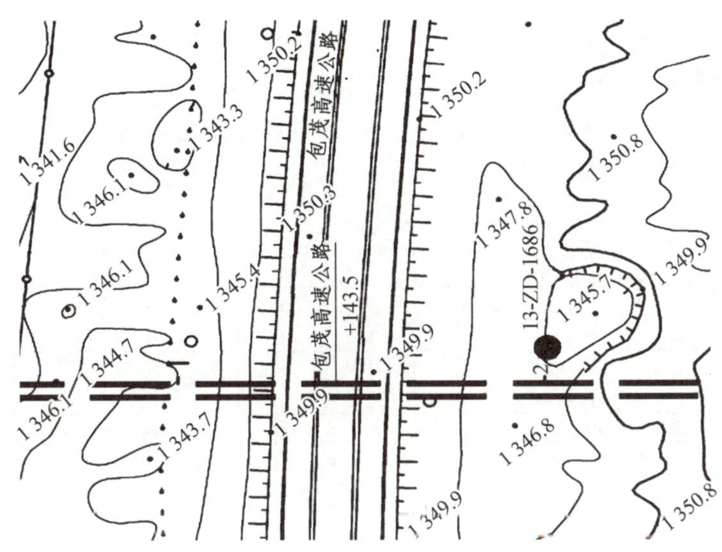

图 7-26 包茂高速公路与本盾构隧道的关系

同步注浆与二次注浆是控制地面沉降的主要手段，并且是盾构施工管理的重点，综合分析工程实际情况，制定科学有效合理的掘进参数，确保注浆量充足、注浆及时。实时根据地面沉降情况采取二次注浆机补压浆措施。

① 掘进参数控制。

总推力：40 000 ~ 45 000 kN；掘进速度：20 mm/min；主刀盘转速：1.0 r/min；土舱压力：0.09 ~ 0.12 MPa。

② 同步注浆。

注浆压力：注浆压力上部注浆孔压力 0.18 ~ 0.21 MPa；下部注浆孔压力 0.25 ~ 0.27 MPa，并根据监控量测结果作适当调整。

注浆量：理论注浆量 $V=15.7\ m^3$；在同步注浆的过程中，设定额定的注浆压力，当注浆过程中注浆压力达到设定值，或注浆量达到理论注浆量的 85% 时，同步注浆完成。

注浆材料：水泥、粉煤灰、砂子、水按比例配成浆液作为同步注浆材料，同步注浆浆液每立方米配合比见表 7-4。

表 7-4 同步注浆配合比

水泥/kg	粉煤灰/kg	砂/kg	水/kg
200	330	620	425

③ 二次注浆。

二次注浆对同步注浆起到进一步补充和加强作用，以及对管片周围地层的充填和加固作用。

注浆设备：补强注浆采用盾构自带的 KBY-50/70 双液注浆泵。

注浆压力：二次注浆压力为 0.3 ~ 0.5 MPa。

注浆结束标准：补强注浆以压力控制，达到注浆压力结束注浆。

盾构距离包茂高速 50 m 时，开始对包茂高速开展精密水平测量工作，取得初始值。盾构距包茂高速 10 m 时采取连续测量。盾构穿越高速公路期间提高监测频次，每天测量 3 次及以上。测量曲线如图 7-27 所示。

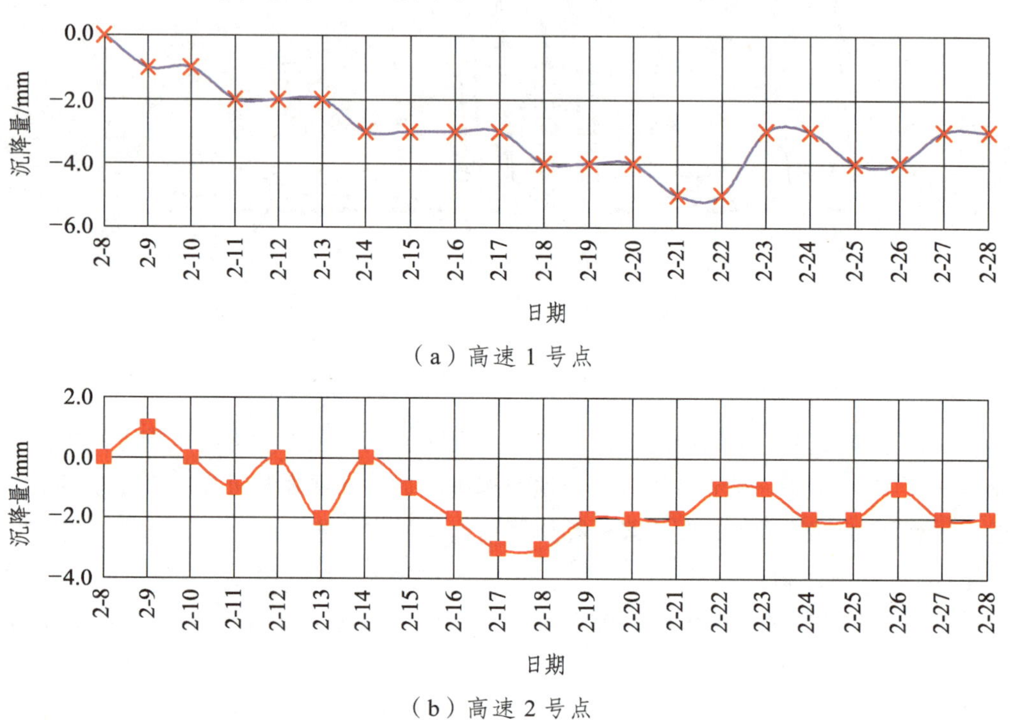

（a）高速 1 号点

（b）高速 2 号点

图 7-27 包茂高速沉降曲线

历时 12 d，马蹄形盾构完成下穿包茂高速，各项参数均满足要求。

（5）盾构姿态控制技术。

盾构掘进时因刀盘分层设计开挖面各点压力不同，导致调向纠偏难度增大；地层不均匀、侧向受力不均导致姿态难以控制；隧道净空位置、横断面尺寸较大导致滚转纠偏困难。

解决措施：① 根据地勘资料和实际出土量掌握地质条件和变化情况；② 盾构推进油缸分为 6 组，分区控制推力来调整盾构姿态，如图 7-28（a）所示；③ 当盾构轴线偏差和滚转偏差较大时，通过盾体相应位置预留孔注入泥浆进行纠偏，预留泥浆注入孔如图 7-28（b）所示；④ 定期核对激光导向系统，保证掘进方向的正确以及线路和位置关系的精确测量和显示；⑤ 保持合理、稳定的掘进参数，连续掘进；⑥ 刀盘对称转动，降低滚转值。

盾构在通过隧道中心变坡点位置时出现垂直姿态持续上浮至 + 40 mm 的情况，经过分析，主要因盾构无铰接转弯能力不足。通过增大 A/E/F 组油缸压力、减小 B/C/D 组油缸压力，每环管片在上部粘贴 3 mm 软木衬垫增加管片向下趋势和适当增加土压等措施，盾构垂直姿态恢复至 + 20 mm 以内。

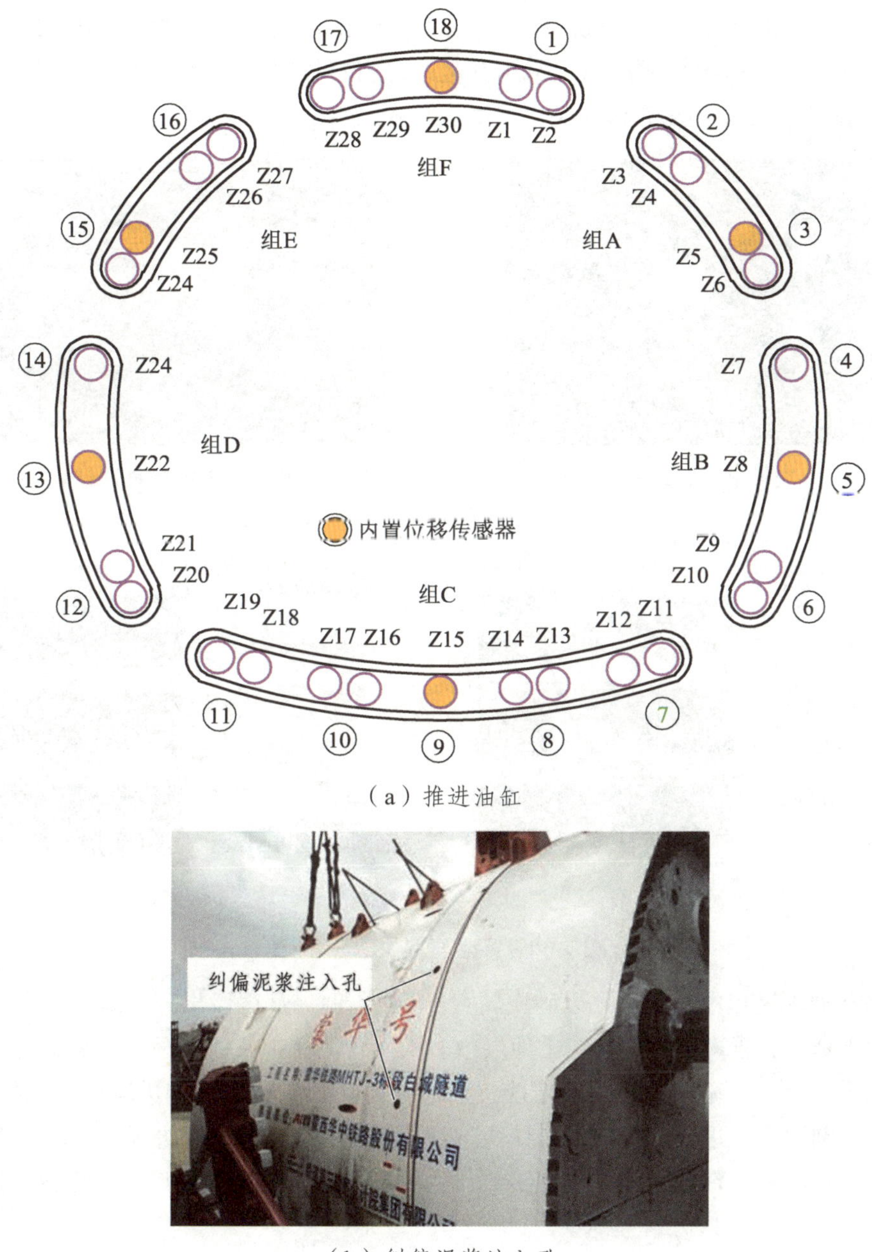

（a）推进油缸

（b）纠偏泥浆注入孔

图 7-28　盾构防偏转配置

（6）多刀盘掘进渣土改良控制。

多刀盘掘进，渣土流动性差，容易引起局部堵舱或者糊刀盘，造成局部刀盘扭矩过大或无法启动，被迫停机，将严重影响盾构正常掘进。在多刀盘转速不匹配、渣土改良效果差、出渣异常等特定条件下还会发生地面沉降、沉陷等现象。渣土改良效果直接影响盾构施工安全和进度。

解决措施：① 掘进前，通过试验得出合适的渣土改良配比，试验如图 7-29、图 7-30 所示；② 掘进过程中根据实际情况采用其他改良材料作对比试验，以选择最优的改良材料；③ 根据地层变化，动态优化施工参数。

（a）现场泡沫剂改良试验

（b）现场坍落度检测试验

图 7-29 现场渣土改良试验

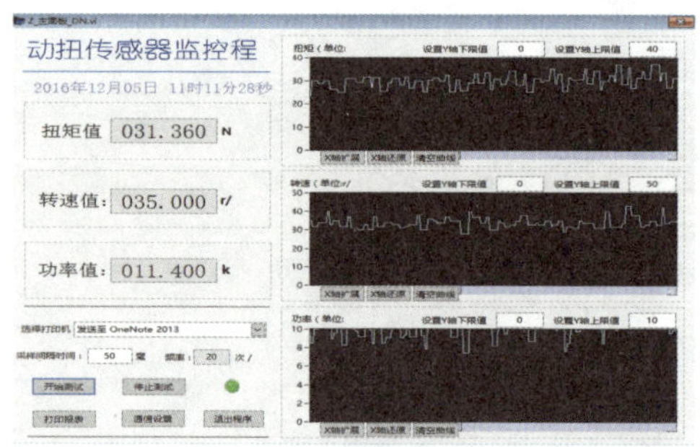

（a）未加改良剂

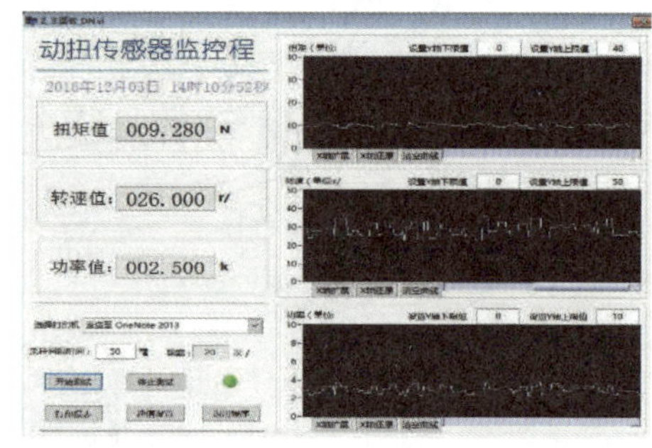

（b）添加改良剂

图 7-30 实验室渣土改良试验

盾构在掘进过程中地质总体以砂质新黄土为主，但局部区段出现了地勘报告未揭露的黏质老黄土地层，盾构在黏质老黄土地层中多次出现渣土改良不到位、出渣不畅情况。通过现场测定渣土含水率及含砂量确定改良剂的种类和数量，正常掘进段按照原状土 35% 的水和泡沫剂混合液进行添加，混合液中泡沫原液比例为 3%；掘进未揭露的砂质老黄土地层时，在水和泡沫剂混合液中按照 1‰ 比例添加高分子聚合物，解决了盾构出渣难题。

（7）刀盘开挖盲区处理技术。

盾构掘进在 1045 环时掘进推力即居高不下，高达 85 000 kN，掘进速度基本保持在 8 ~ 10 mm/min；后续的掘进中推力持续增大。掘进第 1 064 环时，最大推力达 92 000 kN，此时底部 4、5、6 号刀盘基本无扭矩，且盾构姿态有上浮迹象，掘进速度几乎为零，渣土中结核块和大块老黄土量增加。由于掘进中添加膨润土进行渣土改良，怀疑刀盘被糊住，开舱检查，发现刀盘正常。经地质检查确定，掌子面底部往上 2 ~ 3 m 为黏质老黄土夹姜石、3 ~ 7 m 为黏质老黄土、7 m 以上为砂质新黄土，并且老黄土为向上延伸趋势，掌子面地层分布及盲区位置如图 7-31、图 7-32 所示。

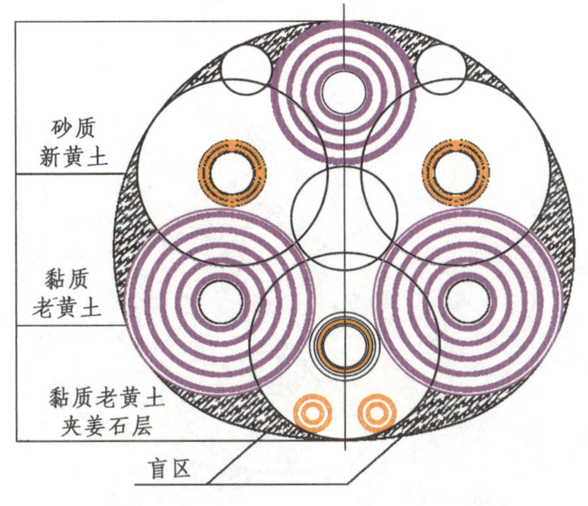

图 7-31　地层描述及盲区布置

图 7-32　土舱内姜石地层分布情况

为判断推力大且没速度的原因，将底部盲区采用人工向前破除 0.5 m 后恢复掘进，推力由停机前的 92 000 kN 下降到 82 000 kN,速度由停机前的 1 ~ 2 mm/min 提高到 10 ~ 15 mm/min，姿态稳定。通过此次试验，判定开挖地层变化及底部盲区是掘进困难的直接原因，导致刀盘切削推阻力及盾体切口阻力增大，同时，底部开挖盲区由于土体强度加大后不易破碎直接顶到隔板也增加了推阻力。

采取措施：在土舱底部 5、7 点钟位置增设圆锥形分渣器，破坏此盲区掌子面的硬结土体；增长底部 4、5、6 号刀盘辐条，使底部刀盘开挖直径增加 300 mm，提高开挖能力，减少盲区范围，如图 7-33。

改造效果：经改造，盾构顺利掘进，由改造前每天平均掘进 4 环增加到 9 环，恢复掘进后推力下降至 60 000 kN，速度提升到 15 ~ 25 mm/min，各项掘进参数正常，改造效果明显。改造前后参数对比见表 7-5。

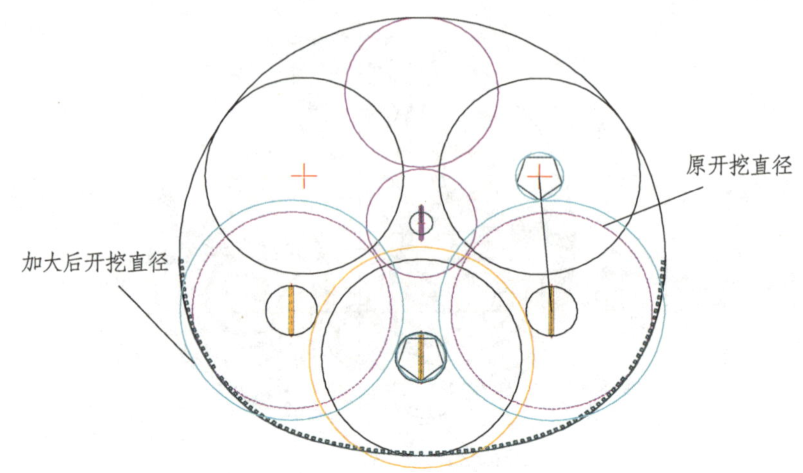

图 7-33 底部刀盘加大示意图

表 7-5 改造前后参数

参数	改造前	改造后
平均推力/kN	89 000	60 000
平均速度/（mm/min）	2 ~ 3	15 ~ 25
刀盘转速/（r/min）	1.08	1.08
刀盘扭矩/（kN·m）	150 ~ 200	650 ~ 1350
水平趋势/（mm/m）	− 1	− 0.4
垂直趋势/（mm/m）	− 1.8 ~ − 2	− 1 ~ − 1.4

（8）大断面马蹄形盾构接收技术

盾构在白城隧道出口以 3.112‰ 的下坡接收，考虑到盾构接收时上接收导轨前可能发生一定的叩头等因素影响，要求盾构轴线方向比设计线路方向要高出 20 mm，同时接收基座导轨位置比设计高程要低 10 mm。

马蹄形盾构接收内容包括：接收场地准备、接收端墙及基座施作、接收端墙背后回填加固、洞门处理、管片与钢环间隙处理、拆机位置场地硬化、盾构抵达接收基座等。盾构拆机时具体包含盾构拆解、调运和装车倒运等。接收流程如图 7-34 所示。接收场地主要由出洞端墙、接收基座及吊车、运输车辆停放的拆机区域组成，接收场地布置图如图 7-35 所示。

盾构贯通前，严格按照规范要求在距贯通面 150 m 处进行联系测量、线路复测，对洞内所有的测量控制点进行一次整体、系统的控制测量复核，以及对所有控制点坐标进行精密、准确的平差计算。

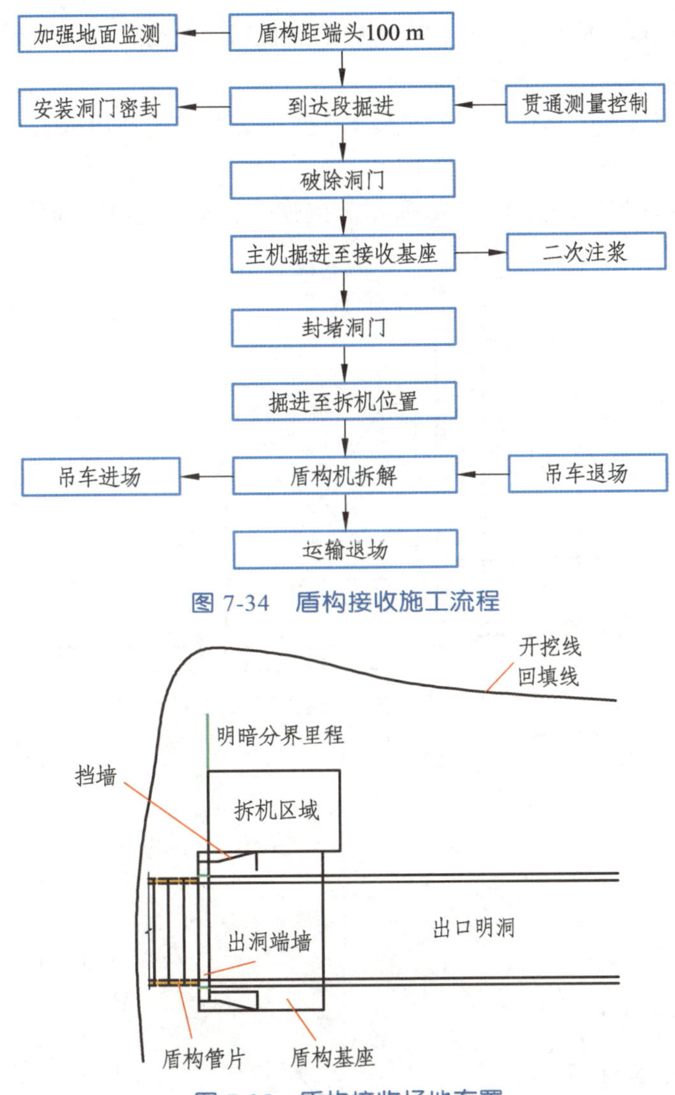

图 7-34　盾构接收施工流程

图 7-35　盾构接收场地布置

在 100 m 和 50 m 处进行自动测量导向系统复核测量。盾构到达前最后一次搬站时，充分利用贯通前 150 m 时的线路复测结果，采用二等控制点的测量办法精确测量测站、后视点坐标和高程（经纬仪、后视棱镜坐标和高程），每点的测量不少于 8 个测回。同时，贯通前 50 m，加强管片姿态监测与控制。最终，马蹄形盾构接收的中心误差在 20 mm 以内。

为准确掌握到达洞门施工情况，在盾构贯通前对盾构到达洞门进行复核测量，测量项目包括：洞门中心位置偏差、洞门 6 个弧度半径等。

在盾构接收掘进 100 m 范围内，隧道区间地表土体沉降监测点根据线路中线每 5 m 布设一个沉降监测点，每 30 m 布设一个监测断面，两侧延伸范围满足隧道直径 1.5 倍放射距离。每天 2 次监测已经施工完成的接收场地主体结构，确保盾构接收掘进过程中接收场地结构安全、稳定。

盾构接收前，根据盾构的尺寸、管片拼出接收挡墙距离、隧道设计轴线以及既有仰坡位置，反推出接收基座的空间位置。

接收端墙及接收基座结构采用的混凝土等级为 C40，抗渗等级为 P10。环形洞门圈混凝土强度等级为 C35，抗渗等级为 P12。

接收端墙及基座纵断面如图 7-36 所示，接收端墙及基座横断面如图 7-37 所示。

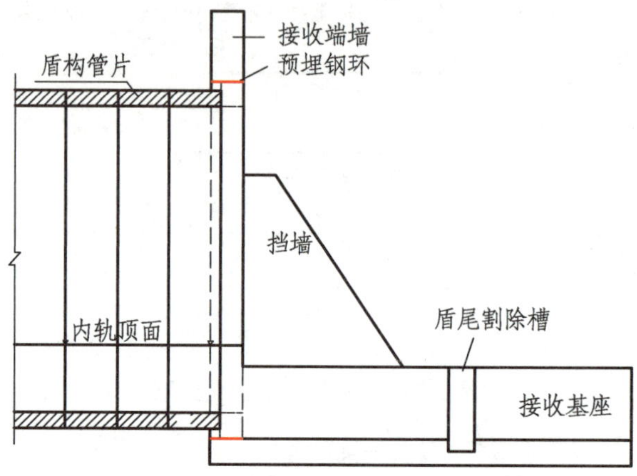

图 7-36 接收端墙及基座纵断面结构

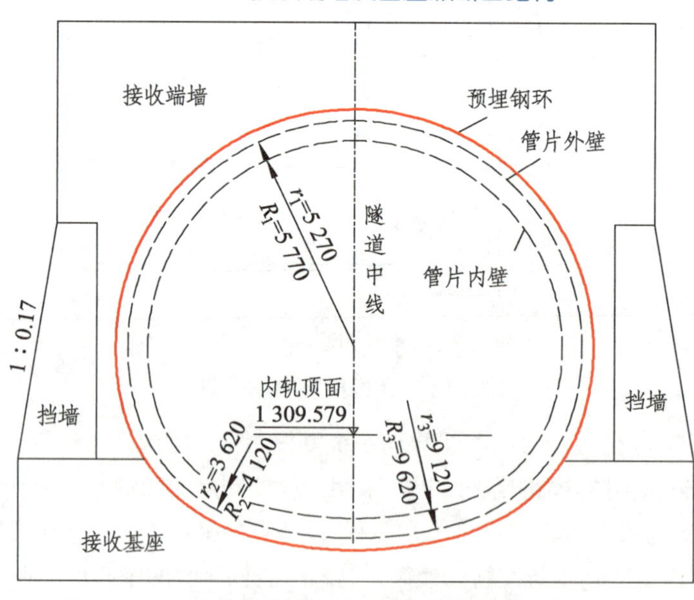

图 7-37 接收端墙及基座横断面结构（单位：mm）

盾构在白城隧道出口拆机，拆机方式采用 2 台履带吊配合主机拆解翻身，履带吊规格分别为 600 t 和 300 t。在盾构到达接收基座前，需提前做好拆机场地硬化及履带吊组装工作。

盾构进入接收端加固地层后，因地层埋深较浅且加固土体与正常掘进段大有不同，为了更好地掌握盾构的各类参数，应相应调整掘进参数、时时关注施工参数与地面变形的关系，同时采集、统计和分析推进时的各项技术参数，确定推进参数设定范围。

盾构进接近洞门 5 m 位时应减小推力，推力保持在 30 000 ~ 35 000 kN 内，减小土舱压力，降低掘进速度，宜控制在 5 ~ 10 mm/min 以内，及时饱满地通过同步注浆回填注浆。在盾构出洞过程中更需密切监视掘进参数的变化，一有异常，立即停机。接收段大断面马蹄形盾构主要掘进参数控制见表 7-6。

表 7-6　接收段马蹄形盾构主要掘进参数控制

距出洞端距离/m	推力/kN	速度/（mm/min）	注浆量/m^3	注浆压力/kPa	土压/kPa
100	55000 以内	15 ~ 20	12 ~ 15	180 ~ 270	50
50	50000 以内	12 ~ 15	12 ~ 15	180 ~ 270	50
20	45000 以内	10 ~ 15	12 ~ 15	180 ~ 270	20
10	45000 以内	8 ~ 10	12 ~ 15	180 ~ 270	20
5	35000 以内	5 ~ 10	12 ~ 15	180 ~ 270	10

盾构接收前，首先安装定制尺寸的帘布橡胶板和折页压板，保证盾构接收期间安全。当洞门处混凝土凿除并清理干净后，继续顶推盾构，如图 7-38 所示。在刀盘至基座延伸导轨前停止刀盘旋转，在盾构推进过程中，需密切关注盾构姿态，防止出现“磕头”现象。

图 7-38　盾构接收

当盾尾距离洞口约 1.2 m 时，盾构停止推进，完成第一次出洞，开始对洞圈进行封堵。利用折页压板预留的钢丝绳，将帘布橡胶板和盾尾紧紧包裹，对加固区内的管片外建筑空隙进行注浆处理，在盾尾采取同步注浆（添加适量速凝剂）的方式注浆，同时在距盾尾 3 环处压注水泥-水玻璃双液浆，保证管片背后注浆饱满、回填密实。

当盾构刀盘逐渐靠近洞门时，在端墙预埋钢环范围内开设观察孔，观察端墙背后土体，根据观察结果调整推进中的平衡压力值。根据盾构掘进情况及接收工艺要求确定开始凿除洞门时间，以使盾构快速顺利接收，减少施工风险。

洞门上下、左右、中部布置 5 个直径为 80 mm 观察孔，观察墙背后土体状况，当刀盘距端墙 50 cm 时，盾构土舱压力调节至 0 kPa。通过风镐配合人工修凿的方式，自上而下分 5 层作业，随凿随清的凿除工序凿除钢环范围内 30 cm 厚的素混凝土。洞门凿除工作连续施工，缩短作业时间，减少正面土体的流失量。在整个作业过程中，各项监控及安全管理工作，由专职安全员进行全过程监督，监测接收洞门处地面的沉降和土体变化情况，杜绝各项安全隐患。

盾构接收洞门封堵完成后，开孔检查浆液凝固效果，待浆液凝固后，开展盾构接收工序。盾构继续向前推进，待盾尾完全离开接收端墙后，立即用帘布橡胶板和折页压板将管片外弧面包裹，封闭管片与钢环间的缝隙。封闭完成后，立即往洞门钢环与管片处的建筑空隙进填充早强浆液，避免管片下沉和水土流失。盾构接收完成如图 7-39 所示。

图 7-39　盾构接收完成

蒙华铁路白城隧道是世界首次采用马蹄形土压平衡盾构施工的大断面山岭隧道，该工程顺利竣工，为大型山岭公路、铁路双线隧道施工起到了引领示范作用。

7.4　佛莞城际狮子洋隧道

1. 工程概况

佛莞城际铁路西起广佛环线广州南站，向东下穿珠江狮子洋后进入东莞境内，终点为穗莞深线望洪站，其中狮子洋隧道为全线控制性工程。该线路的建成，将极大地促进珠三角地区重要城市之间的互联互通。佛莞城际铁路狮子洋隧道全长 6.476 km，最大埋深约 64 m，最大水深 17 m，为单洞双线隧道。地面以下 40 m 范围内以淤泥和砂层为主，40 m 以下以石英砂岩和泥质板岩为主。明挖隧道区间均位于淤泥和砂层中；盾构区间长距离穿越典型的软弱破碎地层、含水软岩、软硬不均混合地层等特殊地段复合地层，在国内城际铁路中尚属首次。盾构隧道于 2019 年 12 月 17 日实现贯通，是世界上已建成的最大直径水下铁路盾构隧道。

2. 工程重难点

（1）软弱地层大直径盾构端头加固问题。盾构始发端头地质主要为淤泥层、砂层，地基承载力低，稳定性差，且覆土厚度均小于 1 倍洞径，最小覆土厚度仅约 8m。盾构掘进过程中易出现“栽头”、地面冒浆和地表沉降超限等问题。

（2）浅覆土施工掘进控制问题。盾构隧道到达端最浅覆土埋深仅约 4m，不足 1 倍洞径，存在盾构冒顶、上浮风险。

（3）刀具磨损与更换问题。隧道穿越地层地下水丰富，水位高，隧道洞身段基岩及破碎带富存中等透水 ~ 强透水性承压水，盾构隧道洞身主要穿过第四系沉积层、软弱土层、软硬不均、全断面砂岩、全断面泥岩和破碎带等地层（图 7-40）。全断面硬岩长度达 2380m，占隧道总长的 48.5%，岩石最大饱和抗压强度为 75.7MPa，石英含量达 70% ~ 80%，对刀具质量和掘进参数控制要求较高。

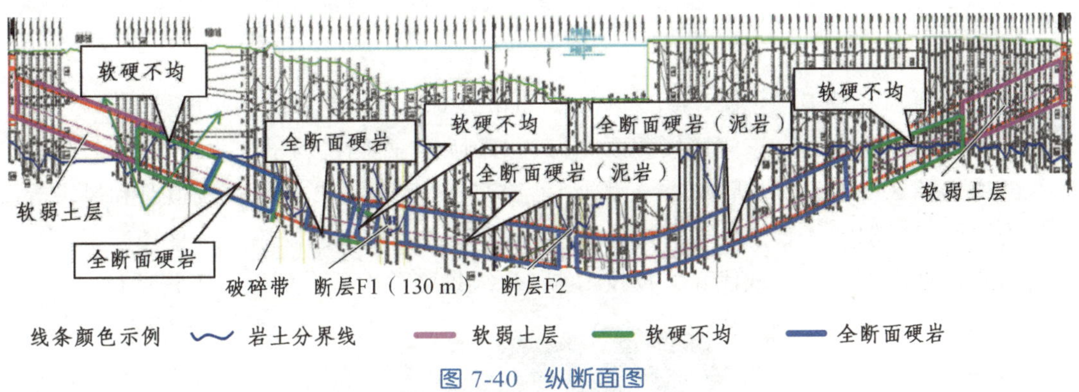

图 7-40　纵断面图

（4）盾构穿越破碎带问题。盾构区间隧道穿越 1 处破碎带、2 个断层，总长度为 424 m，在掘进过程中极易出现堵舱、滞排等问题。

（5）长距离穿越狮子洋，水压高、局部地层透水性强造成施工风险大问题。盾构穿越狮子洋长度为 1 780 m，水压较大，对盾构主轴承密封、尾刷、油脂注入系统、加泥系统要求高。若掘进控制不当，极有可能造成隧道与江水贯通，存在极大的施工风险。

3. 突破的关键技术

该工程重点突破了以下关键技术：

（1）常压换刀刀盘设计技术。

该工程盾构采用常压刀盘，可在常压条件下对 35 把滚刀、48 把刮刀进行更换，避免带压进舱作业带来的施工风险[5]。

（2）镶齿型滚刀设计技术。

按照“低硬材料做母体，硬度材料做牙齿，耐磨材料做外衣”的思路，自主研发了适合硬岩掘进的镶齿型滚刀，解决了刀具一直存在的“耐磨不耐撞，耐撞不耐磨”困境。

（3）始发延伸导轨设计技术。

由于主机质量很大，盾构在空推过程中，最大悬臂长度达 2.5 m，为防止“栽头”，在洞门圈内设置 5 条 1 m 长导轨。该导轨由 10 cm 厚钢板加工而成，通过 8.8 级螺栓与主体结构植筋连接。

（4）反力架轴力计设计技术。

将基坑支护用的轴力计运用到盾构始发中，既可以根据监测情况调整推力，保证反力系统稳定，又可以根据受力稳定情况，确定拆除负环管片的时间。

（5）泥浆管环缝滚焊机设计技术。

自行设计的泥浆管环缝滚焊机既能确保钢管环缝焊接速度，又能保证焊缝的焊接质量。

7.5　扬州瘦西湖隧道

1. 工程概况

扬州瘦西湖隧道工程（图 7-41）位于扬州市 5A 级瘦西湖景区核心地段，穿越瘦西湖和宋夹城河两个水系，东侧连接瘦西湖路、漕河路，西侧接扬子江北路、杨柳青路。主线隧道全长 2.63 km，包括 1 275 m 盾构段、518 m 匝道、2 277 m 接线道路和风塔等。隧道为单管双层双向 4 车道结构，设计车速为 60 km/h。盾构段采用 1 台直径为 14.93 m 的泥水盾构掘进施工，属现代高科技技术与 5A 级景区首次融合的重点工程项目。

图 7-41　扬州瘦西湖隧道工程位置示意图

瘦西湖隧道地层中主要含有褐黄色硬塑性下蜀黏土，夹杂少量铁锰结核，局部存在姜石，并具有膨胀性（平均膨胀率为 66%，属中等膨胀性）、裂隙性和超固结性三大特征。其中，黏性土蒙脱石含量为 25.39%，黏土颗粒组分微细，0.075 mm 以下颗粒含量达 99.6%，0.005 mm 以下颗粒含量达 44%。扬州市区范围内存在呈田字形的人工河流。这些河流与长江相互连通，构成地表水体循环体系。隧道区间范围内有瘦西湖及古运河、漕河等人工河流。地下水主要为裂隙水和潜水。

2. 工程重难点

盾构隧道区间内独特的地质条件和较高的工艺要求，决定了该工程具有高、难、险和新的特点，具体体现在以下四个方面：

（1）要求高。施工场区内有宋夹城遗址、北门遗址、迎恩桥和瘦西湖春江花月夜演艺广场等文物及建筑，对地表沉降控制和环保要求极高。

（2）技术难。泥水盾构在全断面硬塑膨胀性黏土地层下施工，尚属世界级难题。这是由于：一方面易造成土粒间结构联结和强度的丧失，进而导致表层土体崩散解体；另一方面，由于泥浆产量大（约150万立方米）、密度高（1.2 g/cm^3），故泥浆分离难、弃浆难和处理难，易造成刀盘结泥饼和泥水环流系统堵塞。

（3）施工险。盾构全程在市区施工，尤其是在瘦西湖下施工，隧道易击穿和劈裂，严重威胁到了隧道和操作人员安全。

（4）领域新。本工程应用大直径盾构绿色再制造技术对原应用于南京长江隧道工程（针对特有粉细砂和卵石层量身定做的）的盾构进行了地质适应性改造。

综上所述，针对全断面硬塑黏土地层，依托盾构适应性改造技术，综合运用盾构高效环流及出渣技术、泥水盾构开挖面稳定控制技术和盾构压气检修技术等一系列创新性技术，高效安全地通过瘦西湖区域，是本工程施工的重难点。

3. 突破的关键技术

（1）盾构适应性设计与改造。

因全断面黏土地层具有颗粒细、黏度高的特点，经分析认为最大的风险是在盾构推进过程中，切削下来的黏土块在盾构开挖舱内产生堆积，黏结在盾构刀盘盘面上，导致刀盘上形成泥饼，使盾构刀具切削能力下降，从而逐步导致盾构无法掘进施工。因此，在该地层中首要考虑的问题是如何对盾构刀盘进行改造以防止盾构刀盘结泥饼。在盾构整修过程中，在尽量节约成本的前提下，项目部提出了盾构刀盘改造思路：采用增加流量分配系统的方案，在不改造盾构中心回转接头和冲刷流量的前提下，对刀盘进行分时、分步冲刷。按照该思路，项目部设计了一套与原盾构刀盘相匹配的刀盘冲刷系统[6]。

刀具冲刷系统设计及实施如图7-42所示，在盾构刀盘每个主臂上各设置了4个冲刷装置，6个主臂共计设置了24个冲刷口；在刀盘中心保留了原有的6个冲刷装置；将中心的圆柱刀更换为鱼尾刀，并设置了3个冲刷装置。

在盾构工地组装调试过程中，对刀盘冲刷系统进行了实际效果试验。调试中发现冲刷装置实现了分时分部冲刷，但冲刷压力达不到要求，实际的冲刷效果不理想。为使其达到防止刀盘结泥饼的目的，经过重新设计和精确计算，得出原有的ϕ60 mm孔不满足压力要求，必须改成相当于ϕ20～30 mm面积的冲刷孔，且刀盘冲刷喷头的形状也需要进行优化改造，具体见表7-7。

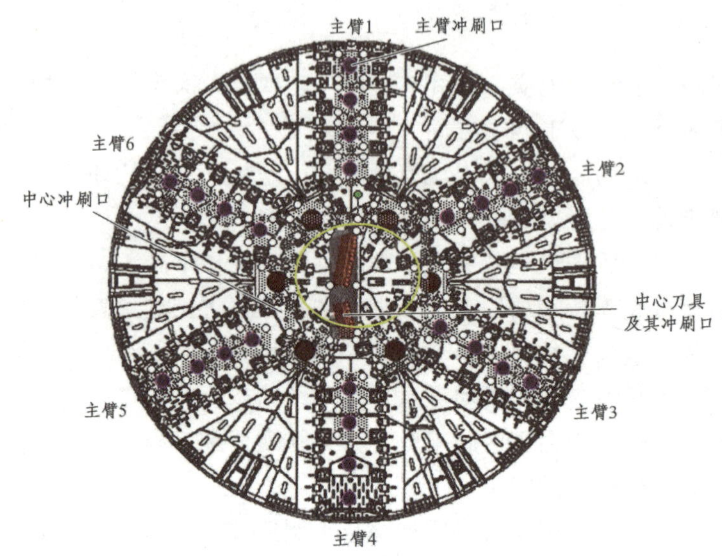

图 7-42 盾构刀盘冲刷系统改造

表 7-7 优化改造前后喷射效果对比

项目	最初喷口形状	规格	喷射效果
优化改造前		孔为 ϕ60 mm 两侧开口 240 mm×100 mm	
		孔为 ϕ60 mm	
改形一		外倒锥形	

续表

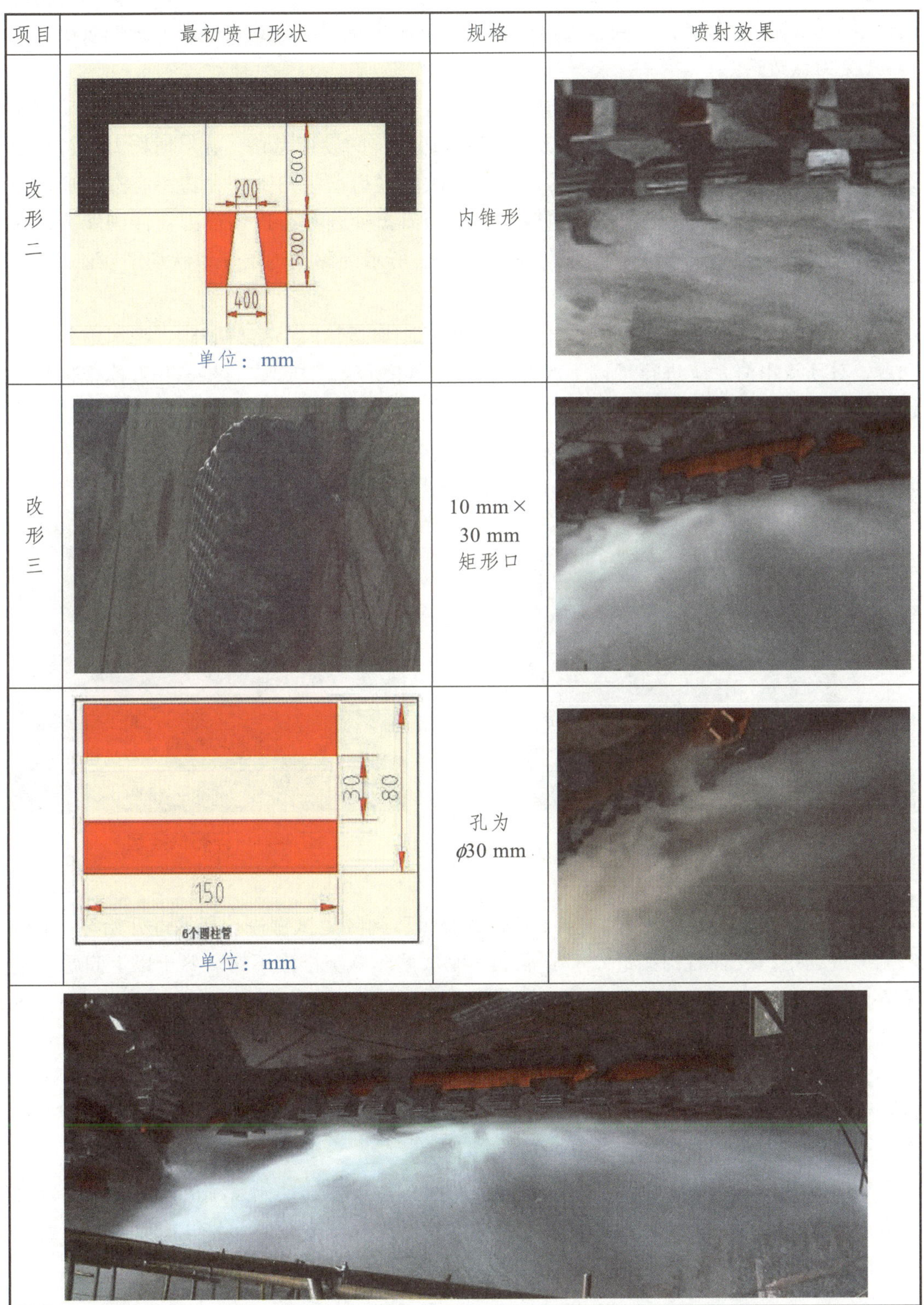

项目	最初喷口形状	规格	喷射效果
改形二	600 200 500 400 单位：mm	内锥形	
改形三		10 mm× 30 mm 矩形口	
	30 80 150 6个圆柱管 单位：mm	孔为 ϕ30 mm	

改造后喷射效果好，通过分时分步冲刷，冲刷覆盖了整个刀盘盘面，满足了开挖舱内刀盘冲刷的实际需要，达到了刀盘前部防止结泥饼目的，起到了改造的预期效果。

① 刀盘改造。

针对盾构长距离穿越全断面硬塑膨胀性黏土地层时刀盘易结泥饼问题，通过反复研究探索，确定了黏土地层下“块状切削、整体运输”的设计思路，并对盾构刀盘进行改造，主要特征为：将 71 把可更换的钝角刮刀改为尖齿型锐角刮刀；将中心圆柱形刮刀改为鱼尾型刮刀；将 16 把先行齿刀取消，改为刀盘冲刷孔，以增加刀盘冲刷能力；保留原有 118 把固定刮刀形式，以此实现如图 7-43 所示的黏土地层下块状切削功能。

② 环流系统改造。

针对泥水舱及管道易堵塞、渣土在管道内长距离运输时易溶解破碎、泥水难分离等问题，对环流出渣系统进行了以下改造：如图 7-44 所示，挂起碎石机，并去掉排浆口格栅，增加大黏土块的切割机具，以防止大块黏土进入排浆管，堵塞环流系统；在排浆管口增加 2 对高压冲刷喷头，使黏土块更快地进入排浆管，以增大进泥浆流量，确保进泥浆流速达到 3.5 m/s；泥浆密度不高于 1.08 g/cm^3，泥浆黏度控制在 20 s 以内。

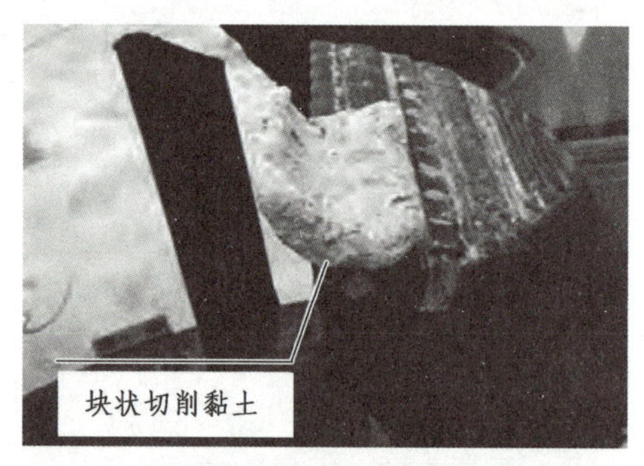

图 7-43 黏土块状切削

图 7-44 碎石机挂起

③ 刀盘冲刷系统改造。

盾构刀盘改造完毕后，2013 年 1 月正式开始盾构隧道试掘进。从掘进开始至+11 环试掘进过程中，发现盾构掘进效率非常低，泥水循环系统排渣不畅。鉴于以上问题，施工方只能采取掘进 20 min（20 cm），循环 40 min 的措施，故每环掘进大约需要 10h，盾构掘进速度非常低。具体原因主要是：盾构处于黏土地层中，且气泡舱内原栅格尺寸非常小，故黏土块容易在气泡舱内和底部堆积；盾构气泡舱内空间小，黏土黏度大，需要进行快速搅拌，但碎石机夹臂摆动速度仅 6 次/min，达不到搅拌效果；掘出来的黏土块在气泡舱底部堆积，无法从排浆泵吸口排出。

针对这些问题，施工单位提出了在排泥泵吸口位置增加冲刷系统的改造方案，以避免渣土堆积。原计划聘请德国北海潜水公司潜水员进入气泡舱内，将开挖舱与气泡舱之间的闸门关闭后再实施改造，如图 7-45 所示。

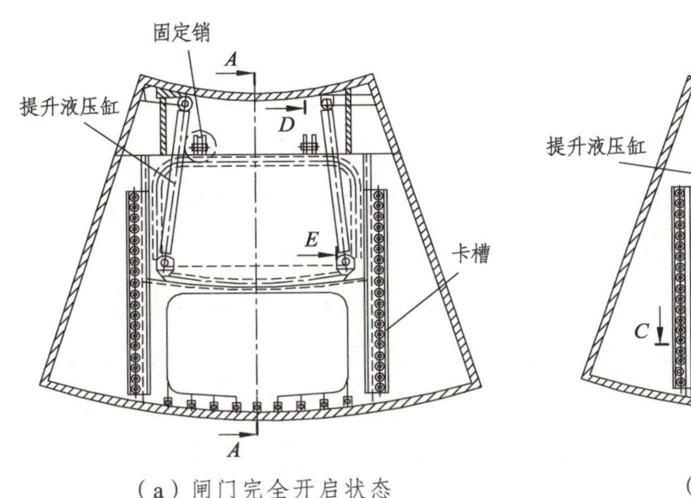

(a) 闸门完全开启状态

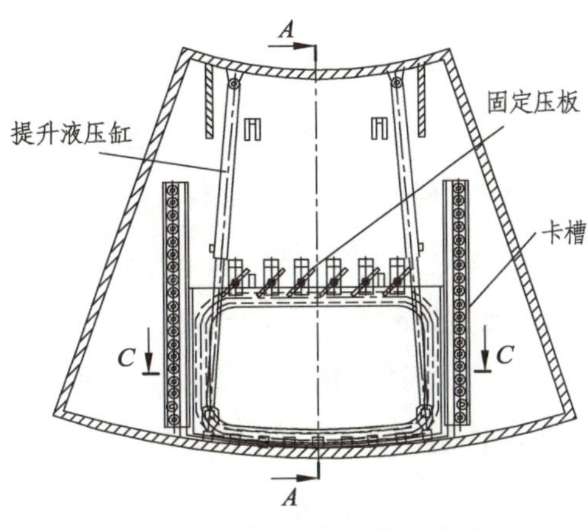

(b) 闸门完全关闭状态

图 7-45 盾构前闸门开启和关闭

考虑到委外高压进舱施工费用极高，且效率低下，结合国内盾构带压动火作业相关研究成果，最后确定由施工方自主完成高压进舱作业。2013 年 3 月 12—18 日，施工方组织了高压进舱、关闭开挖舱与气泡舱之间闸门等一系列工作，使气泡舱内成为常压，为盾构气泡舱内改造作业提供了前提条件。

根据原施工计划，施工方应在国内选择适合该设计要求的泵，但所选泵包括最具代表性的 WPA100K01 泵均不符合施工要求。以 WPA100K01 泵为例，该泵主要存在两个缺点：第一，体积特别大，该泵组长 5 100 mm、宽 1 700 mm、高 1 900 mm，其控制柜长 3 700 mm、宽 1 800 mm、高 2 400 mm，盾构上根本找不到那么大的空间进行安装；第二，泵流量大，压力小，无法满足冲刷压力要求。2013 年 3 月 19 日，施工方重新调整了设计思路，并最终设计了新的冲刷系统。

2013 年 4 月 2 日，施工方完成了刀盘冲刷系统的改造和调试，并成功恢复了盾构掘进。从后期施工效果来看，盾构掘进速度从原 10 h/环提高到 3 h/环，完全达到了预期目标。通过对刀盘、环流出渣系统和泥水舱冲刷系统的改造，实现了黏土的块状切削和整体运输，成功解决了刀盘和环流系统结泥饼、堵塞和泥水难分离等问题。盾构掘进速度由原 10 h/环提升到 3 ~ 4 h/环，实现了全断面黏土地层高效环流及出渣。

（2）开挖面稳定技术。

因盾构施工需要，盾构在掘进过程中数次停机。在停机过程中，共出现了 3 次开挖面失稳塌方事故，其特征为：近似圆桶形竖向塌方，且均发生在停机后第 6d 左右。通过深入分析发现，黏土的膨胀性是发生开挖面失稳的主要原因。一方面，在盾构开挖扰动的作用下，开挖面前方具有裂隙性的膨胀土裂隙扩展，渗透系数增大，加速了泥水入渗；另一方面，由于泥浆入渗，膨胀土因含水率增加而引发一定量的膨胀，强度降低，并向泥水舱内部发生挤入。由于盾构停机时间较长，这种现象持续发展，导致开挖面极限支护压力比增大，开挖面稳定性降低。

开挖面稳定性控制措施如下：

① 控制开挖参数，尽量平稳匀速开挖，减少开挖面扰动，尽量避免开挖面前方膨胀土裂隙开展，减少泥浆入渗通道。

② 减少停机时间，如因特殊情况需要停机检修时，可以采用“多次短停”的方式进行，防止因停机时间过长，开挖面前方土体强度不足而导致坍塌。

③ 适当提高泥水支护压力，防止因开挖面极限支护压力比增加而发生破坏。

④ 停机时适当增加泥浆密度和黏度，选用低渗透性能的泥浆，减少泥浆入渗量。

必须特别注意的是：盾构施工中会遇到一系列不可预见问题或参数异常变化等情况。此时，不应盲目推进，而应停机分析参数变化原因，待问题得到有效解决后方可恢复掘进。盲目掘进可能会带来不可挽回的灾难性后果。本项目施工中曾发现盾构掘进速度变慢、贯入度降低、推力增大等现象，此时若不及时停机解决循环系统不畅的问题，很可能会造成开挖舱内黏土大量堆积、刀盘结泥饼、气泡舱堆积、管道堵死和泵损坏等不可挽回的严重后果。

（3）硬塑黏土地层施工关键技术。

因盾构掘进为全断面黏土地层，该地层具有泥浆渗透时间越长，膨胀变形越大的特点以及泥浆渗透越多，膨胀变形越大的特点；在 1 ~ 2 d 内，随着泥浆的渗透，膨胀变形快速发生；之后，膨胀变形缓慢发生；采用有限差分 FLAC3D 程序，进行热-力耦合计算，研究泥水入渗地层导致土体膨胀变形和强度下降对开挖面稳定性的影响，如图 7-46 和图 7-47 所示。

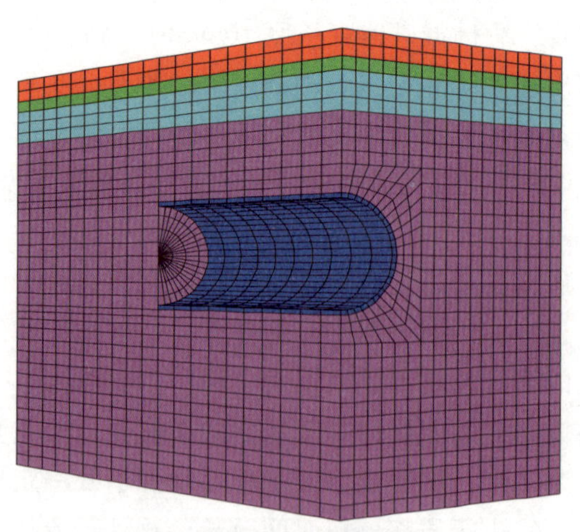

图 7-46 数值模拟模型

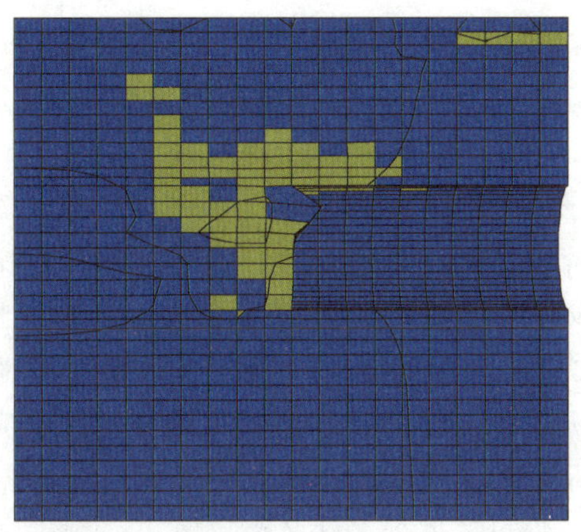

图 7-47　泥水浸润 4 d 支护压力比为 0.6 时塑性区分布

实施效果：通过采取减少单次停机时间，选用高浓度、低渗透性能的泥浆等相应措施，硬塑黏土地层中大直径泥水盾构施工区塑性区范围变小，开挖面变形小，开挖面保持了稳定；根据盾构施工现场统计，每次停机控制在 2 d，地面变形较小，盾构开挖面得到了很好的控制。施工中所采取的技术措施对同类工程具有较高的参考和借鉴价值。

（4）大曲率小半径曲线上精准接收技术。

为满足现场施工要求，盾构由直线运行至圆曲线段时，必须经过缓和曲线以逐步过渡到圆曲线段。其施工技术要点如下：

① 接收施工顺序。在瘦西湖隧道明挖段完成主体结构施工后，进行接收井端头土体加固和接收基座的施工。在盾构接收段施工的同时，开展贯通前控制测量、洞门圈测定及盾构运行轨迹的拟合。盾构步入加固土体，与其同步开展洞门破除施工，并向工作井内接收基座上部堆填黏土。在确保接收措施全部到位后，向接收井内灌水，并在维持内外泥水平衡的前提下，盾构逐步步入接收基座。

② 三轴搅拌加固。盾构接收段土层为硬塑黏土和粉砂，设计洞门前方土体采用 ϕ1 000 mm 三轴搅拌桩进行加固。接收段全断面加固区纵向全长共 17 m，加固深度为盾构底部以下 2.5m，深度在 25.5 ~ 2 6m，加固宽度为 23 m。

③ 贯通前控制测量。在盾构掘进至接收段施工范围内时，对盾构位置和盾构隧道测量控制点进行测量，并提高控制点与接收洞门圈的测量精度，以减小贯通误差；明确实际隧道中心轴线与隧道设计中心轴线的关系，并对盾构接收井洞门进行复核测量，以确定盾构贯通姿态及掘进纠偏计划。

④ 当盾构进入曲线接收段时，应使其低速度、小推力掘进，同时将泥水压力控制在合理范围内，并做到及时饱满地回填注浆，进而严格控制盾构姿态，以使姿态偏差始终保持在一个较小范围内。

⑤ 接收段盾构参数选择。泥水压力按 5 m 地下水位计算，并以实测地下水位进行调整；泥水压力按掘进参数进行控制，偏差幅度在 ± 0.01 MPa 之间；根据地质情况，本

区段为黏土层，为防止盾尾漏浆、隧道上浮及地层失稳，须加强壁后注浆控制，保证同步浆液质量；浆液质量密度为 1.96 g/cm^3，浆液坍落度控制在 18 ~ 22 cm；注浆量一般控制在 25 ~ 30 m^3，同时控制注浆压力，防止击穿浅覆土层。

⑥ 洞门破除。为尽量减少洞门破除对洞门圈范围内的土体影响，确保盾构安全接收，洞门连续墙须分 3 次进行凿除。其中：第 1 次破除外侧混凝土 10 cm，剥除地下连续墙内层钢筋；第 2 次破除混凝土 80 cm，破除完成后将混凝土渣清理干净；第 3 次分两阶段破除一阶段剩余混凝土厚度 20 cm，破除混凝土渣并清理、吊运出基坑。

⑦ 控制测量及拟合盾构掘进轨迹。洞门圈三维坐标测量应尽量减少换站，换站时须进行坐标参数转换，提高测量的质量控制；利用夜间进行控制测量，增加观测测回数，提高观测精度，计算时同时进行大气及距离改正；掘进轴线（DTA）的复核采用换人、换方法的措施多重复核，结合计算机辅助设计（CAD）模拟掘进轨迹，指导盾构实际掘进。

⑧ 洞门加固及密封质量控制。搅拌加固体的强度及厚度应满足盾构进出洞时的安全性要求，并确保与连续墙胶结，以防止涌砂、涌水；洞门钢环的制作、加工和安装，应保证施工精度满足要求；加强盾构接收时姿态控制，以避免盾构姿态不好造成洞门密封的局部失效；盾构接收时，对洞门密封情况进行观察，发现问题及时处理。

优化线路选取策略如下：在盾构运行轨迹拟合过程中，通过加入长 40 m、42.5 m、45 m、47.5 m、50 m 和 55 m 的缓和曲线，与半径 1 500 m、1 400 m、1 350 m、1 300 m、1 250 m 和 1 200 m 的圆曲线进行优化组合。同时，与设计轴线进行反复比较，并考虑洞门圈接收处拟合中线的偏移量和施工误差，加权选取优化线路（曲线参数 $L_s=45$ m，$R=1350$ m），以确保盾构在满足规范要求的前提下安全接收（图 7-48）。

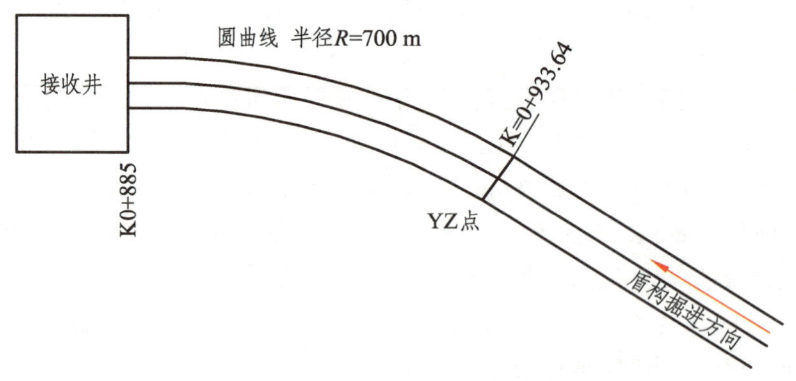

图 7-48 曲线盾构隧道平面示意图

（5）高气压环境焊接技术。

盾构在掘进过程中，往往会出于地层原因、盾构设计原因等出现掘进参数的波动变化，如扭矩增加、推力增大、贯入度降低和推进速度下降等。为了正确分析故障原因，需潜水员高压进舱检查盾构刀具磨损情况、刀盘面板磨损情况、盾构底部堆积情况以及盾构前方地层情况等，甚至需要潜水员高压进舱实施动火作业。精心组织和安全实施高压进舱作业已成为泥水盾构高压区域内故障诊断和改造实施的必要手段。

刀盘作为盾构的核心部件，是决定工程成败的关键。由于工作环境恶劣，在掘进中承受大扭矩、大推力和复杂冲变荷载，刀盘容易发生磨损和破坏，特别是遇到复杂地质条件和不明障碍物时，将严重影响其强度、刚度、耐磨性和整体结构安全，特别严重时，将导致刀盘无法使用，盾构长期停机，甚至使得工程无法继续进行。当刀盘磨损破坏非常严重且需要焊接修复时，地面往往不具备地层加固或者竖井开挖条件，无法实现常压条件下对刀盘的环节修复，也无法有效保证掌子面的稳定，此时就需要考虑带压进舱，在压缩空气条件下带压对盾构刀盘进行焊接修复，同时保证修复期间掌子面稳定和施工安全。

当时国内盾构高压检修工作均通过聘请国外潜水作业人员操作，由于国外潜水公司的垄断，我国尚未掌握 0.4 MPa 以上自主开舱的技术。通过理论培训和高压适应性锻炼，教授焊工在高压环境下作业应注意的事项，学会辨识风险源，并培训其应对措施及规避措施，保证标准、安全作业，如图 7-49 所示，整理总结了培训过程的知识与经验，形成了《带压作业健康与安全管理方案》。

图 7-49　舱内加压环境下焊接技术

实施效果：针对国内 0.4 MPa 以上压缩空气环境条件下自主实施作业尚属空白的现状，施工单位对大直径盾构设备压气作业环境参数、焊接工艺、职业健康管理等进行了分析，通过对扬州瘦西湖隧道盾构实施泥水舱与气泡舱内凝结泥饼或泥团的清除、焊接固定碎石机、碳弧气刨切割格栅、焊接喷射管等一系列压气动火检修作业，首次自主完成了在 0.42 MPa 较高环境压力下冲刷系统改造的动火焊接任务。

（6）高精度管片预制技术。

瘦西湖隧道由于是大直径盾构隧道，管片制作具有精度要求高、混凝土强度高、抗渗要求高、频繁吊装安全风险大等特点，在制作过程中容易出现成型尺寸超限差、管片裂纹等问题，确定采用高精度管模制造技术进行专门定制，通过引进 VMT 三维精确测量技术精细校模，施工过程中每个模型合模后采用内径千分尺精心量测，施工前对混凝土进行多次试配、论证，确定最佳配合比，生产过程中混凝土振捣密实，注重收面及养护，通过制定蒸养、水养及自然养等专项养护流程，减少温差及控制干缩裂纹，制订专门的吊装方案，确保管片预制的高精度，如图 7-50 所示。

图 7-50 模具检测及管片出模

实施效果：该技术在扬州瘦西湖隧道管片预制中的应用，解决了管片精度、成型管片裂纹、高强度、高抗渗、耐久性等诸多难题，取得了创造性研究成果，达到了国内领先水平。实践证明，该技术成熟可靠，可以确保工程安全质量，加快生产进度，创造良好的经济效益；瘦西湖隧道盾构管片成型质量高，节约了施工工期，有力地保障了扬州市瘦西湖隧道工程盾构段内部结构施工及后续内部装修及机电设备安装的工作安排，具有显著的社会效益。随着盾构技术在我国的大规模推广应用，超大直径隧道越来越多，因此该项大直径盾构隧道高精度管片预制工法对于类似工程施工提供了理论和技术参考，具有重要的实用性和推广价值，应用前景广泛。

7.6 汕头海湾隧道

1. 工程概况

汕头市重要过海通道，位于已建的海湾大桥和礐石大桥之间（图 7-51），线路全长 6.68 km，分东线和西线两条隧道，东西线间距为 23.3 ~ 9.7 m。东线采用德国海瑞克盾构，西线采用国内首台具有自主知识产权的 15.03 m 超大直径泥水盾构，东西线盾构隧道长均为 3 047.5 m。隧道从围堰始发井始发，全线基本在海面下掘进。盾构隧道内径为 13.3 m，外径为 14.5 m，环宽 2 m、厚 0.6 m，采用双面楔形环，楔形量为 48 mm，采用“7+2+1”分块模式，错缝拼装。

盾构段隧道穿越地层为填筑土、淤泥、淤泥质土、淤泥混砂、粉细砂、粉质黏土、中砂、粗砂、砾砂、砾质黏性土、微弱中全风化花岗岩等，不良地质有砂土液化、软土震陷、花岗岩球状风化体（孤石）、基岩突起、有害气体等。盾构穿越的主航道下有 3 处基岩突起段，补勘结果表明，基岩突起段 $RQD = 55\% \sim 78\%$，层顶高程为 $-34.72 \sim$

–27.46 m，层底未揭穿，揭露厚度为 1.10 ~ 9.00 m，饱和单轴抗压强度为 41.7 ~ 214 MPa，抗拉强度为 2.02 ~ 9.35 MPa，工程线位所处的地质情况比较复杂。

图 7-51 汕头海湾隧道工程位置示意图

2. 工程重难点

汕头海湾隧道是国内首条地处 8 度地震烈度区、采用超大直径盾构穿越复杂地层的海底隧道，对隧道结构的抗震性提出了很高要求。工程重难点如下：

（1）超大直径盾构刀盘刀具地质适应性设计。由于汕头海湾隧道开挖地层中存在三段基岩突起段，需要采用盘形滚刀进行破岩，并且该段地层将会对盾构刀具的寿命带来不利的影响，需要研究滚刀常压换刀装置，以提高刀具更换效率和安全性。为了提高滚刀的破岩效率，需要结合常压换刀装置研究滚刀刀间距的设置及刀具布置，在换刀装置结构紧凑性、滚刀破岩能力及刀间距之间寻求平衡，保证盾构能顺利通过基岩突起段。

（2）超大直径盾构隧道海底孤石探测与处理技术。根据工程地质勘察，汕头海湾隧道始发段存在大小不一、形状各异的花岗岩球状风化体（孤石）。由于目前无法准确探明花岗岩球状风化体的大小与位置，导致盾构始发与掘进存在较大的不确定性，增加了施工风险。

（3）海底浅覆土地层掘进稳定性控制技术。海湾隧道盾构始发端头位于淤泥层中，隧道埋深约 8 m；到达端头位于淤泥和砂层中，隧道埋深为 12 m，均小于 1 倍洞径；主航道浅埋段埋深为 12.8 m，不足 1 倍洞径。盾构在中粗砂及软弱的淤泥层掘进过程中可能产生海底冒浆，甚至海水倒灌、隧道涌水涌砂、冒顶等事故，面临浅覆土施工地层稳定性控制难题。

（4）超大直径盾构基岩突起地层施工技术。海湾隧道海域段主航道下方存在 3 段花岗岩基岩突起地层，侵入隧道最高 6.6 m，最大抗压强度达到 214 MPa，不仅给盾构的适应性设计提出了更高的要求，同时也给基岩段超大直径泥水盾构施工方案的制订、掘进参数及盾构姿态的控制带来了巨大挑战。

3. 突破的关键技术

该工程重点突破了以下关键技术：

（1）盾构刀盘刀具适应性设计技术。

汕头海湾隧道盾构刀盘设计为具有常压换刀功能的辐条箱体式刀盘，开挖直径为 15.03 m，厚度约为 2 m，开口率为 28%，采用 6 根主梁和 6 根副梁的结构形式。其中：6 根主梁为箱体式，便于在主梁上安装滚刀、切刀常压换刀装置，并给作业人员留出常压换刀作业的空间；6 根副梁为条状钢结构，上面安装固定式切刀和边刮刀。为了应对含孤石地层及软硬不均地层，刀盘上安装滚刀共计 78 把，均为常压更换滚刀。利用刀具互换功能可将滚刀更换为撕裂刀，以适应粉质黏土、淤泥质软土地层及孤石地层、软硬不均地层对刀具的不同需求。刀盘上布置常压更换切刀 48 把，带压更换切刀 194 把，带压更换边刮刀 36 把。

（2）刀盘刀具磨损状态监测技术。

海湾隧道盾构设计安装油压式磨损检测装置，通过对测点内腔油压的测量，判断刀盘刀具是否达到设定的磨损上限。设定的测点位置一旦达到磨损上限，预留的内腔结构被磨穿，内腔压力将无法保持，压力传感器检测到压力的变化，由此判断刀盘刀具的磨损状态。刀盘正面板布置 6 道磨损检测，背面板布置 3 道磨损检测，如图 7-52 所示。

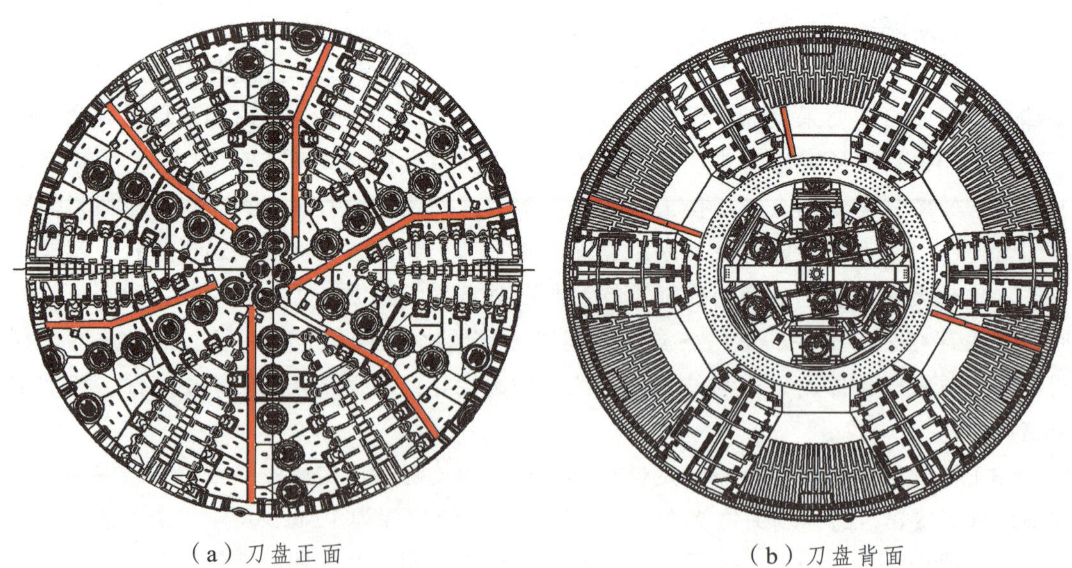

（a）刀盘正面　　　　（b）刀盘背面

图 7-52　刀盘面板油压式磨损检测装置布置

刀盘面板上布置有油压式磨损检测装置（图 7-53）。相对刀盘面板设置 3 组不同的高度，分别为超出面板 101 mm、64 mm、26 mm，依靠逐级布置的油压式磨损检测装置，实现对刀盘面板磨损分层次的预警。

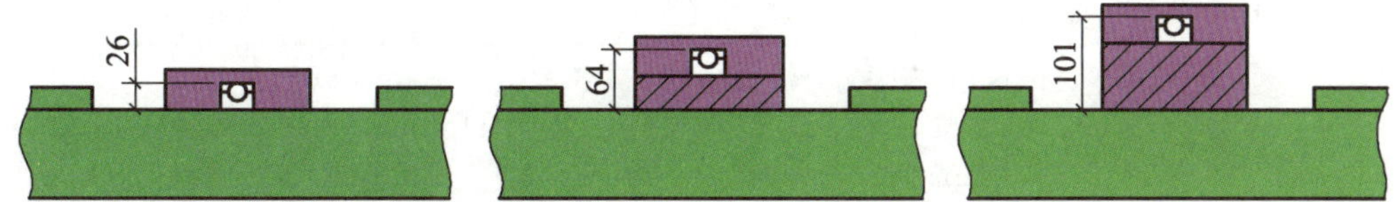

图 7-53　刀盘面板上的油压式磨损检测布置（单位：mm）

刀盘上在 12 把双轴双刃 17 in[①]中心滚刀上设置 6 个检测点，54 把 19 in 双轴双刃正滚刀上设置 27 个检测点，10 把 19 in 双轴双刃边滚刀上设置 5 个检测点，另有 2 把 19 in 单刃边滚刀设置 2 个检测点，一共在滚刀上设置 40 套磨损检测装置。此外，还创新设计了滚刀磨损、温度、旋转状态监测装置。

（3）孤石探测与处理技术。

① 盾构始发端概况。

汕头海湾隧道盾构始发端是由围堰填筑而成的，根据盾构隧道上覆水土环境、隧道范围内地质情况将区间划分为陆域段和海域段，其中陆域段分为始发加固区（宽 18 m）、回填区（宽 67 m）、围堰段（宽 30 m）和抛石区（宽 56 m），盾构组装调试完毕后将依次穿过上述段落进入海域段，如图 7-54 所示。

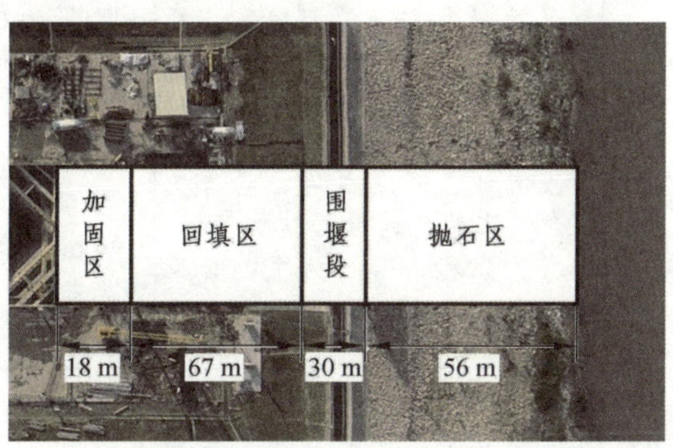

图 7-54　海湾隧道盾构始发端

始发端加固范围纵向长度为 18 m，加固上部标高为 + 1.5 m（地面标高 + 2.9 m）。加固下部为隧道底往下 5 m（ – 28.244 m），两侧加固至盾构隧道管片外边缘 5.5 m。加固方式：外围三面为厚 0.8 m 的 C25 混凝土素墙和地连墙组成的合围区，合围区采用 ϕ850 mm@600 mm 三轴搅拌加固。始发端洞门外围设计为 1 m 厚的 C25 素墙，地连墙和素墙施作 3 排 ϕ1200 mm@800 mm 三重管高压旋喷止水桩。始发端段隧道盾构段顶部地层以②-1 淤泥、②-4 粉细沙为主；洞身掘进段以②-1 淤泥、②-2 淤泥质土、③-1 粉质黏土、②-5 中粗砂、⑥2-1 全风化花岗岩为主；隧道底部地层以⑥2-1 全风化花岗岩、⑥-3 中风化花岗岩为主。加固区地层分布见表 7-8。

① 1 in = 25.4 mm，鉴于盾构行业刀具直径均使用英寸，本书一仍其旧，不作换算。

表 7-8 加固区地层分布

序号	岩土名称及代号	土层描述	各项参数指标统计
1	淤泥（Q_4^m）②1	黄灰色、灰～深灰～灰黑色，流塑，多夹薄层粉细砂，富含腐殖质，具腐臭味，局部富集贝壳碎片	层厚 0.80～24.3 m，平均层厚 11.7 m，标贯标准值 1.16 击，原状土无侧限抗压强度 18 kPa，灵敏度 St5.6，渗透系数 0.02 m/d
2	淤泥质土（Q_4^m）②2	灰～深灰色，流塑，含少量贝壳碎片及腐殖质，常夹薄层粉细砂或与粉细砂互层	层厚 1.0～19.7 m，平均层厚 7.82 m，标贯标准值 4.12 击，原状土无侧限抗压强度 24.9 kPa，灵敏度 St5.3，渗透系数 0.02 m/d
3	粉细砂（Q_4^m）②4	浅灰色，饱和，松散～稍密，级配不良，局部富集贝壳碎片，夹淤泥层或淤泥透镜体	层厚 0.7～7.7 m，平均层厚 2.8 m，标贯标准值 8.4 击，渗透系数 5 m/d
4	粉质黏土（Q_4^{mc}）③1	灰黄色、褐黄色、灰白色、砖红色、青灰色，可塑为主，局部呈软塑、硬塑状，以黏粒、粉粒为主	层厚 0.5～8.6 m，平均层厚 2.92 m，标贯标准值 9.5 击，渗透系数 0.02 m/d
5	中粗砂（Q_4^m）②5	灰黄色、灰白色，饱和，松散～稍密为主，局部中密，级配不良，含黏土或夹软塑状粉质黏土层	层厚 0.6～9.1 m，平均层厚 3.4m，标贯标准值 17.7 击
6	全风化花岗岩⑥1	浅肉红色间灰白色，局部黄褐色、浅紫色，母岩结构可辨，密实，以粗、砾砂为主，含少量角砾及粉粒，部分呈土柱状	层厚 0.3～10.0 m，平均层厚 3.96 m，标贯标准值 38.7 击，渗透系数 0.1 m/d
7	强风化花岗岩⑥2-1	浅肉红色间灰白色，母岩结构清晰，岩芯呈砂土状，手捻易散，浸水崩解软化	层厚 0.6～22.2 m，平均层厚 3.92 m，标贯标准值 62.9 击，渗透系数 0.1 m/d
8	中风化花岗岩⑥3	浅肉红色间灰白色、灰色，细粒、中粗粒花岗结构，块状构造，裂隙较发育，裂隙面多见铁锰质浸染且风化较强烈，岩芯以短～长柱状为主，部分呈碎块状，岩石坚硬	层厚 0.8～8.4 m，平均层厚 3.22 m，饱和抗压强度 142 MPa

② 始发端加固区孤石探测。

始发端隧道范围内按照 3 m×3 m 布置，局部地段根据前期补勘揭露的孤石、基岩突起情况，按照 1.5 m×1.5 m 加密布置，共布置 73 个孔；根据钻孔揭露的孤石情况，进一步加密钻孔间距，以探明孤石边界形状，孔深 27 m，终孔位置距隧道底部 1 m，最终探明始发端加固区孤石分布如图 7-55 所示。根据钻孔揭露的孤石情况，将始发端的孤石确定为 7 块孤石及 1 处基岩突起（7 号区域），其中东线 3 块孤石，西线 4 块孤石和 1 处基岩突起。对补勘岩石做抗压强度试验，岩石强度最大值在 4 号孤石区，单轴抗压强度最大为 110 MPa。

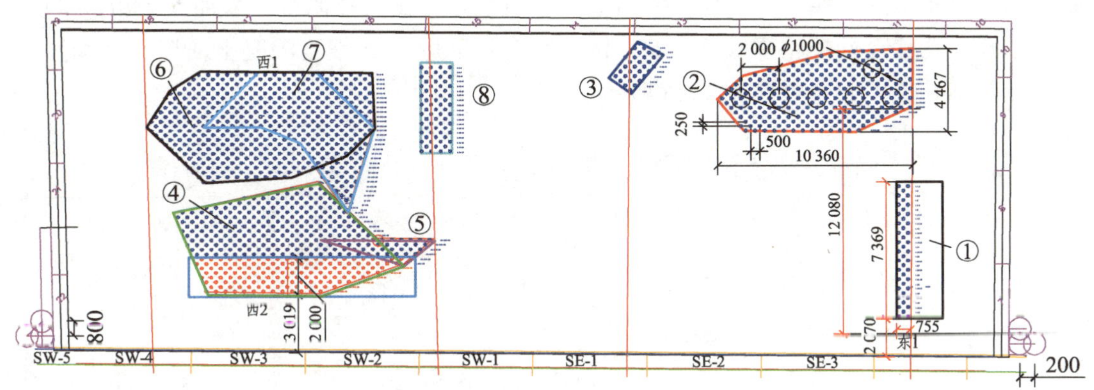

图 7-55 始发端加固区孤石分布平面图（单位：mm）

③ 始发端加固区的孤石处理方法。

端加固区采用注浆加固，盾构直接穿越该区域存在以下风险：一是难以验证地层加固后孤石的固结效果，确保盾构在掘进时正常破碎这些孤石；二是即使孤石被有效固结，但孤石与周围地层力学性能差异性极大，形成软硬不均的状态，容易造成刀盘上的刀具异常损坏，如滚刀刀圈崩刃、断裂，刮刀掉落等；三是加固区覆土较浅，埋深小于 1 倍洞径，难以形成稳定的带压进舱环境，刀盘中心区域同时存在多个孤石，人工带压进舱处理风险大。鉴于以上原因，盾构掘进前需先采用爆破或机械处理等措施处理始发端加固区的孤石。

由于始发端孤石处于加固体内部、距离主体结构及外包素墙近，处理始发端加固区内孤石时必须充分考虑到该过程对加固体、始发井主体结构及外包素墙结构的影响。现场初步拟定了三种孤石处理方案：牙轮钻取出、潜孔钻破碎和爆破。

牙轮钻取出、潜孔钻破碎方案对于加固体、始发井主体结构及外包素墙无不利影响。爆破方案采取隔离钻孔减震措施、微差爆破等措施，由于始发端加固区为三面厚 800 mm 素混凝土连续墙与始发井围护结构组成的封闭体，爆破后的能量除在减震孔处损失外，全部作用在加固土体及始发区内，目前相关规范中未明确爆破对加固土体的影响，无法定性爆破对加固土体的影响，对后续破除洞门及盾构始发造成安全隐患。此外，西线孤石距离始发井主体墙仅 2.5 m、东线 2 号孤石距离外侧素混凝土墙不足 1 m，爆破作业可能造成墙体开裂。为确保施工安全，现场最终采用牙轮钻取出、潜孔钻破碎的机械处理方案。

根据孤石范围、大小采用密布钻孔破碎孤石的方式处理。密布孔采用ϕ150 mm 潜孔钻机钻孔，钻孔深度至开挖轮廓线下 1 m，钻孔深度为 23 ~ 27 m，孔间距为 250 mm × 250 mm，呈梅花形布置。密钻孔后岩石碎块粒径小于 300 mm。为了确保盾构掘进过程中掌子面地层及泥水舱压力的稳定，每个孔需采用水泥砂浆回填。密布钻孔破碎处理施工步骤如下：测量放线→潜孔钻机定位→钻孔至设计标高→验孔→钻机移位→水泥砂浆回填。为加强孤石破碎处理效果，根据 2 号孤石尺寸，在 2 号孤石上增加 5 个 ϕ1 m 的牙轮钻钻孔，孔深至开挖轮廓线下 1 m，钻孔完毕后采用 C15 细石混凝土回填。东线潜孔钻和牙轮钻孔位平面布置如图 7-56 所示。

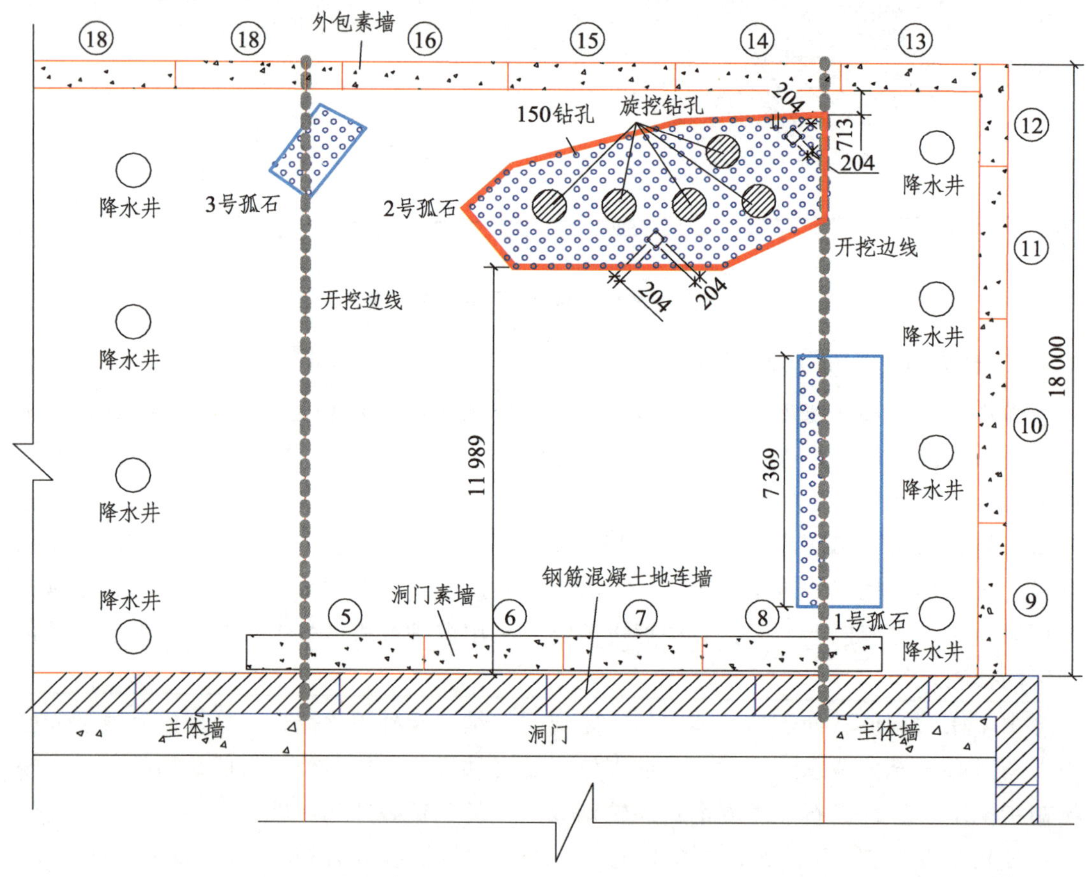

图 7-56　东线加固区孤石潜孔钻+旋挖钻布孔（单位：mm）

④ 始发端回填区孤石探测方法。

根据前期地质纵断面图采用物探 CT 探测回填区的孤石，利用钻孔验证。按隧道中心线方向横纵 3 m × 3 m（从南往北 30 m）和 5 m × 5 m（从南往北 60 m）进行初步验证，终孔位置距隧道底板 1 m。孔位布置如图 7-57 所示。钻进过程中对发现基岩的钻孔周围行加密钻孔，以锁定孤石分部区域、探明孤石边界为准，加密布孔原则为从发现孤石钻孔位置向四周（前后左右 1 m × 1 m）布置。

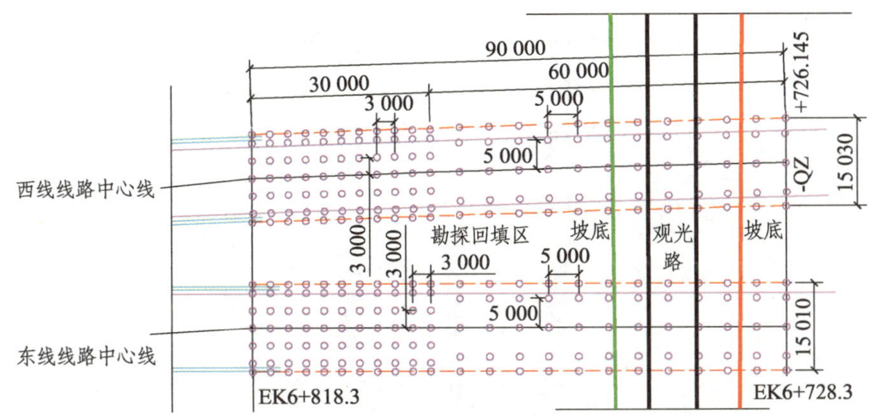

图 7-57　回填区钻孔平面图（单位：mm）

⑤ 始发端回填区孤石处理方法。

回填区的孤石预处理措施为爆破+注浆加固。该区域需要爆破处理的孤石、基岩位于地表以下 13 ~ 28 m 之间，采用地质钻机进行钻孔，钻孔直径为 89 mm，采用垂直钻孔方式，钻孔过程中采用泥浆护孔，必要时下钢套管。成孔后下 75 mm 的 PVC 套管护孔，套管底部需安装堵头，PVC 管上部需遮盖，防止杂物进去。为确保岩渣粒径符合盾构出渣的要求，爆破后的岩石块粒径小于 30 cm。爆破孔装药直径为 ϕ60 mm，每 4 m 一节，采用雷管引爆，每孔装药深度 3 m 以下采用 2 发雷管引爆、3 ~ 6 m 采用 4 发雷管引爆、超过 6 m 采用 5 发雷管引爆，爆破参数见表 7-9。

表 7-9　爆破参数

孔距 a/m	排距 b/m	单耗/（kg/m^3）	装药量 Q/kg	装药形式
1.0	1.0	2.87	0 ~ 14.35	连续

爆破孔采用梅花形或矩形布孔形式，单孔单体爆破时（装药孔设置在重心处），装药长度与岩石厚度相同。多孔单体爆破时，相邻两个炮孔其中一个钻至孤石底面，装药至炮孔底部，孤石顶面留深 100 mm 段不装药，其邻孔孔底距离孤石底面 100 mm，装药至炮孔底部，孤石顶面留深 100 mm 段不装药，炮孔间排距均为 0.8 ~ 1.2 m，如图 7-58、图 7-59。为了便于施工，提高破碎效果，先爆破前排孔，然后利用前排孔爆破挤压周围土层产生的冲击力，再对后排孔进行逐个起爆。

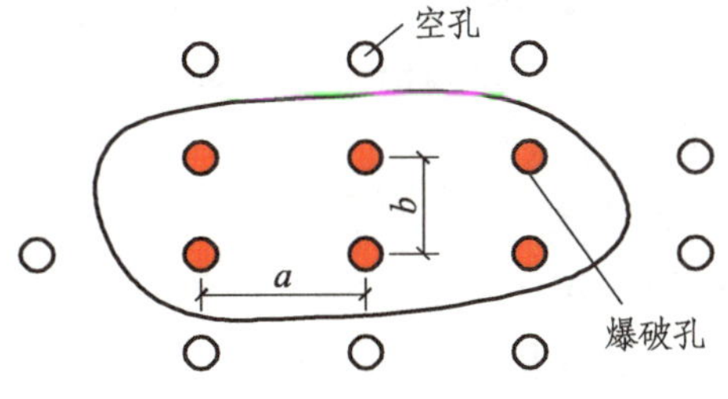

图 7-58　孤石装药平面示意图

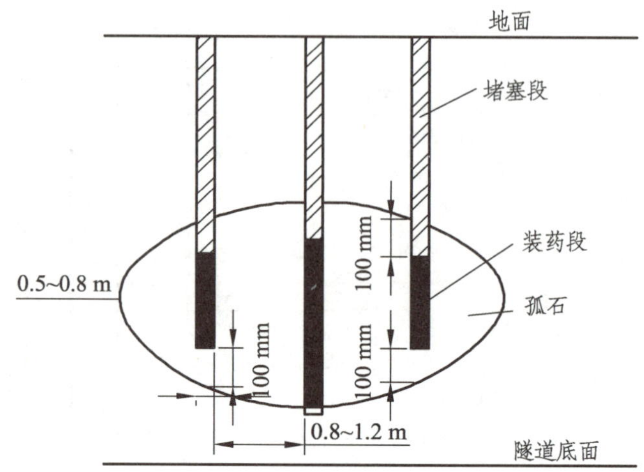

图 7-59　厚度 2.0 m 以下孤石爆破装药结构

药包就位和防护：药包加工到位后，在 PVC 管上部钻两孔，用铁丝绑定，上系绳索，开始下药包，将整个药包悬吊在准确位置上，误差控制在 + 10 cm 之内。药包就位后，用铁丝把绳索固定在套管壁上，使其不再自由移动。药包固定就位后，套管内外均用碎石或沙土堵塞密实，防止套管突起和浆液喷出。经取芯验证，爆破后孤石粒径为 2 ~ 18 cm，满足爆破预想粒径小于 30 cm，爆破效果良好，孤石爆破前后芯样如图 7-60 所示。

（a）爆破前孤石芯样

（b）爆破后孤石芯样

图 7-60　孤石爆破前后芯样

爆破处理完成后，原状地层被破坏，受爆破影响，地层中将产生大量的缝隙、碎屑，为了确保盾构通过此段时不发生冒浆、坍塌，利用袖阀管注浆对爆破区域进行加固处理，如图 7-61 所示。采用单液浆注浆，双液浆封孔。具体方式为：爆破孔位下单液注浆镀锌管，孔口往下 1 m 范围内采用双液浆进行孔口封闭后注浆。注浆开始后直至周边孔口及注浆孔位返出纯水泥浆后，对返浆孔口往下 1 m 采用双液浆进行封堵。注浆范围为隧道横断面方向沿隧道边缘各外放 1 m，隧道纵断面方向沿爆破孤石（基岩突起）空孔外放 2 m，注浆加固深度按照爆破钻孔深度设计。

单孔单段注浆满足以下条件之一即可结束注浆：浆液达到预定注入量，可以结束本段注浆；浆液注入量未能达到预定注入量，但注浆压力超出规定值，可稳压 10 ~ 15 min 后结束本段注浆；未达到预定注入量，但出现串浆，停止本段注浆；在规定的注浆压力下，如果吸浆量不大于 0.5 L/min，持续注浆 10 ~ 30 min，或吸浆量不大于 1 L/min，持续注浆 20 ~ 50 min。当各单孔单段达到注浆结束标准或单孔注浆达到注浆结束标准占全部注浆孔的 90% 时，即可结束群孔注浆。

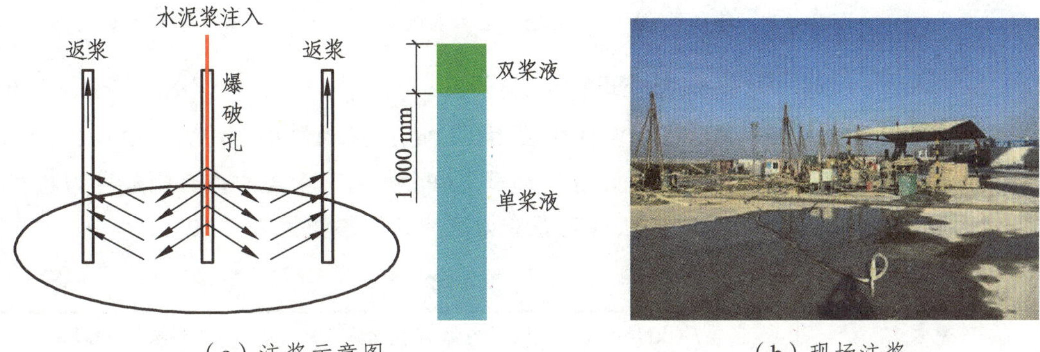

（a）注浆示意图　　（b）现场注浆

图 7-61　爆破孔注浆（单位：mm）

（4）基岩突起地层泥水压力控制技术。

海湾隧道东线基岩突起段如图 7-62 所示，该段中 ~ 微风化岩层侵入隧道结构范围内，顶部为粉质黏土、淤泥混砂、中粗砂、淤泥、淤泥质土，呈现上软下硬的复杂地层。按照图示方向，盾构由右向左依次掘进通过 3 段基岩突起段。在泥水盾构施工过程中，劈裂往往发生于黏性土、淤泥质土等不透水地层，而对于砂性土，由于泥浆渗入地层中，一般不易发生泥水劈裂现象。基岩突起段顶部覆土厚度为 13.1 ~ 15.2 m，已不足 1 倍洞径，部分段落覆土为易发生劈裂的淤泥质土，如何确保泥水压力保持在合适的范围内是海湾隧道施工面临的关键难题。

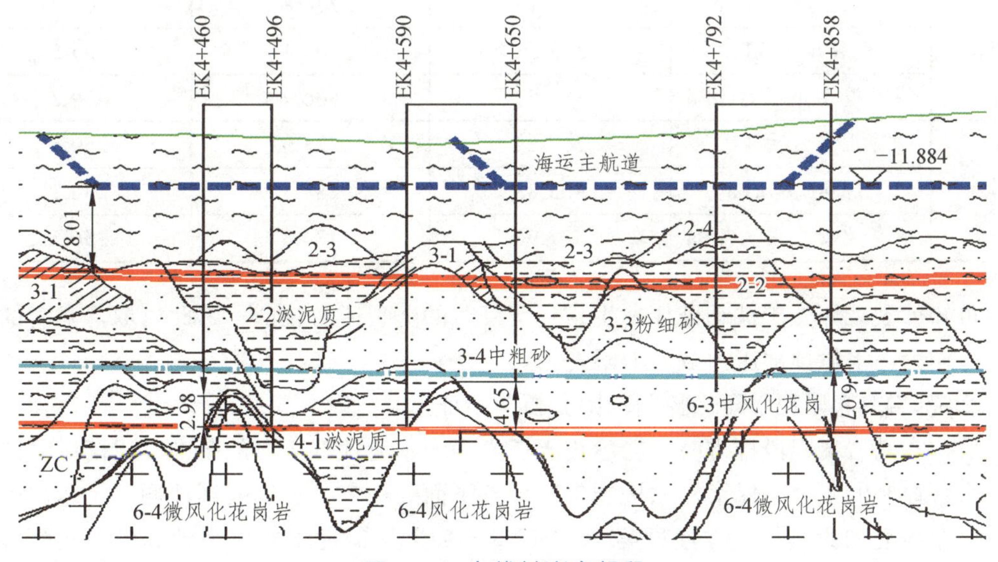

图 7-62　东线基岩突起段

① 基岩突起段地层劈裂压力分析计算。

假定劈裂破坏为剪切破坏。地层劈裂抗力由土体应力和材料破坏抗力组成，假定土体破坏满足莫尔-库仑（Mohr-Coulomb）定律，地层劈裂抗力如式（7-1）所示。

$$P_{\mathrm{f}} = \sigma_3 \cdot (1+\sin\varphi) + c \cdot \cos\varphi \tag{7-1}$$

$$\sigma_3 = (\gamma Z + q) \cdot (1-\sin\varphi) \tag{7-2}$$

式中：φ 为土体内摩擦角（°）；c 为土体黏聚力（kPa）；σ_3 为最小主应力（kPa）；γ 为土体容重（kN/m^3）；Z 为覆土厚度（m）；q 为超载（kPa）。若有上覆水体，则换算为超载。这种使用总应力指标进行计算的方法称为总应力法，地层参数见表 7-10。

表 7-10　地层参数

地层	容重/（kN/m^3）	内摩擦角 φ/（°）	黏聚力 c/kPa
淤泥	15.40	3.20	9.00
淤泥质土	16.70	5.00	13.40
淤泥混砂	18.10	8.00	12.50
粉质黏土	19.00	12.00	19.00

分别计算 3 段基岩突起段的静止土压力、劈裂压力和朗肯被动土压力，结果汇总见表 7-11。

表 7-11　计算结果

工况	参数	第 1 段（1010 环）	第 2 段（1113 环）	第 3 段（1186 环）
涨潮	静止土压力/kPa	285.13	238.8	268.7
	劈裂压力/kPa	323.33	307.1	305.5
	朗肯被动土压力/kPa	384.57	506.7	379.8
落潮	静止土压力/kPa	267.24	223.3	250.8
	劈裂压力/kPa	303.88	288.3	286.1
	朗肯被动土压力/kPa	377.90	476.8	356.5

可知劈裂破坏先于被动破坏发生，且落潮时的劈裂压力较低，因此可取落潮时的劈裂压力作为泥水舱顶部压力取值上限。

② 基岩突起段泥水压力控制范围分析与验证。

盾构在基岩突起段掘进时，以静止土压力为泥水舱顶部压力的基准，以落潮时的劈裂压力为控制上限，确保了极软极硬工况下掌子面的稳定，平稳顺利地通过了基岩突起段。以东线盾构为例，其在通过第 1、2 段基岩突起段时泥水舱压力计算值与实际值如图 7-63 所示。从图中可以看出：在第 1 段基岩，静止土压力约为 256 ~ 274 kPa，劈裂压力约为 302 ~ 311 kPa，盾构在掘进过程中泥水压力比较稳定，平均值约为 236 kPa，比静止土压力小 22 ~ 36 kPa。在第 2 段基岩，受盾构上覆土变化的影响，静止土压力和劈裂压力波动范围较大。其中：在 1103、1104 环，1119 ~ 1129 环，由于上覆土变为中粗砂，这两段计算的静止土压力和劈裂压力相较其他邻近区域大幅降低；在 1095 ~ 1102 环，静止土压力为 254 ~ 257 kPa，劈裂压力为 290 ~ 29 3kPa；在 1103、1104 环，静止土压力约为 140 kPa，劈裂压力约为 211 kPa；而在 1105 ~ 1118 环，静止土压力约为 222 ~ 224 kPa，劈裂压力约为 287 ~ 289 kPa；在 1119 ~ 1129 环，静止土压力约为 139 ~ 141 kPa，劈裂压力约为 208 ~ 212kPa。

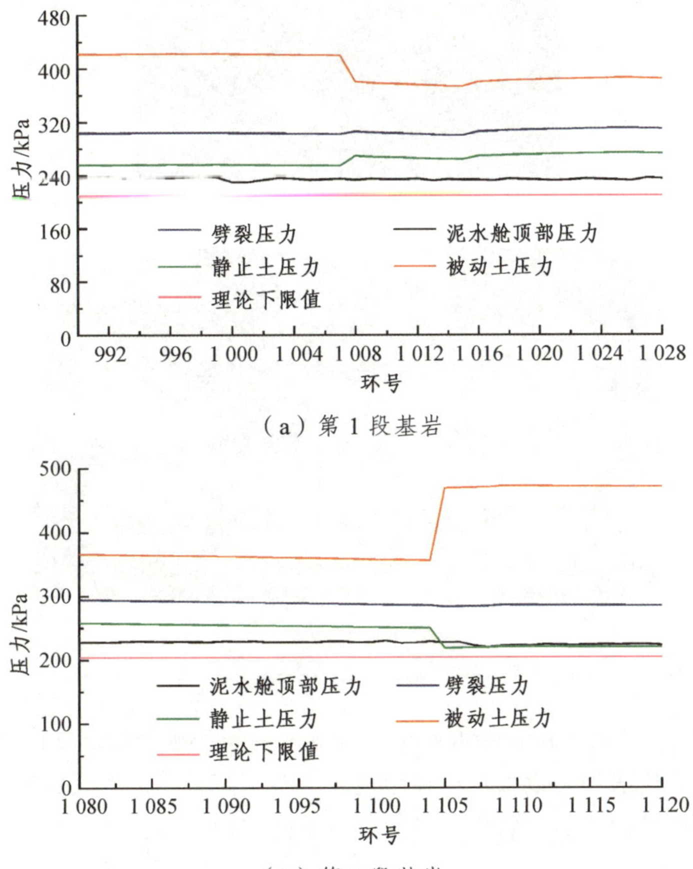

（a）第 1 段基岩

（b）第 2 段基岩

图 7-63　盾构在基岩突起地层掘进时的泥水舱顶部压力

（5）基岩突起地层掘进参数控制技术。

基岩突起段为主要是微风化花岗岩，局部强度较大，最大抗压强度约 214 MPa，侵入隧道最大高度 6.6 m，盾构刀盘正面区域将作用在这段硬岩上，刀盘正面区域刀间距以 100 mm 为主，部分滚刀刀间距为 90 mm 和 120 mm。在此刀间距下，如何选取合适的掘进参数（总推力、刀盘转速、掘进速度）既满足盾构正常掘进通过这段高强度岩石，又能避免滚刀过载是工程的重难点。

① 基岩突起地层掘进参数选取实验。

不同刀间距下滚刀破岩效果：利用现场采集的花岗岩与水泥砂浆按照 1∶1 的比例制作 ϕ1 000 mm 岩样模拟现场基岩突起地层，如图 7-64 所示。

（a）现场花岗岩

（b）制作的软硬不均地层

图 7-64 实验岩样及上软下硬地层模拟实物

滚刀刀间距分别为 90 mm、100 mm、120 mm 时岩石破碎情况如图 7-65 所示。观察实验前后岩样破碎区表面可以发现，在上述刀间距下滚刀均能有效破岩，岩样表面无岩脊。在每种刀间距情况下，尽管掘进参数有所不同，但是滚刀轨迹之间的岩石均能破碎且破碎区贯通。

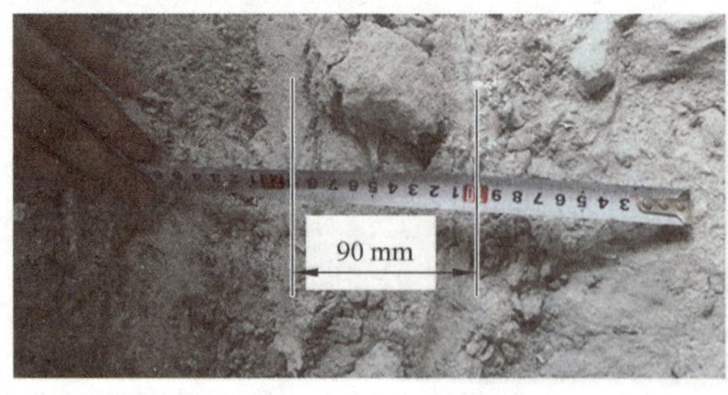

（a）刀间距为 90 mm

（b）刀间距为 100 mm

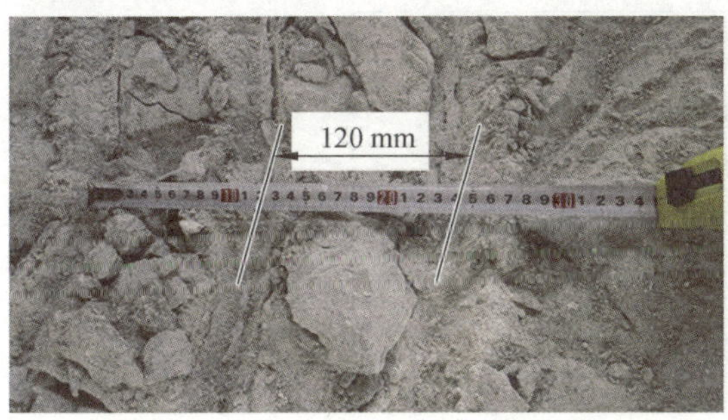

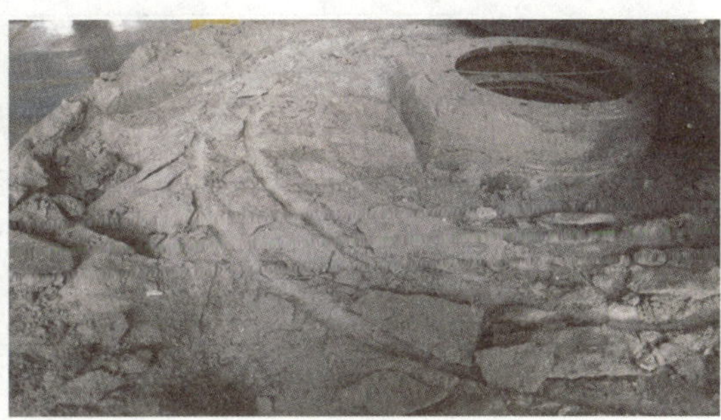

（c）刀间距为 120 mm

图 7-65　不同间距滚刀破岩效果

不同类型滚刀破岩实验效果：采用平刃和镶齿两种类型的 19in（直径约 483mm）双轴双刃盘形滚刀开展实验，如图 7-66 所示，对比分析两种类型滚刀的破岩效果，每次实验时安装 2 把同类型的滚刀。

（a）平刃盘形滚刀

（b）镶齿盘形滚刀

图 7-66　实验所用的两种类型盘形滚刀实物

采用力控制方式，将荷载目标值设置为 600 kN（单把刀约 300 kN），岩箱转速为 1 r/min，刀间距为 100 mm，获得两种类型滚刀破岩时对应的掘进距离随时间的变化情况如图 7-67 所示。平刃盘形滚刀掘进速度约为 3.99 mm/min，镶齿盘形滚刀掘进速度约为 2.34 mm/min。由此得出在相同荷载作用下，镶齿盘形滚刀的掘进速度逐渐小于平刃盘形滚刀。统计不同粒径下的岩渣分布情况如图 7-68 所示，由图可得出，在相同条件下两种类型盘形滚刀破碎的岩渣中，平刃滚刀破碎的大块岩渣（粒径在 40～80 mm 之间）比例高于镶齿滚刀，而小颗粒及粉末状（粒径小于 10 mm）所占比例低于镶齿滚刀，从高效破岩的角度来看，平刃滚刀破岩效率高于镶齿盘形滚刀。

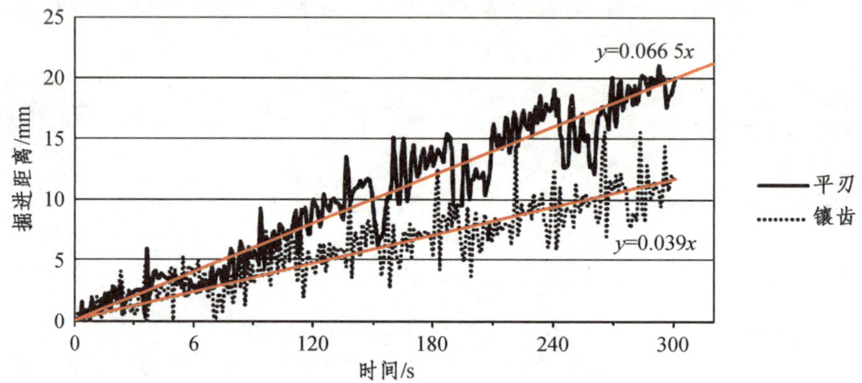

图 7-67 两种类型盘形滚刀破岩时掘进距离时间变化曲线

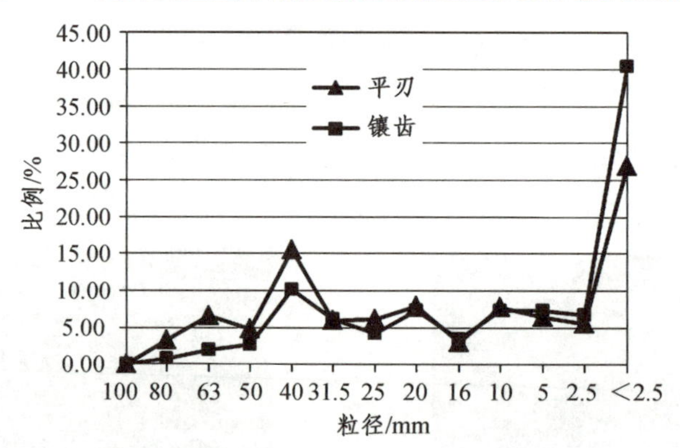

图 7-68 两种类型滚刀破碎的岩渣粒径分布

不同荷载下滚刀破岩实验效果：平刃滚刀破岩效果好于镶齿滚刀，故在开展不同荷载下的破岩实验时采用平刃滚刀。将刀间距分别设置为 100 mm 和 110 mm，每种刀间距下分别设置总推力为 300 kN（单刀约 150 kN）、400 kN、500 kN 和 600 kN，获得的掘进距离随时间变化曲线如图 7-69 所示。

图 7-69 表明两种刀间距条件下总推力与掘进速度之间的变化趋势基本一致，当总推力为 300 kN 时，掘进速度约为 1 mm/min，当总推力为 600 kN 时，掘进速度在 3.5～4 mm/min，随着总推力增加，掘进速度逐渐增加，但是这种增加趋势是非线性的，总推力从 300kN 增加到 400 kN 以及从 400 kN 增加到 500 kN 时，掘进速度增幅均大于总推力从 500 kN 增加到 600 kN。

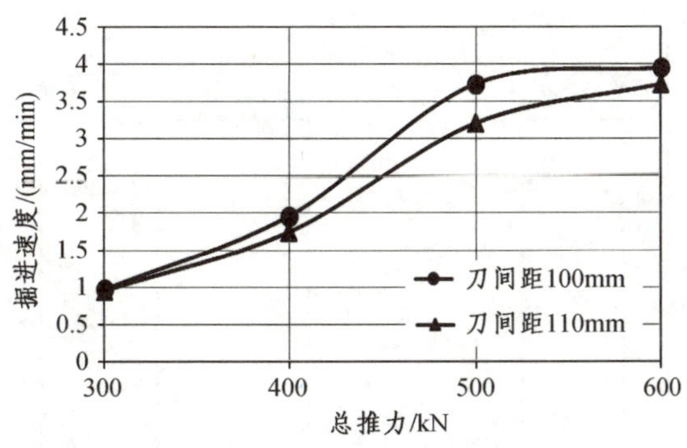

图 7-69　推力与速度关系曲线

通过上述实验，可得到如下结论：19 in 盘形滚刀在刀间距 100 mm 时可顺利破岩，相邻刀间距之间不会形成“岩脊”；以不超过 19 in 盘形滚刀最大工作荷载的 80% 为滚刀荷载上限（252 kN＝315kN × 80%），则贯入度宜不超过 3.7 mm/r。

② 现场应用情况。

室内实验结果表明盾构可直接掘进通过花岗岩基岩突起段，泥水盾构在 3 段基岩突起段的掘进参数曲线如图 7-70 所示。按照室内实验的结果，盾构刀盘转速控制在 0.8 ~ 1 r/min，贯入度控制在 2 ~ 4 mm/r。现场盾构掘进出渣与实验时的出渣情况对比如图 7-71 所示。

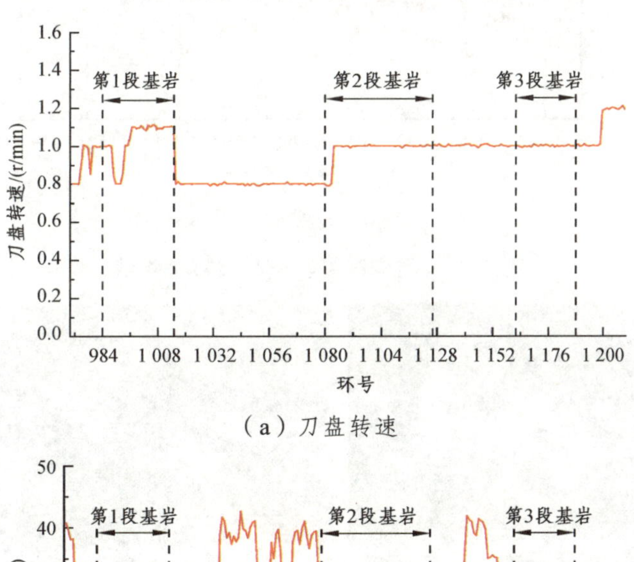

（a）刀盘转速

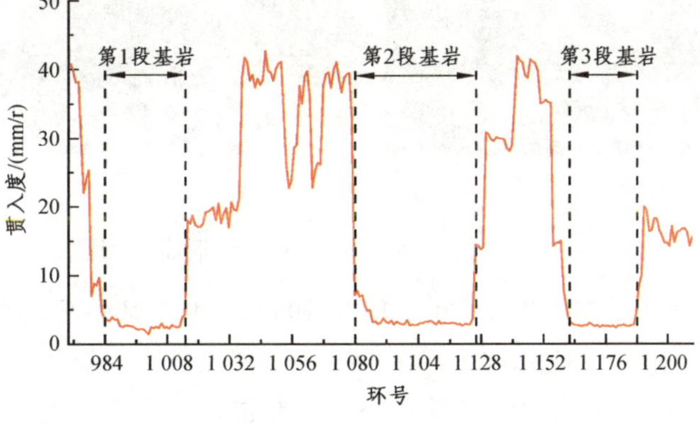

（b）贯入度

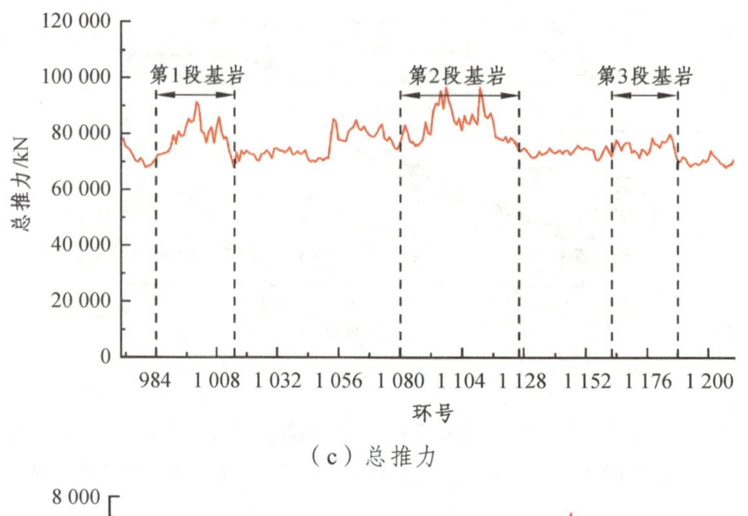

（c）总推力

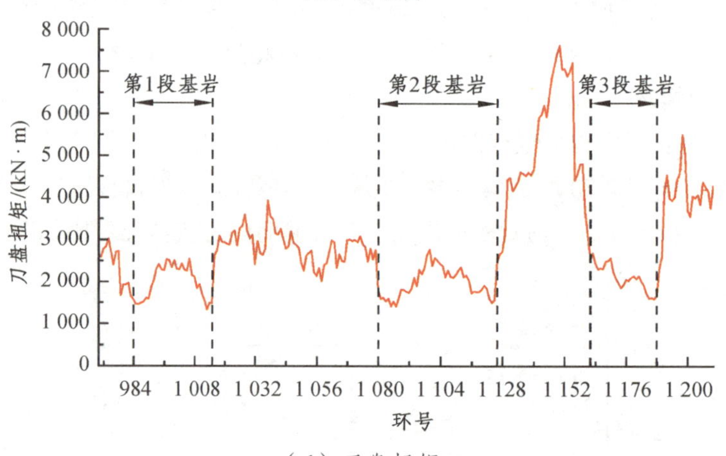

（d）刀盘扭矩

图 7-70 盾构在基岩突起段掘进参数

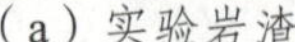

（a）实验岩渣　　（b）现场掘进岩渣

图 7-71 实验岩渣与基岩突起段排出的岩渣

对于完整性较好的岩体，岩块粒径一般在 10 cm 以内，其中粒径 5 cm 以下岩块占比为 60%，5～10 cm 占比为 35%，10～15 cm 占比为 5%。岩块形状主要有块状及片状两种，块状占比为 65%，片状为 35%。带常压换刀功能的超大直径泥水盾构在基岩突起地层掘进时，掌子面距离排浆口约 4.7 m，岩块运动路径较长，受刀盘主梁、泥浆门、破碎机、格栅等的阻挡，岩块受到二次磨损、磨碎情况明显。

对于节理裂隙较多岩体，岩块粒径一般在 15 cm 以内，其中粒径 5 cm 以下的岩块占比为 30%，5 ~ 10 cm 占比为 50%，10 ~ 15 cm 占比为 20%，有少量岩块尺寸超出 15 cm。岩块形状主要有块状及片状两种，块状占比在 75% 左右，片状在 25% 左右，岩块多数破裂面为原裂隙面。

此外，施工现场成立盾构穿越基岩领导小组及健全技术管理体系，对掘进参数、刀具、出渣情况等进行着重管控，其间除刀具检查更换较为频繁外，未出现滞排、刀具掉落等异常工况引起的带压进舱作业，安全风险可控。在此期间，隧道上方主航道安全平稳运行，盾构平均进度指标达到了 1.18 m/d，最终顺利通过花岗岩基岩突起段，成功避免了原计划水下爆破基岩突起段对施工组织协调，成本、风险管控，生态环境等带来的诸多不利影响，创造了超大直径泥水盾构直接掘进通过高强度花岗岩基岩突起地层的新纪录，实现了水下隧道超大直径盾构施工方法的新突破，为类似工程起到了引领示范作用。

7.7　深圳春风隧道

1. 工程概况

春风隧道工程跨越深圳市福田区、罗湖区，西起滨河大道上步立交东侧，与滨河大道相接，自西向东布线，在滨河路上步立交与红岭立交之间进入地下。沿线位于北斗路东侧，归入沿河南路，于新秀立交以南穿出地面，在新秀立交西侧与东部过境高速公路市政连接线配套工程相接。项目具体位置如图 7-72 所示。

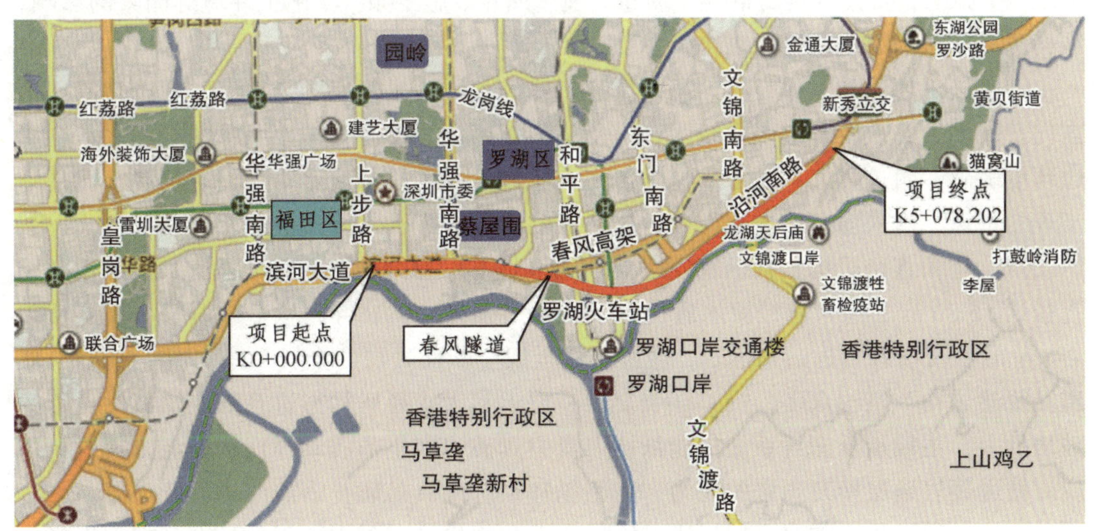

图 7-72　春风隧道工程地理位置

工程起止里程为 SK0+000.000 ~ K5+078.22，线路全长约 5.078 km，隧道土建工程分为西明挖段、盾构段和东明挖段三部分。西明挖段分敞开 U 形槽段、暗埋段和盾构始发井，为上下双层矩形框架结构，上层敞开段长 228.5 m，暗埋段长 133 m，下层敞开段长 190 m，暗埋段长 281 m，盾构井长 25 m。东明挖段分盾构接收井、暗埋段和敞开 U 形槽段，暗埋段为上下双层矩形框架结构，接收井长 25 m，上层暗埋段长 353 m，敞开段长 361.2 m，下层暗埋段长 353 m，敞开段长 361.2 m。盾构段全长 3.603 km，采用 1 台泥水平衡盾构施工，隧道断面内径为 13.9 m，外径为 15.2 m，管片厚 0.65 m，标准环宽 2.00 m，采用通用双面楔形环管片，楔形量为 56 mm，采用“7+2+1”分块模式，错缝拼装。

2. 工程重难点

（1）隧道范围内地表沉降控制、建（构）筑物保护是本工程的重点。春风隧道工程沿线穿越众多桥梁、地铁、重要管线、河道、建（构）筑物、人行通道、铁路等，建设环境非常复杂，其中穿越重要桥梁 3 座，地铁人行通道 1 座，地铁车站 1 座，以及深圳火车站、国有铁路，隧道开挖轮廓线外 20 m 范围内住宅 50 栋，较大断面管涵 6 条。并且，穿越影响范围内住宅大部分为国家机关单位所有，风险等级较高，社会环境风险较大。

（2）保障结构防水质量与耐久性是本工程的重点。春风隧道工程线路全长约 5.078 km，主要为明挖隧道、工作井、盾构隧道和路基，地下水水质对混凝土具弱腐蚀性，对钢筋混凝土结构中的钢筋具有弱腐蚀性，对钢结构具有微腐蚀性。同时，线路分布的碎裂岩、片岩以及变质砂岩中均发现含有黄铁矿，而当黄铁矿暴露于湿润的空气中时，会与氧和水反应形成硫酸，对混凝土造成强腐蚀而降低其强度，影响隧道结构的使用寿命。因此，隧道设计、施工时需采取一定措施，防范岩石中的黄铁矿造成的影响。加之，受施工缝及结构本身混凝土质量、施工质量、施工条件、施工环境等因素的影响，结构防水质量和耐久性保障难度大。

（3）施工环保和水保是本工程的重点。作为深圳最早开发的老城区，罗湖是深圳市东向发展轴上的重要城市中心组团，也是福田、南山、前海与东部联系的必经之地。周边环境敏感，明挖隧道和泥水盾构施工将产生大量的废渣和废水，做好环保和水保是本工程的重点，需采取有效措施控制可能造成的环境污染和水土流失。

（4）超大直径盾构装备的地质适应性选型是本工程的难点。春风隧道工程采用开挖直径达 15.80 m 的超大直径泥水盾构施工，地质条件恶劣，穿越构造碎裂岩、凝灰质砂岩、片岩、变质砂岩构造角砾岩、糜棱岩，全线全断面岩层占全线 80% 以上。同时，隧道沿线建（构）筑物众多，施工环境复杂，要求超大直径盾构推进系统能够提供足够的破岩推力，主轴承及密封系统应能抵抗刀盘刀具破岩产生的震动损伤，刀盘刀具应具备应对掘进硬岩地层换刀频繁的能力，泥浆循环系统应具备防止岩渣滞排的能力等。

（5）软硬不均、破碎岩层掘进的防滞排、防坍塌施工是本工程的难点。超大直径盾构掘进上软下硬地层时，刀盘刀具受力不均匀，振动强度变大，使得刀盘主轴承承受较大偏载扭矩，刀具损坏严重，地层扰动变大，盾构掘进方向容易发生上漂，严重时将造成地面坍塌；超大直径盾构掘进破碎岩层时，由于岩层破碎后比重大，掘进过程中易发生滞排。

（6）超大直径盾构始发与接收施工是本工程的难点。春风隧道工程盾构始发段位于滨河大道红岭高架桥下，施工场地狭小，盾构始发施工期间，施工围挡两侧为滨河大道车行道。盾构始发开挖面距离构筑物红岭高架桥墩柱仅 3.67 m，距离滨河小区建筑物 8 栋约 35.53 m，周边分布有污水、燃气、雨水等各类管线 12 条。始发段范围内地层从上向下依次为卵石、强风化岩、中等风化岩、微风化岩，洞顶埋深为 14.6 m。综合来看，超大直径泥水盾构始发施工难度大，施工风险高。盾构接收段位于沿河南路下，新秀立交以南。接收段地层从上向下依次为细砂、砾砂、卵石、强风化岩、中风化岩，洞顶埋深约 7.10 m，地层具有强透水性，盾构接收过程中极易发生涌水、涌泥沙。

（7）超大直径盾构小曲线半径施工是本工程的难点。春风隧道工程盾构段全长 3.603 km，其中曲线段占比 85.21%，最小圆曲线半径为 750 m，半径小于 800 m 圆曲线段占隧道全长 46.7%。由于超大直径盾构设计最小转弯半径为 600 m，几乎为盾构极限转弯能力，盾构掘进曲线段过程中对外侧地层造成挤压，并依靠管片和地层反力提供掘进推力，超大直径盾构小曲线半径施工可能引起管片和地层的过量位移。

（8）超大直径盾构近距离穿越建（构）筑物是本工程的难点。春风隧道工程穿越深圳主城区，沿线穿越众多现况桥梁、地铁、重要管线、建（构）筑物、人行通道、铁路等，建设环境非常复杂。其中，穿越重要桥梁 3 座，地铁人行通道 1 座，地铁车站 1 座，以及深圳火车站及国有铁路，隧道开挖轮廓线外 20 m 范围内住宅 50 栋，较大断面管涵 6 条等。

3. 突破的关键技术

该工程重点突破了以下关键技术：

（1）刀盘刀具结构设计技术。

春风隧道工程各地层渗透系数见表 7-12，其中典型的断裂带渗透系数在 1.2×10^{-4} ~ 5.8×10^{-5} m/s 之间，渗透性较高。

表 7-12　春风隧道工程主要地层渗透系数

地层	淤泥质黏土	粉质黏土	粉砂	细砂	中砂	砾石	卵石
渗透系数/（m/s）	5.8×10^{-8}	5.8×10^{-8}	9.5×10^{-5}	1.2×10^{-4}	1.7×10^{-4}	1.2×10^{-4}	5.8×10^{-4}

根据对地层渗透性的分析，春风隧道工程主要地层渗透系数为 9.5×10^{-5} ~ 5.8×10^{-4} m/s。因此，优选泥水平衡盾构。春风隧道工程盾构刀盘采用常压可更换滚刀设计方案，采用 6 主梁+6 辅梁的结构形式。

春风隧道工程穿越地层包括变质砂岩和高强度微风化岩层等，地层石英含量较高，因此刀盘刀具需要具有较好的耐磨性。为此，刀盘面板采用耐磨复合钢板全覆盖设计，刀圈外圈梁后部采用全环合金耐磨块设计，有效提高了其整体耐磨性能。由于刀盘采用常压可更换滚刀设计方案，刀梁为一个密闭腔体，刀盘的整体密闭性至关重要。因此，刀盘需要考虑面板磨损检测的可靠性。为此，每个刀梁面板设计有一个覆盖全半径的磨损检测油道，有效监测刀盘面板磨损情况。同时，刀盘前面板设计有 6 条连续磨损检测带，设计为 3 个高度，每个检测带具有自己的供油源，保障了检测参数的可靠性。具体磨损检测如图 7-73。

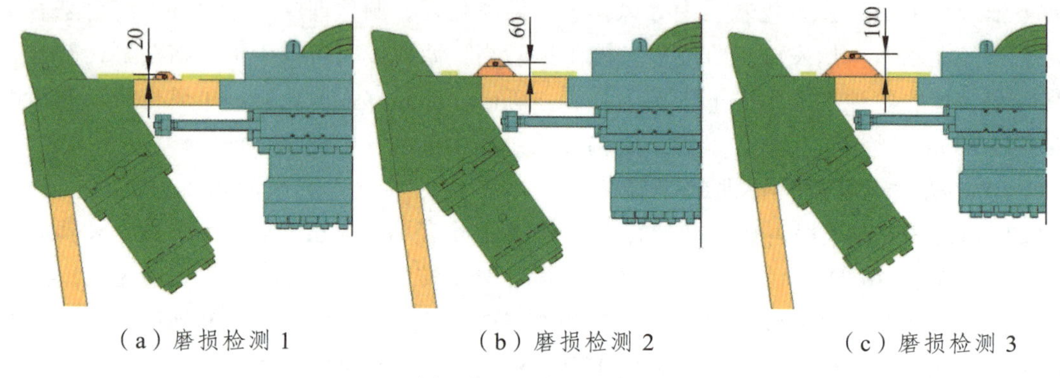

（a）磨损检测 1　　（b）磨损检测 2　　（c）磨损检测 3

图 7-73　磨损检测示意图（单位：mm）

（2）刀盘防结泥饼技术。

春风隧道工程刀盘采用常压可更换滚刀设计方案，导致刀盘厚度较大，刀孔呈封闭状，渣土流动性较差，特别是刀盘中心区域较大直径范围内无开口，进一步增加了泥饼形成的概率。为此，刀盘采取了以下防结泥饼的措施：

①刀盘中心面板横向冲刷及刀盘开口冲刷。为解决刀盘中心区域大面积无开口、渣土滞留问题，刀盘中心面板区域设计有多路冲刷喷口，喷口方向为刀盘径向方向，既不会对开挖面泥膜造成损坏，又能有效地解决渣土滞留问题，减小了刀盘中心面板泥饼的形成概率。同时，为防止由于刀盘开口不畅引起的刀盘泥饼，刀盘设计有相应的刀盘开口冲刷，可有效地防止开口堵塞，降低刀盘结泥饼概率。

②直排式排浆。环流系统设计有一根备用排浆管，管道直接伸入泥水舱内。在这种模式下，新鲜浆液可以绝大部分注入泥水舱内，可有效地降低泥水舱内浆液密度，降低刀盘结泥饼概率。在这种模式下，通过连通管道实现气垫压力传递，保证了压力控制的精度。

③主机段小循环模式。针对排渣不畅、刀盘结泥饼等问题，特别增设主机段小循环模式。在该模式下，通过 $P_{0.2}$ 泵从采石箱引浆，回打入泥水舱内，可额外增加约 800m^3 的进浆量，增大了泥水舱内浆液循环力度，降低了渣土滞排及刀盘结泥饼的概率。

（3）刀盘推进系统设计技术。

推进油缸分布满足春风隧道工程管片所有封顶块拼装点位的要求。推进油缸采用分组设计，在掘进模式下，每组油缸单独控制，可更好地对盾构姿态进行调整和控制。每一分组油缸中均配置有行程传感器，可为盾构姿态提供相应的参考数据。在管片拼装模式下，每组油缸单独控制。推进油缸采用悬浮式自适应设计，结构形式如图 7-74 所示。

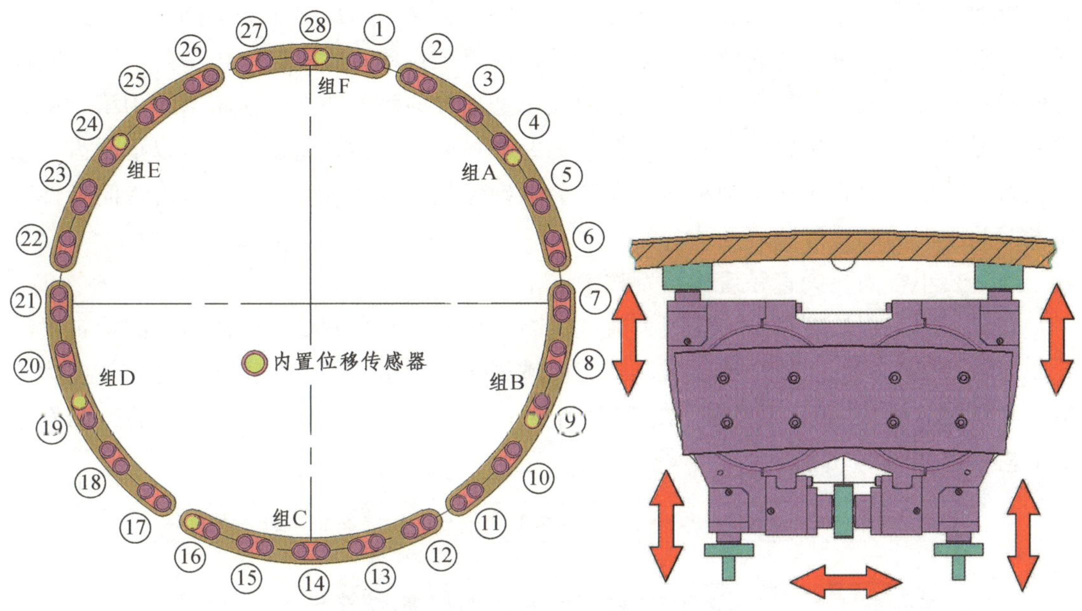

图 7-74　推进油缸布置结构简图

（4）主驱动润滑与密封系统设计技术。

盾构主驱动包括两套密封系统，外密封负责开挖舱方向的密封，内密封负责盾体内部常压侧的密封。外密封把主轴承与外面承压的开挖舱隔开，如图 7-75。

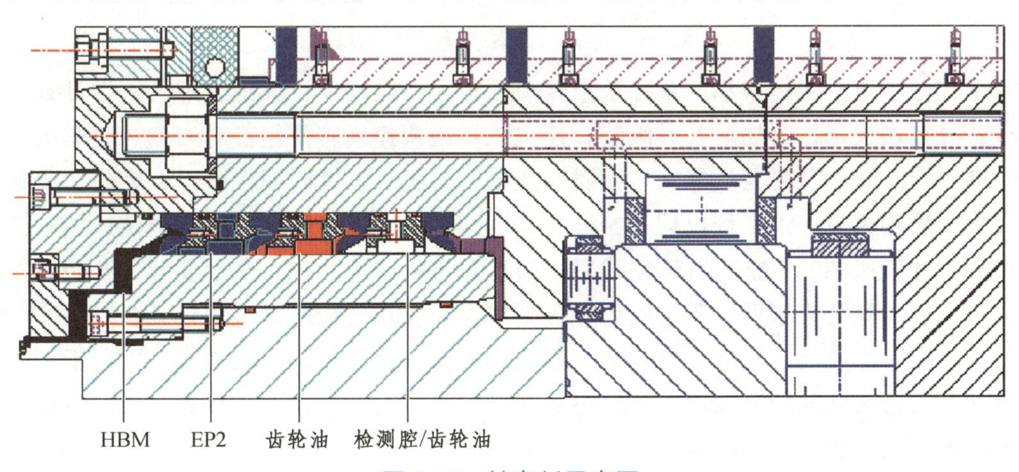

图 7-75　外密封示意图

齿轮箱一侧的密封为特殊的轴型密封，可以承受齿轮腔的压力。外层密封直接从主轴承前部安装，以确保径向的系统偏差。密封附带有连续油脂润滑和泄漏监测系统。通过几个径向分布的注脂孔，油脂被注入密封腔里并充满整个环形腔体，这样的注脂方式可以在油脂腔内建立一种持续的压力作用。通过油脂分配泵，每条注脂管路补充的油脂量是稳定的。通过调节多点泵柱塞长度来控制油脂注入量。检测腔通过几个径向通道连接到盾体常压侧，可以方便地进行检测。

内密封是多层唇型密封和一个前导的迷宫密封，从而形成多个分隔的区域，通常情况下为常压密封。密封的润滑在日常维护时集中以半自动方式进行。内密封的设计同样与外密封设计一致，密封作用在一个表面硬化处理过的耐磨圈上，该耐磨圈为第一层唇型密封提供了可变的接触面。向齿轮箱一侧的密封为特殊的轴型密封，可以承受齿轮腔的压力。外层密封直接从主轴承前部安装，以确保径向的系统偏差。密封附带间断性和连续性油脂润滑和泄漏监测系统。

（5）狭小空间超大直径盾构始发技术。

春风隧道工程始发段位于滨河大道红岭高架桥下，始发开挖面距离最近的构筑物红岭高架墩柱仅 3.67 m。盾构始发区域施工区域周边有污水、燃气、雨水、通信、电力、给水等各类管线 12 条。盾构始发采取整机井下组装调试、整体始发方案。盾构始发施工工艺流程如图 7-76 所示。

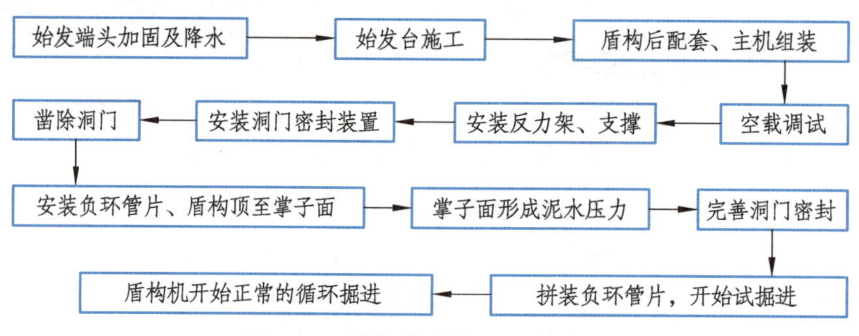

图 7-76　盾构始发施工工艺流程

盾构始发范围场地狭小，单件重量及尺寸较大，需要制订详细合理的工期计划，确保设备分批次进场，进场后及时组装，使组装场地快速周转使用。对刀盘、主驱动，需做好地面组装时的位置摆放规划。在盾构主机、后配套及其附属设备组装就位、管线连接完毕，盾构供电、供水到位后开始调试。盾构调试分设备调试和系统调试，单独调试合格后，才联机调试。整机调试完成后，刀盘和主机步进，进入密封装置，开始始发掘进。盾构刀盘安装完毕后，盾构向前步进至掌子面。在盾构空推过程中，及时垫实负环管片与始发架导轨间的空隙，然后继续将管片推出，直至与反力架靠紧，再用钢板将负环管片与反力架之间的缝隙填实并将垫块焊接牢固。当盾构推进-5 环管片时，盾构刀盘缓慢进入洞门圈密封帘布，当刀盘距离掌子面 20 cm 时，停机、建舱。

在盾构试掘进过程中，泥水压力的设定是泥水平衡盾构施工的关键，维持和调整压力值又是盾构推进操作的重要环节，其中包括推力、推进速度和排浆量三者的相互关系，以及对盾构施工轴线和地层变形量的控制。应根据不同地质条件、覆土厚度、地面情况设定泥水压力，选定泥水性质指标，并根据地表隆沉监测结果及时调整泥水压力和性能。在试掘进过程中，必须严格控制盾构的掘进参数，降低掘进速度，减小掘进速度波动，控制盾构掘进方向，实时调整各系统参数、掘进参数、泥浆参数等，保证盾构的顺利掘进。

（6）不良地层盾构施工技术。

春风隧道工程盾构区间段存在长距离碎裂岩、板岩、变质砂岩等不良地质，分别长约 500 m、2 180 m、607 m。超大直径盾构掘进三类典型地层时，由于开挖面面积大，开挖面变形量对泥水舱压力值、掘进参数等的敏感程度增大。因此，盾构掘进控制不仅要满足一般地层掘进控制要求，而且要采取针对性措施严格控制掘进参数。

（7）盾构穿越建（构）筑物施工技术。

① 盾构侧穿立交桥施工关键技术。春风隧道盾构侧穿红岭立交主桥 2 号桥 2-3 号、2-4 号、2-5 号桥桩，侧穿段长约 50 m 范围，水平净距分别为 1.3 m、6.6 m、12.3 m。盾构施工过程中通过重点采取泥水舱压力控制、同步注浆控制、盾构姿态控制、盾构总推力控制及加强监测等措施，顺利侧穿了红岭立交 2 号桥。

② 盾构正穿/侧穿边检大厦等建筑群施工关键技术。春风隧道盾构正穿边检二大院宿舍楼 17 栋、14 栋、13 栋等建筑楼，侧穿边检大厦、玫瑰公寓等建筑群。盾构施工过程中通过重点采取掘进参数控制、同步注浆控制、盾构姿态控制、刀具及时更换与管理、加强监测等措施，确保了穿越建筑物的安全。

7.8 深圳妈湾跨海通道工程

1. 工程概况

工程起于南山妈湾港区的妈湾大道与月亮湾大道交叉处，穿越前海湾止于宝安区大铲湾港区，终点与沿江高速大铲湾收费站、西乡大道相接，里程为 K0+000 ~ K8+049，线路全长 8.05 km。规划红线前海段宽 80 m，大铲湾段宽 70 m（图 7-77）。地面道路为城市主干道，双向 6 车道，设计速度为 40 km/h、60 km/h；地下道路为城市快速路，双向 6 车道，设计速度为 80 km/h。

妈湾跨海通道 2 标盾构段全长 2.063 km，其中大铲湾陆域段长 696 m，海域段长 1 159 m，前海陆域段长 208 m（图 7-78）。盾构开挖直径为 15.53 m，管片外径为 15 m，内径为 13.7 m，管片环宽 2 m，每环管片由 7+2+1 块构成，拼装方式为错缝拼装，管片楔形量为 50 mm。管片采用斜螺栓连接，接触面为连续凹凸榫。盾构最大纵坡为 3.75%、最小平面曲线半径为 2 000 m、最小竖曲线半径为 4 500 m、最小覆土厚度 10 m。盾构隧道内为三层结构，分别为：通风、行车、疏散。

妈湾跨海通道 2 标盾构段全断面土层长 329 m，占比为 16%；全断面岩层长 585 m，占比为 28%；上软下硬段长 1 069 m，占比为 52%；断裂带长 80 m，占比为 4%。基岩起伏大，上软下硬占比高，岩层为混合花岗岩，主要矿物为石英、长石、黑云母等，石英含量平均为 34%，最高达 54%，长石含量平均为 55%，最高为 69%。岩石平均强度为 44.9 MPa，最大为 193 MPa。地下水主要有第四系松散层中的孔隙潜水、孔隙承压水和基岩裂隙水三种。

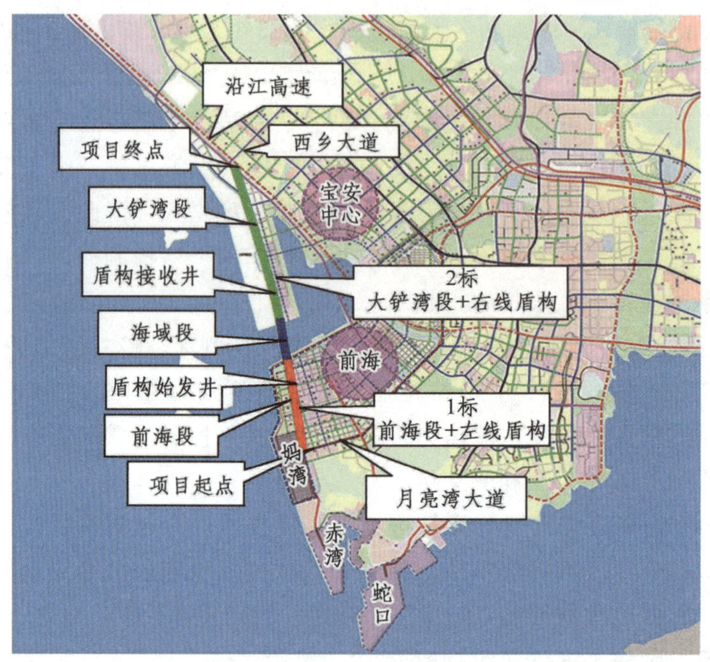

图 7-77 妈湾跨海通道总平面示意图

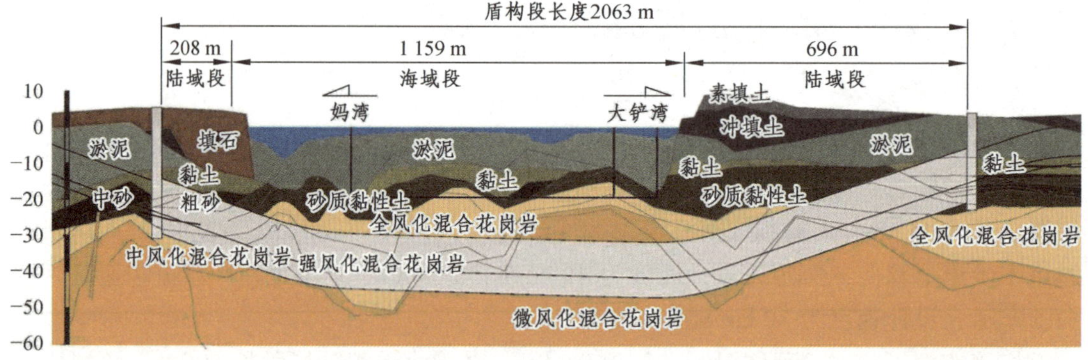

图 7-78 盾构隧道纵剖面示意图

2. 工程重难点

本工程盾构掘进的难点主要包括：岩层地层掘进、砂质黏土和淤泥质黏土地层掘进、浅覆土段掘进和高水压环境的保压。具体为：

（1）岩层地层掘进。盾构段 52% 为上软下硬地层，32% 为全断面硬岩地层。盾构在该段地层中掘进时重难点如下：刀具破岩；上软下硬地层掘进刀具异常损坏、轴承偏载、滞排堵舱、盾构姿态控制等；刀具更换频繁；刀盘、刀具、泥浆管路磨损。

（2）砂质黏土和淤泥质黏土地层掘进。该段地层掘进时重难点如下：刀盘泥饼；黏土块滞排；泥水分离困难。

（3）浅覆土地层掘进。始发、到达段覆土较浅，且上部覆土为淤泥等软弱地层。盾构始发掘进如何控制地表沉降、盾构姿态是本工程的重难点。

（4）高水压环境下掘进。盾构下穿 1.1 km 长的海域段，最大水压 500 kPa，如何保证高水压环境下密封的可靠性是本工程的重难点。

3. 突破的关键技术

该工程重点突破了以下关键技术：

（1）盾构适应性设计技术。

采用常压换刀刀盘，刀盘开挖直径为 15 530 mm，结构设计为 6 根中空主梁+6 根辅梁，主梁上刮刀和滚刀可在常压环境下更换，保证了刀具检查更换效率与安全。滚刀选用双轴双刃滚刀（两把单刃刀共用一个刀筒）和单刃滚刀，提高了滚刀在本区间对高强度岩石的刀具破岩能力，同时增大了刀具的允许磨损量，减小了刀具更换频率。刀盘前后面板采用耐磨复合钢板全覆盖设计，刀盘外圈梁后部采用全环合金耐磨块设计，刀盘过渡区域采用合金耐磨块+耐磨复合钢板设计，可有效地提高整体耐磨性能。刀盘设计有 6 条连续磨损检测带，每个检测带均可独立检测，保证了检测参数的可靠性。刀盘后面板上设置有磨损检测带，可对后部面板磨损情况进行有效检测。每把滚刀刀筒均设计有可更换液压磨损检测，用于检测该滚刀刀毂的磨损，大圆环外表面圆周布置有可更换液压磨损检测装置，用于检测大圆环外表面磨损状况。常压刀盘刀筒内部配置有滚刀状态监测装置，用于实时测量滚刀转速、温度和磨损量数据。常压刀盘中心存在渣土流通性差导致结泥饼的问题。为此，配置有独立 $P_{0.1}$ 增压冲刷泵，可向刀盘正面提供最大 1 500 m^3/h 的冲刷流量，可对刀盘中心、刀盘夹角等区域进行冲刷，降低泥饼和刀盘前部滞渣的概率，具体如图 7-79 所示。

区间既有岩层又有软土地层，刀盘的刀具可根据地层需要进行常压更换。在岩层中掘进采用滚刀，在软土地层中掘进采用撕裂刀。同时，区间绝大部分上软下硬地层基岩高度未超过隧道中心，刀盘正面及周边可安装滚刀，中心区域可安装撕裂刀；每个撕裂刀刀筒配置两个刀孔冲刷，降低常压刀盘中心结泥饼及滞渣概率。

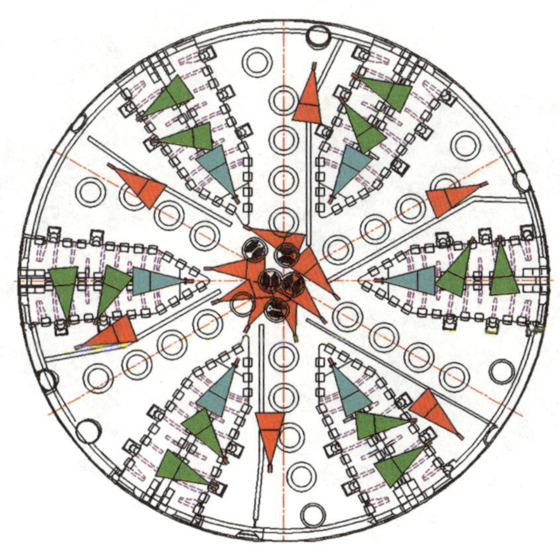

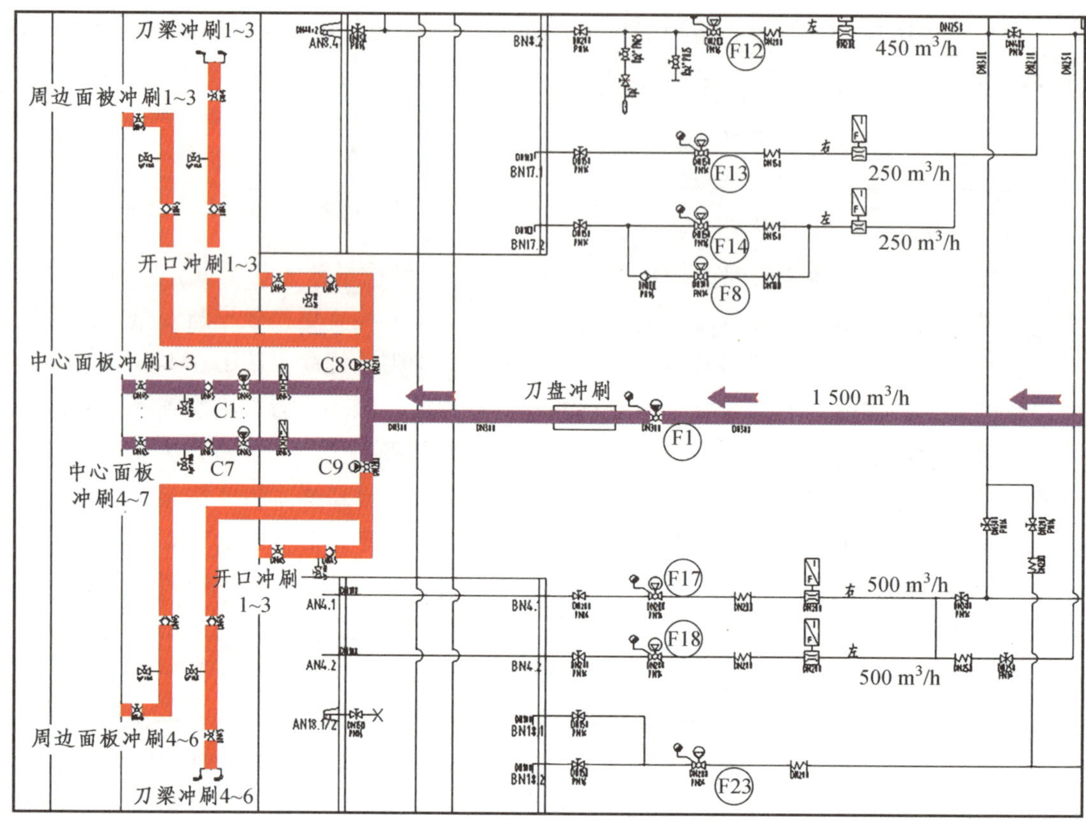

图 7-79 刀盘前部冲刷

刀盘主驱动（图 7-80）采用ϕ7.6 m 大规格重载轴承，轴承抵抗偏载能力更强。主驱动具备伸缩摆动功能，通过伸缩油缸回收可方便更换正面刀具；通过刀盘摆动超挖便于更换最外轨迹刀具，具体如图 7-81。主驱动具备加压功能，通过驱动箱加压，理论上最大承压能力可以达到 1 MPa。

图 7-80 刀盘主驱动

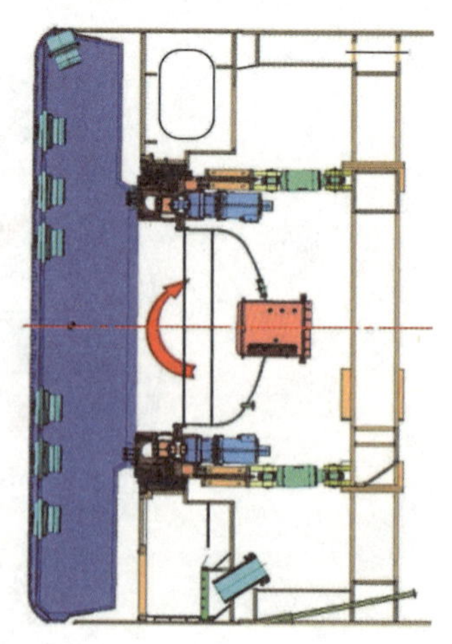

图 7-81 刀盘摆动超挖示意图

（2）超前地质预报及舱内视频监控技术。

设备配置超前地质预报系统（可控震源法），由安装在刀盘上的震源和检波器组成，通过发射换能器向探测地层发送上扫地震波，遇到声阻抗较大的孤石或障碍物后就会发生发射。对反射回的地震波进行数字化和相关算法处理，就可以得到地层前方孤石的位置和大小，如图 7-82。盾构配置开挖舱可视化系统，在盾构掘进过程中，可以在主控室实时观察刀盘的旋转状态和开挖地层的图像信息。可视化系统主要由前端设备、一体化工控机、网络设备、水/气阀及控制机构等组成。前端设备安装在掘进舱隔板上，工业级计算机、网络设备、水/气阀及控制机构等安装在相关操作控制台上。

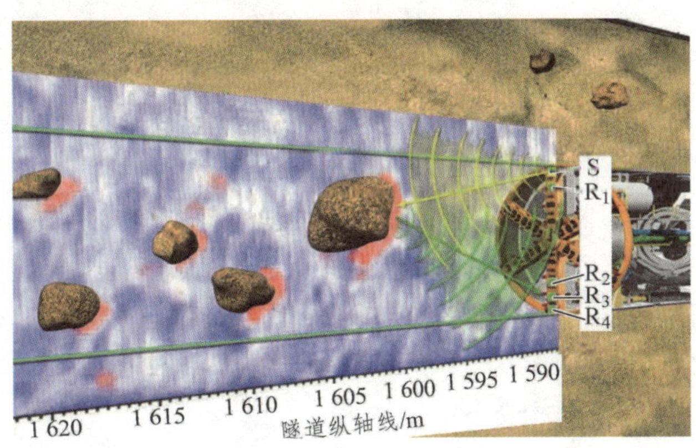

图 7-82　超前地质预报示意图

（3）全断面岩层掘进施工技术。

盾构进入海域段开始为水下长距离全断面岩层掘进，岩体强度最高达 193 MPa，平均强度为 74 MPa，掘进过程中刀具磨损加大、换刀频繁。主要控制措施为：

① 掘进过程中以贯入度为基准，适当提高刀盘转速，同时控制刀盘挤压力，避免刀具异常损坏。

② 严控泥浆比重，加大底部冲刷，防止积渣堵塞出渣口，对岩样进行分析，合理选择掘进参数。

③ 施工过程中严格控制同步注浆量和浆液质量，保证管片背部填充的密实性，二次注浆紧跟，以减缓制约管片上浮。

④ 采用大流量掘进，提高泥浆比重、黏度，增加泥浆携渣能力，避免出现堵舱。

⑤ 掘进过程中每半小时停机一次进行舱内循环，每次循环 10 min，用于排出舱内积渣；停机后进行循环出渣，直至分离设备无碎石等排出后停止循环。

⑥ 加强刀具管理，密切关注刀具监测情况；加大破碎机工作频率。

（4）上软下硬地层掘进施工技术。

盾构施工对顶部软土地层扰动大，刀盘受力不均易造成刀具异常损坏；舱内易堆积石块，造成滞排；上软下硬地层泥浆上涨较快，比重过高易造成刀盘结泥。主要控制措施为：

① 严格控制泥水压力波动在 ± 10 kPa；掘进过程中以扭矩波动为基准，适当降低刀盘转速，同时控制刀盘挤压力，避免刀具异常损坏。

② 严控泥浆比重，加大底部冲刷，防止积渣堵塞出渣口；对岩样进行分析，合理选择掘进参数。

③ 在施工过程中严格控制同步注浆量和浆液质量，保证管片背部填充的密实性。

④ 采用较大流量掘进，并加大中心冲刷流量，避免刀盘刀具结泥。

⑤ 加强刀具管理，密切关注刀具监测情况；加大破碎带机工作频率。

（5）浅覆土全软弱地层掘进施工技术。

浅覆土地区地层软弱，双线先后开挖通过，存在显著扰动范围的交叠区域，扰动水平较高，易造成过大地表变形。主要控制措施为：

① 严格控制泥水压力，过大的压力会导致地表隆起，较小的压力会使地表出现沉降。

② 严控同步注浆量和注浆压力，保证盾尾后注浆饱满。

③ 监测掘进出土方量，控制盾构参数，防止超方开挖出现。

④ 在盾构施工过程中，盾构上方地表设置多点位移计测试设备，实现盾构上方深层土体至地表的全深度范围自动化监测，监测数据实时反馈至施工，及时调整施工参数控制地表变形。

（6）盾构交会施工技术。

2 台盾构相向掘进，交会段隧道净间距为 21.2 ~ 21.5m，左右线隧道盾构交会位置左线隧道处于全断面硬岩，右线隧道 10 环为上软下硬地层、10 环为全断面岩层，两条隧道中间地层为全断面岩层。主要控制措施为：

① 严格控制泥水压力波动在±10kPa；软硬不均段采取低转速掘进，严格控制土舱压力波动及掘进速度，减少对周边土体的扰动。

② 严控泥浆比重，加大底部冲刷，防止积渣堵塞出渣口；对岩样进行分析，合理选择掘进参数。

③ 交会期间采取盾壳注泥；施工过程中严格控制同步注浆量和浆液质量，保证管片背部填充的密实性；二次注浆紧跟。

④ 全断面岩层采用大流量掘进，提高泥浆比重、黏度，增加泥浆携渣能力，避免出现堵舱；对上软下硬地层采用较大流量掘进，并加大中心冲刷流量，避免刀盘刀具结泥。

⑤ 加强刀具管理，密切关注刀具监测情况；加大破碎带机工作频率。

⑥ 建立双方沟通协调机制。

⑦ 隧道交会期间加强两线隧道洞内监测。鉴于盾构隧道施工过程中后配套设施遮挡，在此之前集成全站仪、激光测距仪与人工量测，于隧道拱顶设置全站仪测点，拱肩和拱底布置自动化激光收敛计，实现从管片在盾壳内拼装完成到后配套抵达时的衬砌快速变形期监测。

⑧ 交会期间加密测量频率，根据管片拱顶下沉、管片净空收敛及管片错台等多项监测控制值，建立实时预警系统。

（7）盾构穿越断裂带施工技术。

F_2断裂带其构造岩岩性主要为碎裂岩及糜棱岩，具绿泥石，岩芯多呈碎块～短柱状，局部手可捏碎，遇水易软化，渗透性强，围岩基本无自稳能力。主要控制措施为：

① 值班人员根据每环实际掘进参数、出渣情况、实测泥浆性能等综合分析研判，拟定当环掘进施工环报表，对当环掘进情况做出评价并对下一环掘进提出意见及建议。

② 施工过程中不断总结分析，加强对盾构掘进各项参数的控制、泥水管理、同步注浆及二次注浆管理、盾构掘进姿态的控制管理，保证盾构设备完好率。

③ 同步注浆与掘进匹配，盾构开始掘进时，开始同步注浆，掘进完毕注浆结束；施工过程中严格控制同步注浆量和浆液质量，保证管片背部填充的密实性；二次注浆紧跟。

④ 掘进方向控制，采用隧道自动测量导向系统和人工测量辅助进行盾构姿态监测，过程中通过加密导向系统自动测量频率至 90 s/次、每日进行人工辅助矫正测量偏差。

⑤ 管片拼装质量管理，管片施工过程全程旁站监督，保证管片安装后错台及张开量在设计控制范围内，安装完成后及时对盾尾间隙、错台以及张开量进行量测，确保下一环掘进正常施工。

⑥ 加强洞内管片监测及海面巡视。

7.9　青岛地铁 8 号线过海通道

1. 工程概况

青岛地铁 8 号线全长 48.3 km，串联青岛主城区、红岛经济区、胶州市，是连接胶州北站、胶东国际机场、济青高铁红岛站和青岛北站的重要纽带工程。过海段大洋站—青岛北站全长 7.9 km，其中海域段长 5.4 km，最大埋深 56 m，是地铁 8 号线关键控制性工程，为当时国内穿越海底距离最长的地铁隧道。由于地质条件复杂，东侧过海段采用泥水平衡盾构施工，掘进距离长 2.9 km；西侧过海段采用“矿山法+双模式 TBM”联合施工，掘进距离长 2.47 km，如图 7-83 所示。

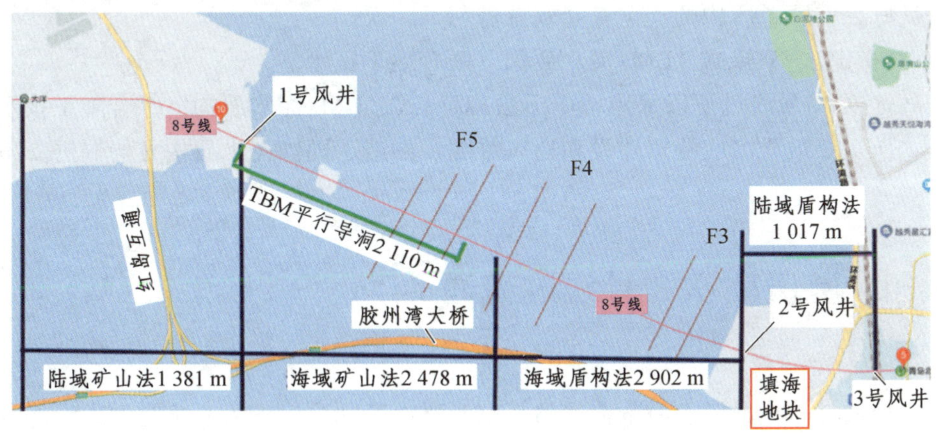

图 7-83　青岛地铁过海段平面图

2. 工程重难点

（1）盾构机选型与地质适应性设计。青岛地铁 8 号线过海段隧道地质条件复杂多变，包括砂层、黏土层、凝灰岩、安山岩、泥质粉砂岩、火山角砾岩等等，盾构机需适应掘进软土与硬岩的性能，对盾构机密封性能和抗磨能力提出了更高要求。

（2）盾构始发与接收的难题。青岛地铁 8 号线过海段东侧采用泥水盾构施工，始发井地层主要为粉质黏土、中粗砂和强风化泥质砂岩，砂层与海水连通。盾构始发与接收过程中易造成洞门涌砂涌水、地面塌陷。因此，过海段泥水盾构的安全、准确地始发与接收是工程的重难点之一。

（3）盾构掘进海底断层破碎带。青岛地铁 8 号线过海段隧道共穿越 9 条断层破碎带，总长约 1.5 km，其中 F_5 断层破碎带宽度达 500 m，岩体破碎，软硬不均。由于断层破碎带围岩破碎、渗透性强，并且部分连通海水，在如此高水压、长距离、大量断裂带中施工，施工难度和安全风险极高。

（4）盾构海底保压换刀。盾构带压进舱换刀的舱压控制在 360 kPa 以内，青岛地铁 8 号线过海段最大埋深为 56 m，最高带压换刀作业需要在 540 kPa 左右的压力下进行。因此，高压带压进舱换刀作业是工程的重难点之一。

3. 突破的关键技术

该工程重点突破了以下关键技术：

（1）综合超前地质预报技术。

工程综合采用隧道超前地震（TSP）、地质雷达、超前钻孔、孔内成像等超前地质预报方法，尤其是围岩突变、富含水层等特殊情况。将超前地质预报结果和 TBM 平行导洞揭露的地质情况进行对比验证，以确保其可靠性。

（2）盾构过断层破碎带超前注浆技术。

根据围岩破碎情况和探水孔水压，建立了局部断面注浆、周围帷幕注浆、全断面帷幕注浆的方案，确立单孔注浆结束判定标准和全段结束标准，根据检查孔成像检测，注浆效果良好，保障了盾构的安全、高效掘进。

（3）“矿山法+双模式 TBM+泥水盾构”联合施工技术。

青岛地铁 8 号线过海段采用“矿山法+双模式 TBM+泥水盾构”综合施工技术，解决了高水压复杂地质海底隧道建设和通风难题，创造了国内泥水盾构月均掘进 220m 的纪录。

7.10 厦门地铁 2 号线过海通道

1. 工程概况

厦门地铁 2 号线过海段海沧大道站—东渡路站区间自海沧大道站起，先沿海沧大道向北敷设，然后以 500 m 曲线半径下穿海沧湾公园后入海，经大兔屿，穿越厦门西港，于国际码头 1 号泊位上岸，然后以 350 m 曲线半径下穿邮轮城二期地块，到达东渡路站。过海段采用“盾构法+矿山法”联合施工，左线盾构段长约 2.287 km，矿山段长约 0.479 km；右线盾构段长约 2.337 km，矿山段长约 0.397 km。盾构段采用 2 台 ϕ6.7 m（管片外径）复合式泥水平衡盾构，由海沧大道站始发，矿山段盾构空拼管片通过，如图 7-84 所示。

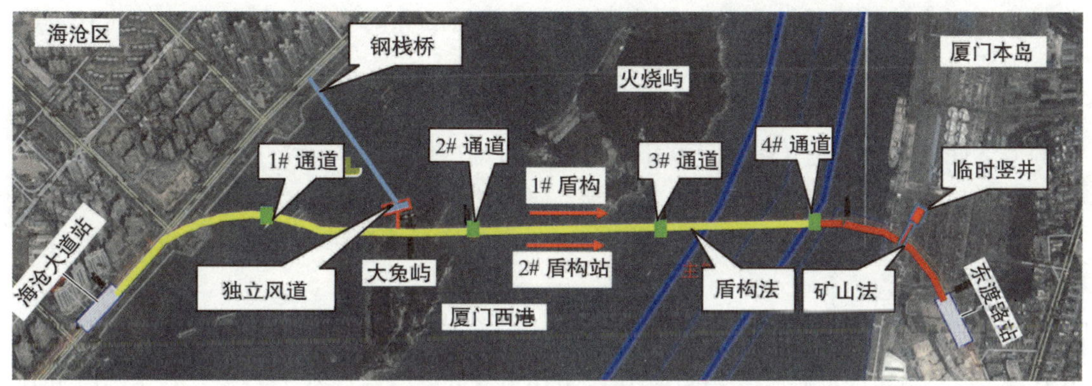

图 7-84　厦门地铁 2 号线过海通道

过海段穿越地层属于滨海堆积区，主要有淤泥、中、粗砂、粉质黏土、残积土、全强风化层［（全）强风化花岗岩、（全）强风化辉绿岩、（全）强风化安山岩、（全）强风化变质砂岩］、碎裂状强风化层、中等风化变质砂岩、中等风化变质石英砂岩、微风化变质石英砂岩、中等风化凝灰熔岩。根据统计，过海段穿越软硬不均地层（土岩）长约 157 m，占掘进长度的 3.4%，穿越软硬不均地层（软硬岩）长约 620 m，占掘进长度的 13.4%；隧道穿越 F_8、F_{10} 风化深槽，F_8 影响宽度为 350 m，F_{10} 影响宽度为 200 m。厦门地铁 2 号线过海段为国内首条地铁过海区间，地质复杂，盾构独头掘进距离长，水压高，对盾构设备性能与施工提出了极高的要求。

2. 工程重难点

（1）海底盾构掘进软硬不均地层的施工控制难题。厦门地铁 2 号线过海段软硬不均地层占比达到 17.8%（其中，土岩软硬不均段占 3.4%，软硬岩不均段占 13.4%），盾构掘进过程中姿态控制难度大、掘进参数控制严格，易发生开挖面上层软岩的失稳，是工程控制难度之一。

（2）海底盾构掘进断层破碎带的施工控制难题。厦门地铁 2 号线过海段先后穿越多条断层破碎带，F_8 影响宽度为 350 m，F_{10} 影响宽度为 200 m。由于断层破碎带与海水连通，盾构掘进断层破碎带过程中，需要严格控制盾构掘进参数和泥浆循环系统。

（3）海底带压进舱换刀作业。厦门地铁 2 号线过海段覆土厚度为 8.7～65.7 m，最高潮位至最低距离约 55 m，最大水土压力约 600 kPa，在高水压下盾构带压进舱换刀难度极大，施工风险极高。

（4）过海段联络通道冻结施工技术。由于厦门地铁 2 号线过海段地层含盐量高，冻土的物理力学性质参数未知，因此实施联络通道的冻结法施工难度大、风险高。

3. 突破的关键技术

该工程重点突破了以下关键技术：

（1）海底泥水盾构舱内压力计算方法。厦门地铁 2 号线过海段掘进舱压计算过程中引入了渗透力对泥水盾构舱压的影响，提出了海底高水压环境下最佳舱压的改进楔形体与渗透力联合计算理论与方法，提高了海底破碎地层和高渗透地层的盾构舱压计算精度，为泥水舱压平衡的建立提供了理论基础。

（2）海底联络通道冻结法施工技术。厦门地铁 2 号线首次测取了海底典型地层冻土物理力学性质参数，建立了海底联络通道冻结过程中冻结壁有效范围内平均温度的图解计算方法、冻胀与融沉变形计算方法，提高了联络通道冻结施工的设计与控制精度；研发了新型伸缩式注浆钻头和注浆工艺，解决了注浆钻头不易进入岩层、难以在任意深度进行注浆的问题。

（3）海上孤石定点爆破技术。厦门地铁 2 号线创新性地研发了海上孤石定点爆破技术，并开发了盾构机带压静态爆破、液压割据、液压劈裂等舱内孤石综合处理方法，研制了带压状态下孤石清除的专用处置工具，综合形成了盾构隧道海底孤石及基岩突起处理工法。

（4）海底环境下隧道结构长期健康监测与安全评价体系。厦门地铁 2 号线研发了隧道收敛变形及道床沉降高精度智能监测方法、螺栓轴力薄膜式传感器无损监测方法，实现了海底隧道运营安全关键指标的自动化感知，并研发了海底地铁隧道结构长期监测与安全评价系统。

7.11 济南地铁 5 号线黄河隧道

1. 工程概况

济南黄河隧道工程是目前世界上最大直径的公轨合建盾构隧道。该工程位于济南城市中轴线上，隧道北连鹊山、济北次中心，南接济泺路，全长 4.76 km，其中盾构段长 2.519 km，管片外径 15.2 m、内径 13.9 m。设计为双管双层，上层为双向 6 车道公路，下层为预留轨道交通、烟道、纵向逃生通道、管廊等。工程平面图及纵断面情况如图 7-85 所示。

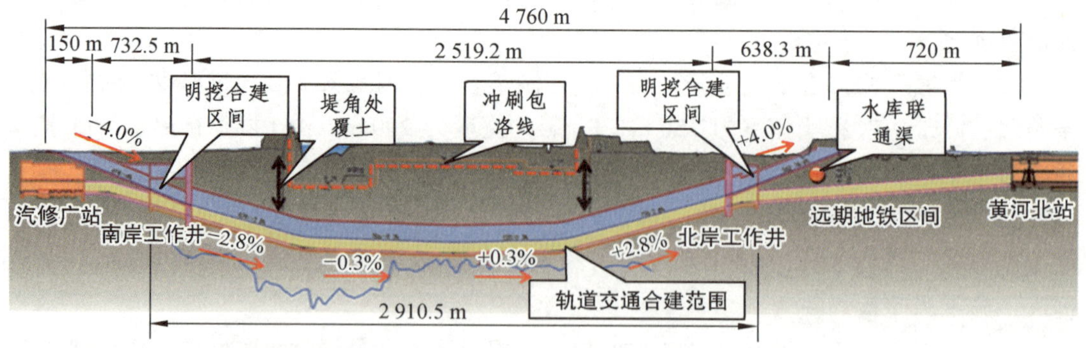

图 7-85 工程平面图及纵断面图

2. 工程重难点

（1）工作井主体埋深较深，围护结构深度大，地连墙施工质量控制难度高。

（2）盾构下穿黄河段河底时，施工风险大，施工难以控制。

（3）盾构进出洞端地层渗透系数较大及承载能力差，风险系数大，施工控制难度高。

（4）盾构施工期间如何减小黄河大堤、二环北路高架桥等建（构）筑物的沉降，保证建（构）筑物的安全是本工程的重难点。

3. 突破的关键技术

该工程重点突破了以下关键技术：

（1）高黏粒地层超大直径泥水盾构防结泥饼技术。

对实际施工中盾构刀盘泥饼硬化机理进行分析，并从土壤学的角度分析刀盘掘土时为什么会出现盾构刀盘结泥饼问题；研究分析了泡沫改良黏性土以防止刀盘结泥饼的作用机理，提出了在黏性土样中添加泡沫配制泡沫土处置刀盘结泥饼的方法，揭示了该种方法相比泡沫渣土改良对结泥饼问题处置更具有一定的适用性。

（2）基于大数据的穿黄盾构隧道施工技术。

基于自动化监测技术，研发了一整套的盾构施工监测数据采集装置，配合盾构的数字化系统，构建数据库，实现盾构数据的自动化收集、储存；利用盾构施工参数及其施工监测数据，分析出盾构施工对地面及周边构筑物的影响，建立了基于盾构施工监测数据的环境影响效应预测模型。

（3）邻近地上悬河超深基坑安全施工技术。

提出富水粉质黏土地层条件下地铁深基坑的降水治理和支护结构安全施工方法。

（4）超大直径泥水盾构废弃泥浆绿色处理及循环再利用技术。

提出在粉质黏土地层中采用带式压滤、絮凝固化、絮凝抽滤等盾构施工泥浆高效处理技术，达到了废弃泥浆处理再利用目的。

（5）基于 BIM 技术的超大直径盾构隧道信息化施工技术。

BIM+GIS 的集成应用，施工过程协同管理，以 BIM 模型为载体的施工大数据记录，进一步协助项目实现精细化施工管理；通过 BIM 技术模拟盾构掘进过程中的施工难点、重要控制点，对专项施工方案形成可视化交底文件。

7.12 上海机场联络线 11 标

1. 工程概况

上海机场联络线是国家发改委首批确定的 11 条市域铁路示范线路之一，也是轨道上的长三角的一条重要东西向市域线。机场联络线建成后将进一步增强浦东和虹桥综合交通枢纽对长三角区域的辐射作用，服务长三角城市群，改善城市营商环境，更好地发挥对区域城市群和虹桥商务区、国际旅游度假区、自由贸易区等重点地区发展的服务功能，为提升上海全球城市能级和核心竞争力、落实长三角一体化发展国家战略提供有力支撑。

上海轨道交通市域线机场联络线工程 JCXSG-11 标全长 4.72 km，为单洞双线布置，盾构隧道管片内外径为 12.5 m/13.6 m，环宽 2.0 m，由中铁隧道局负责承建。隧道内部结构主要包括弧形件、中隔墙、顶部连接件、疏散平台和电缆沟槽，内部结构全预制拼装施工精度高；隧道长距离富水粉砂地层独头掘进安全风险高；密集下穿建（构）筑物，沉降控制要求高；采用一台直径为 14.04 m 的泥水盾构施工。隧道于 2023 年 5 月贯通。

2. 工程重难点

（1）大直径泥水盾构始发、接收施工是本工程控制的重点。接收端洞顶埋深约 11.076 m，洞身处于④淤泥质粉质黏土、⑤1 粉质黏土富水软弱地层中；始发端洞顶埋深约 11.43 m，洞身处于④淤泥质粉质黏土、⑤1 粉质黏土富水软弱地层中。盾构始发及接收端头存在渗漏的风险高，加固效果要求高，施工过程中需要严格控制加固效果，防止造成塌方的情况。盾构隧道是本项目的控制性工程，盾构进出洞施工是盾构隧道成败的关键。盾构进出洞的安全直接关系到地表建（构）筑物及地下设施的安全，是盾构工程施工的重点，确保盾构始发、接收安全是本工程的首要目标。

（2）承压水地层大直径盾构施工是工程的控制重点。本工程度假区站（不含）—凌空路转换井区间约有 1 985 m 隧道进入⑦2 承压水层，隧道下部进入⑦2 层最大约 4.5 m，承压水水压在 310 ~ 340 kPa，盾构在承压水层内掘进，盾尾一旦发生漏浆极易造成涌水、涌砂险情，盾构掘进、管片拼装和同步注浆管理有异常极易造成成型隧道漏水。因此，盾构在⑦2 承压水层内掘进，盾构密封设计和掘进施工控制是本工程控制的重点。

（3）大直径盾构长距离掘进的风险控制是本工程安全控制的重点。度假区站（不含）—凌空路转换井区间隧道长达 4.721 km，盾构单洞掘进距离较长，给盾构设备可靠性及耐磨性等带来一些问题，尤其是⑦2 层粉砂；同时盾构穿越区域④层淤泥质黏土呈流塑状、⑤1 层灰色黏土呈软塑 ~ 流塑状、⑥1 层粉质黏土呈硬可塑状，在盾构掘进中容易形成泥饼。因此，需针对设备性能、施工工效等制定针对性措施，并设定合理盾构参数，确保施工顺利进行。

3. 突破的关键技术

该工程重点突破了以下关键技术：

（1）智能掘进技术。

盾构智能掘进系统（图 7-86）由盾构大数据平台提供数据支持，在智能掘进模式下，盾构由大数据库云端提供掘进参数，在智能算法的控制下完成智能自主掘进。能够自主分析不同复杂地层条件，识判各类重大风险源，系统设置参数预警和事件预警功能，并给出科学掘进参数。目前共陆续完成 142 环整环的智能掘进测试，测试效果良好，实现了智能掘进的常态化。智能掘进测试对盾构姿态和人工掘进无影响，且参数控制较人工掘进更为平稳，无突变；对整个线路中线控制更为准确和平顺。

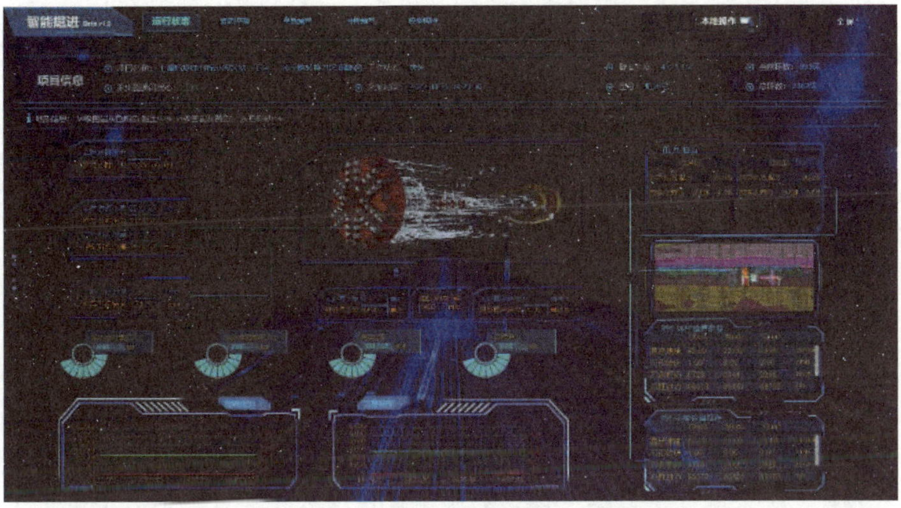

图 7-86　盾构智能掘进运行界面

（2）弧形件智能拼装技术。

弧形件智能拼装系统（图 7-87）主要由主机架、副机架、微调平台、液压系统及智能控制系统等组成。设备采用双框架式步进结构，穿梭于弧形件中箱，配备自动检测避障、自动测量精调系统。整机具备 6 自由度三维姿态精调控制，集成了自动检测与感知、自动运算与分析处理、自动决策与动作执行、人机交互与信息存储等智能化施工功能。目前可实现大型预制构件一键自动安装，施工工效提升 36%，安装误差由 20mm 降至 2mm 以下，节约时间 15min/块，节省人力 4 人。

图 7-87　弧形件智能拼装系统

（3）中隔墙智能拼装技术。

该系统主要由主架总成、抓取机构、伸缩机构、旋转机构、平移机构等部分组成。为保证施工运输车辆正常通行，安装机门架采用穿行式大净空设计，满足施工车辆通行空间要求。整机具备 6 自由度三维姿态精调控制，能够自动完成中隔墙抓取、翻转、精调等一系列安装动作，极大地提升了拼装精度和施工效率。目前正进行拼装测试，已安装中隔墙 65 块，安装精度和验收指标均满足设计要求。较传统现浇施工，安装误差由 20 mm 降至 0.5 ~ 1 mm；安装时间为 38 min；作业人员由 8 人/班减至 1 人/班。

（4）智能诊断技术。

智慧盾构/TBM 工程大数据平台由中铁隧道局盾构及掘进技术国家重点实验室研发，目前已在全球累计接入 451 台各类型盾构/TBM，505 条盾构/TBM 线路。该平台集智能监控、数据分析、协同管理及大数据应用于一体，对掘进参数实时监控、自动预警和实时推送预警信息，并可在个人终端上全时段、全地域地对掘进参数进行监控和查阅，为管理决策层提供数据支撑，为施工提供参数化建议，极大地推进了隧道智能化建造水平。

7.13 南京和燕路过江隧道

1. 工程概况

南京和燕路过江隧道位于长江中下游，横穿长江南北两岸，全长 2 976 m。该隧道与上坝夹江大桥、江心洲长江大桥共同完成南京“城市一环”的闭合，是南京市内重要的过江通道之一。隧道采用盾构法施工，盾构开挖直径为 15.03 m，采用单层通用型管片衬砌结构，是全国水压最高（高达 0.79 MPa）的过江隧道。此外，该隧道是全国首例超大直径盾构穿越断层（5 条）、岩溶地层等不良地质的过江通道，被称为“迄今为止长江上最难建造的过江隧道”，如图 7-88 所示。

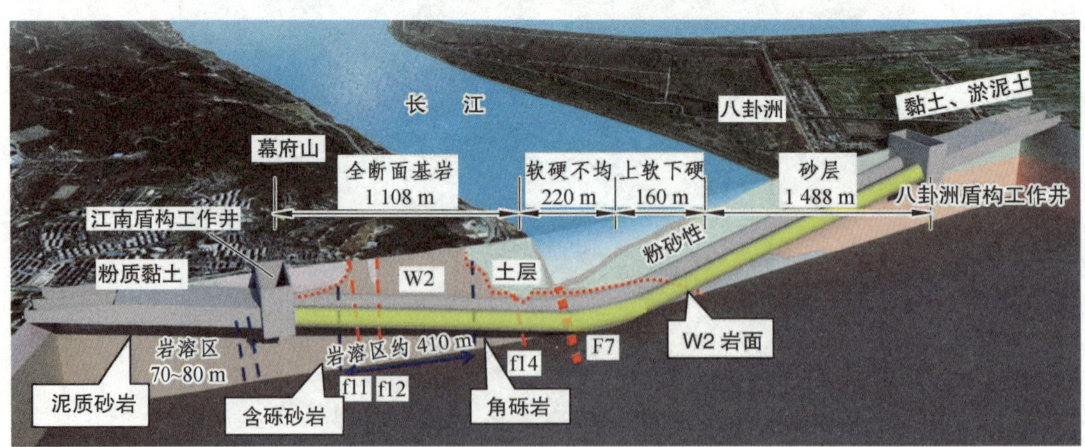

图 7-88 南京和燕路过江隧道

2. 工程重难点

（1）超大直径盾构超浅覆土始发。南京和燕路过江通道盾构开挖直径为 15.03 m，始发段覆土厚仅为 7.1 m，属于超浅覆土始发，施工难度大。

（2）超大直径盾构穿越长江大堤。南京和燕路过江通道下穿的长江大堤属于国家级构筑物，要求沉降控制在毫米级。盾构工作井距离大堤约 430 m，盾构穿越大堤覆土厚度约 27.1 m，因此超大直径盾构下穿长江大堤施工过程中应严格控制掘进参数。

（3）超大直径盾构穿越长江段。南京和燕路过江通道盾构需先后穿越 160 m 上软下硬地层，200 m 冲槽段（硬岩地层），并且在隧道最低点位置存在一条断裂带 F_7 与线路垂直相交，江底段最小覆土层厚为 10.25 m，隧道底到最高水位距离约为 79 m，最高水压达到 790 kPa。超大直径盾构下穿长江掘进施工是本工程最大的难点。

（4）超大直径盾构掘进全断面硬岩段。盾构下穿长江后，进入全断面硬岩段，掘进长度约 1 188 m，其中岩体最大抗压强度为 68.65 MPa。超大直径盾构长距离掘进全断面硬岩地层对刀盘刀具的更换与管理提出了严峻的考验。

（5）超大直径盾构穿越岩溶区。盾构掘进全断面硬岩段中存在约 410 m 岩溶区域，溶洞高度在 0.2 ~ 4.4 m 不等，一般为粉质黏土充填，含风化岩块，部分为空洞，见洞率 27.3%，岩溶中等发育。

3. 突破的关键技术

该工程重点突破了以下关键技术：

（1）高渗透地层的泥浆配制技术。结合宏微观测试和现场跟踪明确高渗透砂地层及全断面风化岩层中混入不同性质岩粉后泥浆和泥膜的劣化机理，形成全断面高渗透地层及风化岩层岩粉混入条件下的泥浆配制技术。

（2）新型耐磨盾构刀具工程性能提升。研发化学共沉淀-氢气还原法，结合稀土添加的硬质合金新型盾构刀具粉体包覆，并通过添加超细 WC 粉末和碳化物晶粒生长抑制剂混合及改性技术，明确不同烧结助剂对烧结后盾构刀具的硬度、韧性及耐久性等的影响规律，研究提升了新型耐磨盾构刀具工程性能。

（3）地层沉降-管片上浮控制技术。采用多元线性回归及目标规划方法得到工程特性优良的复合地层快凝高强型硫铝酸盐水泥壁后注浆浆液配比，并首次在壁后注浆领域开展三乙醇胺复掺硫铝酸盐水泥试验研究。明确不同注浆量、注浆压力及不同土层条件下地表变形沉降-管片上浮规律，形成适合本工程的地层沉降-管片上浮控制技术。

7.14　济南济泺路黄河隧道

1. 工程概况

济南黄河济泺路隧道是山东省济南市境内过河通道，位于黄河河道之下，北起鹊山龙湖桥，南至泺安路，是加快建设新旧动能转换起步区、深入实施“北起”战略的重要跨河通道。隧道主体及南北岸接线道路全长 4.76 km，隧道部分全长 3.89 km，盾构段长度约 2.5 km，盾构直径达 15.76 m，属于超大直径盾构隧道，被誉为“万里黄河第一隧”。隧道采用管片衬砌以及非封闭内衬的结构形式，使用“9+1”的分块方式、错缝拼装，并设置分布式圆端凹凸榫。隧道平面图如图 7-89 所示。

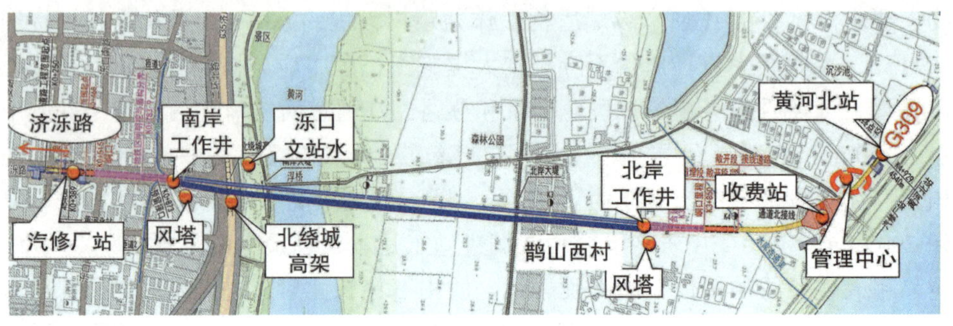

图 7-89　济泺路黄河隧道平面图

2. 工程重难点

（1）盾构始发与接收。济泺路黄河隧道受北岸大堤控制，始发井深度达到 30 m，并且存在透水性较强的细砂地层，容易发生涌水漏砂、地表塌陷事故；接收井深度达到 35 m，地层为粉质黏土含泥，对洞门漏水漏砂和地层沉降提出了较高的要求。

（2）超大直径盾构隧道穿越地上悬河，施工风险高。济南泺口段河床高出南岸天桥区地面 5 m，最大洪水位高出 11.62 m，隧道最低点位于河床下 54 m，最大水土压力 650 kPa，施工风险高。

（3）隧道穿越钙质结核地层、全断面粉质黏土。超大直径盾构掘进钙质结核地层，易造成刀具磨损、刀齿崩断，核径较大钙质结核易造成格栅口堵塞，排浆困难。除穿越钙质结核地层外，隧道还穿越全断面粉质黏土，掘进会造成泥浆比重增大，产生大量的废浆；土质黏性高，刀盘易结泥饼，排泥吸口易堵塞。

（4）公轨合建隧道首次采用Π形箱涵同步施工，施工控制难度大。济泺路黄河隧道首次采用Π形箱涵同步施工，面临预制、吊装、运输、安装等一系列难题。

3. 突破的关键技术

该工程重点突破了以下关键技术：

（1）高水压软土地层盾构始发与接收技术。

由于济泺路黄河隧道始发井与接收井地层为粉质黏土含砂、粉细砂等软土层，并且水位高，为了防止地层沉降、周边建筑物开裂，超大直径盾构始发端头和接收端头采取了“高压旋喷+冻结法”加固方式。同时，采用在接收井内堆土、灌水的方式，以保证泥水舱中正常工作泥水压力，平衡盾构接收时盾构推力，保障盾构安全接收。

（2）Π型预制箱涵同步施工技术。

济泺路黄河隧道共轨合建首次采用了Π型预制箱涵同步施工技术，同步施工箱涵首次采用可调节箱涵，方便交通组织，提高了拼装精度，节省了工期。

（3）超大直径盾构管片生产线设计及生产创新技术。

研发了国内第一条 15 m 以上自动化管片生产线，研发了管片抹面机器人、管片 3D 智能检测系统，开展 20 余项技术创新，系统性地研发了超大直径盾构管片生产线设计及生产创新技术。

（4）盾构管片预制及拼装信息化施工技术。

采用国内领先水平的盾构管片智能化生产管理信息系统，每块管片均有信息芯片，实现了管片预制信息化及可追溯性。通过安装盾构数据监控系统，实现盾构数据实时监控、分析、报警，最终实现了盾构施工信息化管理。

本章参考文献

[1] 陈馈. 狮子洋隧道盾构地中对接施工技术[J]. 建筑机械化，2010，11：60-63.

[2] 陈馈. 北京铁路地下直径线盾构选型[J]. 建筑机械，2007，11：36-39.

[3] 章龙管，李志刚，谭江. 白城隧道工程大断面马蹄形盾构始发与接收技术[J]. 隧道建设（中英文），2020，40（7）：1041-1048.

[4] 章龙管，李志刚，路桂珍，等. 大断面马蹄形盾构施工关键技术——以蒙华铁路白城隧道工程为例[J]. 隧道建设（中英文），2020，40（增刊 1）：297-306.

[5] 李政. 世界最大水下城际铁路盾构隧道——佛莞城际铁路狮子洋隧道[J]. 隧道建设，2017，37（8）：1046-1048.

[6] 龚晓南，等. 城市地下空间开发中岩土工程新进展[M]. 杭州：浙江大学出版社，2023.

第 8 章　盾构新技术与展望

本章重点

盾构新技术发展方向；从多功能多模式掘进装备、刀盘刀具检测机器人技术、换刀机器人技术等方面介绍了智能装备技术与展望；从智能技术研究现状、智能盾构研究进展、智能建造技术展望、盾构技术发展趋势与展望等方面介绍了智能技术研究进展与展望。

8.1　盾构新技术发展方向

8.1.1　由常规向超大与微小型化发展

盾构技术在断面尺寸方面趋向于两极化，为适应地下工程建设的发展需要，盾构的断面尺寸向超大、微小型两个方向发展[1]。

在超大型断面方面，武汉三阳路长江隧道采用直径为 15.76 m 的泥水盾构施工，深圳春风隧道采用直径为 15.80 m 的泥水盾构施工，北京东六环改造工程采用直径为 16.07 m 的泥水盾构施工，香港屯门—赤鱲角海底公路隧道工程采用直径为 17.6 m 的泥水盾构（图 8-1）施工。

图 8-1　用于香港屯门—赤鱲角海底公路隧道工程的 ϕ17.6 m 泥水盾构

在微小型断面方面，直径为 200 mm 的微型盾构已在工程中得到应用，由日本大成建设公司开发应用于立体交叉工程。目前，国外在微小型断面这方面研究较多，日本钢管株式会社（NKK）在近 20 年来接受的盾构订货中，微型盾构占到总数的 46%。而国内 2 m 以下的微型盾构尚未真正展开相关研究。

8.1.2　由单一模式向多模式发展

工程地质、水文地质和施工环境条件复杂多变，单一模式的土压平衡盾构和泥水盾构已无法满足工程的需求，这样就开发了适合复杂地质条件和复杂施工环境的多模式盾构（图 8-2）。目前的多模式盾构主要有土压泥水双模盾构、土压 TBM 双模盾构、泥水 TBM 双模盾构、土压泥水 TBM 三模盾构和可变密度盾构。

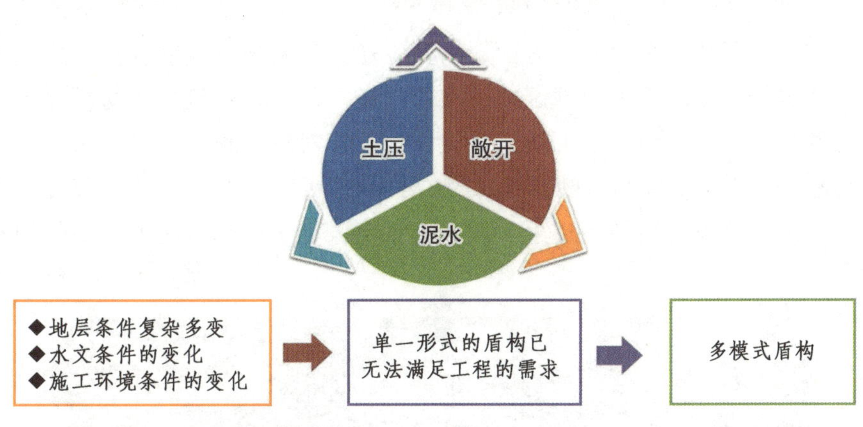

图 8-2　多模式盾构设计理论

8.1.3　由圆形向异形断面发展

为适应不同工程的需要，盾构的断面形式越来越多，目前，已生产了断面为圆形、矩形、类矩形、双圆、三圆、球型、马蹄形、U 形等的盾构。2018 年 11 月 7 日，“采用大断面马蹄形土压平衡盾构方法首次应用于黄土隧道”荣获“国际隧道协会 2018 年度技术创新项目奖”。该奖是国际隧道界最高奖。世界首台 U 形盾构成功由中铁工程装备集团设计制造，应用于海口市地下综合管廊项目。

8.1.4　由单一方向向多维度发展

常规的盾构一般都是沿水平方向掘进，但随着科学技术的进步和地下工程的复杂施工需求，目前已开发出了多种维度的特种掘进机，主要包括能进行垂直方向掘进的“竖井掘进机”，能施工横向联络通道的“横向通道掘进机”，能适应大倾角、大坡度的“斜井掘进机”，能掘进各种异形断面巷道的“异形巷道掘进机”，以及能进行长距离曲线管幕施工的“曲线管幕机”。新维度特种掘进机如图 8-3 所示。

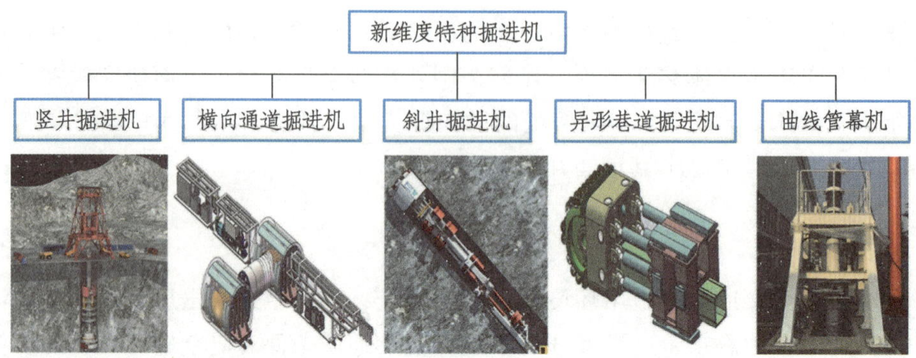

图 8-3 新维度特种掘进机

8.1.5 由浅埋向埋深越来越大发展

在未来城市深层地下空间开发方面，需开发建设深层地下空间快速轨道交通、快速道路和地下货运物流系统等中心城区地下交通设施；需开发建设排水防涝设施、深层地下能源输送管廊。在未来超长水下隧道建设方面，针对跨江越海隧道越来越多，隧道建设将向越来越深发展（如琼州海峡隧道），如图 8-4 所示。未来需研究开发超大直径、超高水压盾构，重点突破直径越来越大、埋深越来越大、水压越来越大所面临的三大密封技术难题。

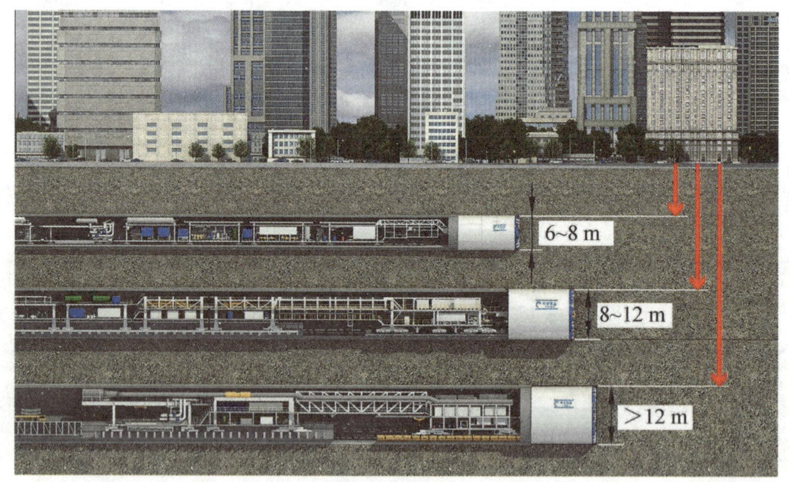

图 8-4 由浅埋向埋深越来越大发展

8.1.6 由自动化向智能化发展

基于 5G、大数据、人工智能等现代新型信息技术，研究开发“智能感知、智能决策、智能执行”的智能盾构（图 8-5）。未来，盾构施工就像无人机一样，将不再需要大量人员操作，而是基于强大的赛博物理系统（CPS），能够自己判断前方地质及环境条件，自动选择掘进模式，自动选择刀具或掘进介质，自动调整掘进参数，实现自动推进、自动纠偏、自动拼装、自动注浆，并同步完成自动化决策管控。智能盾构无论是“远程控制”、“自动巡航”，还是“智能掘进”，均能在数千公里外进行控制，正常工作时是无人的，关键时刻可以人为干预。

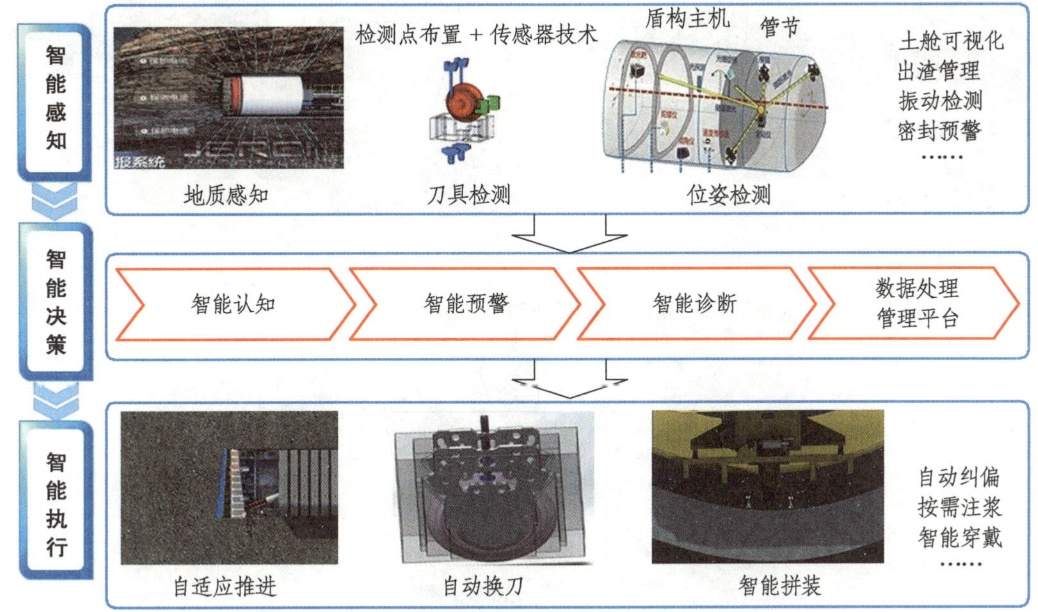

图 8-5 智能盾构总体框架示意

8.2 智能装备技术与展望

8.2.1 多功能多模式掘进装备

盾构是一种特殊装备，与地质的适应性息息相关，盾构的安全性、可靠性、高效性是工程成功的关键[2]，故必须量体裁衣式进行盾构的地质适应性设计。如何针对复杂工程地质环境采用不同模式掘进，如何采用不同功能适应不同工况，如何进行智能感知并实现自主决策，以不同的功能模式、掘进参数掘进，是当前需要解决的重要课题。随着多模式、组合功能设计制造和控制技术的进步，隧道掘进机将逐步摆脱地质和水文条件的限制，以多模式多功能的技术性能适应复杂隧道工程的要求[3]。多功能多模式具有以下特点：

1. 多模式集成技术

围绕长大隧道复杂多变地质施工难题和一机多能、智能掘进的创新主线，在支撑式掘进机的基础上融合平衡式盾构施工理念，兼具护盾式 TBM 和平衡式盾构的优点，可根据地层变化快捷地在多种不同掘进模式之间相互切换，具有闭式 TBM-土压平衡-泥水平衡 3 种掘进模式，如图 8-6，模式转换过程无须人员进舱、无须拆装任何部件，抗风险能力强，能够适应不同地层的掘进要求。

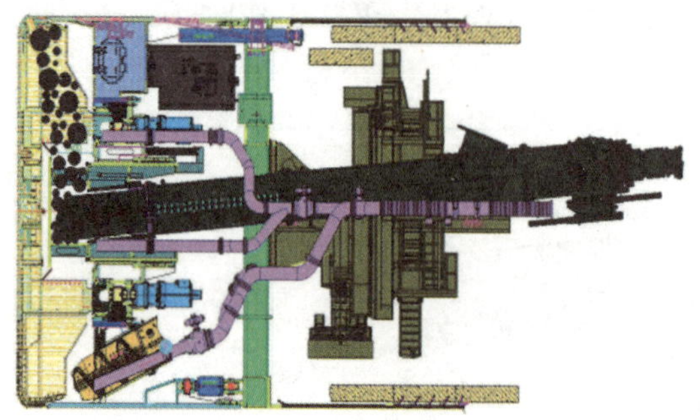

（a）TBM 模式（中心螺旋输送机出渣）

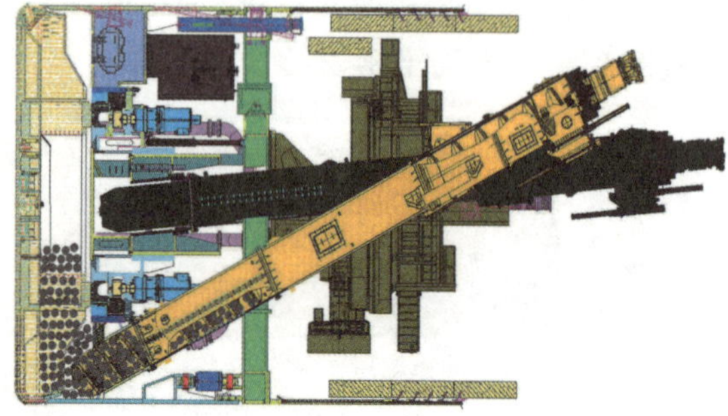

（b）土压模式（底部螺旋输送机出渣）

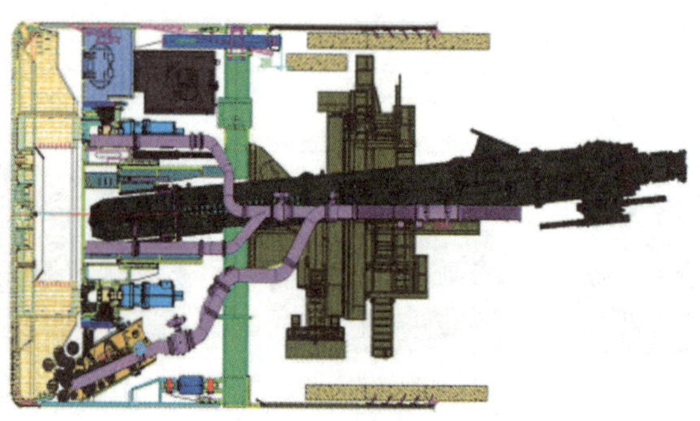

（c）泥水模式（泥浆管路出渣）

图 8-6 多模式盾构示意图

2. 全过程闭式掘进功能

如图 8-7，主驱动中心螺旋输送机伸缩机构与驱动间为滑套高压密封结构，并由油缸控制伸出及缩回。当地层遇突水涌泥时，可紧急进行模式转换，模式转换简单，密封结构可靠，达到了快速、安全、无缝切换的目的。

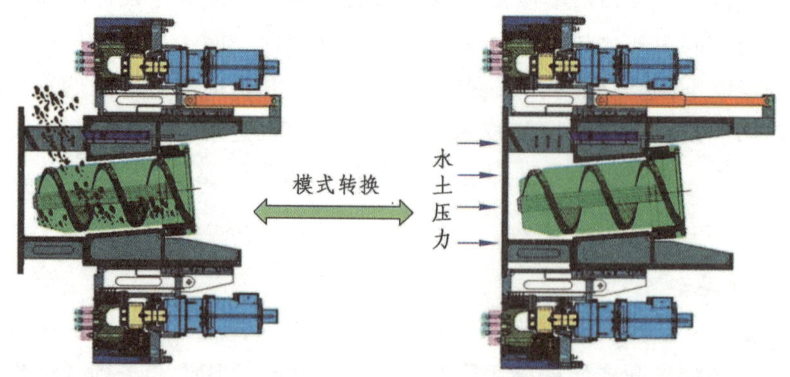

（a）敞开模式——中心伸出接渣　　（b）泥水模式——中心缩回保压

图 8-7 中心螺旋输送机转换示意图

3. 多通道出渣模式

基于螺旋输送机的出渣特点，该工法具备多种出渣方式，可根据具体地层选择最佳出渣路径。

通道一：直排管路+滚齿破碎机+泥浆管出渣方式，适应于小粒径岩块、卵石等地层。

通道二：螺旋输送机+采石箱+泥浆泵出渣模式，适用于卵石较多、滞排严重地层，如图 8-8 所示。该技术成功应用于成都紫瑞项目。

通道三：具备螺旋输送机+皮带机出渣模式，适用于国内大部分地层。

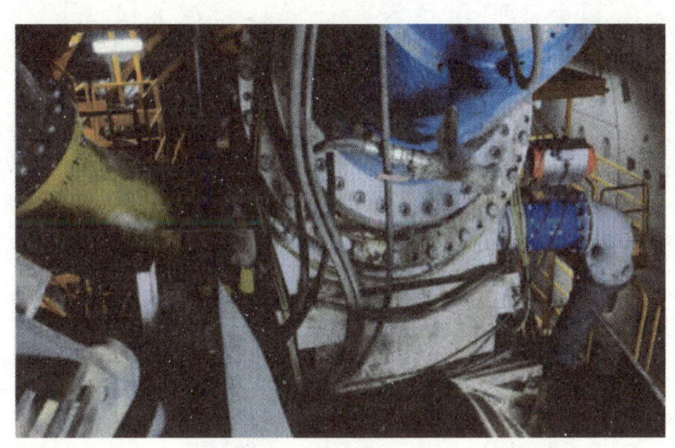

图 8-8　螺旋输送机双通道出渣结构

4. 广泛地质适应性

在具体施工中根据地质勘测、预报分析结果、掘进参数情况、出渣情况等，提前进行模式转换，如地质不明，可在突发突泥情况下进行模式转换。闭式 TBM、土压平衡、泥水平衡模式三种模式对地层的适应特点，如图 8-9 所示。相互转换过程无须设备拆除、无须人员进舱干预，保证模式转换过程在可控、安装条件下进行，模式转换时间为约 0.5d。

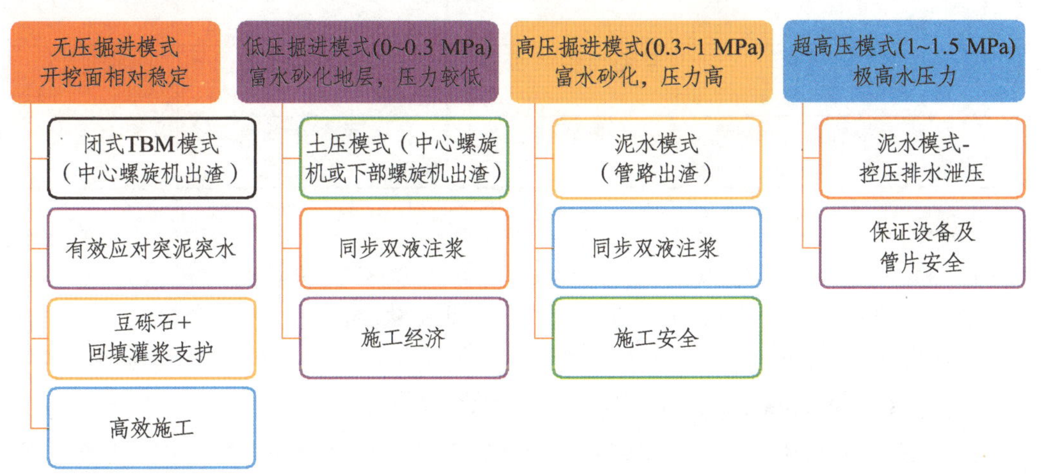

图 8-9　多模式盾构地质适应特点

随着国家一批大直径山岭铁路隧道的建成，采用多功能、多模式 TBM 工法施工成为新一轮山岭铁路隧道建设的发展趋势。因此，多功能、多模式 TBM 远期需求数量更多，隧道掘进机的智能化、多功能发展和推广必将进一步推动隧道建造技术的创新与发展。

8.2.2 刀盘刀具检测机器人技术

全断面掘进机掘进过程中面临高压、高湿等极端运行环境，刀盘刀具易磨损，直接影响掘进机的工作性能。刀具的检测和及时更换对盾构机的安全高效施工有着重要意义，但刀盘位于掘进面密封舱中，压力高、环境恶、作业空间小；刀具径向分布于刀盘上，数量多、磨损快。依靠人工检测，安全风险大；依靠传感器检测，检测精度对于检测环境受限较大。因此，一种配备冲洗和视觉系统等智能技术的刀盘刀具检测机器人应运而生，成为用于盾构机刀盘刀具检测的新兴技术。目前，国内外相关研究机构都在开展全断面掘进机检测机器人技术研究，见表 8-1。

表 8-1 国内外从事相关研究的主要机构

序号	机构名称	相关研究内容	相关研究成果	成果应用情况
1	英国 OC Robotics 公司	蛇形机械臂及控制技术	刀盘刀具检测机器人样机	样机性能测试
2	德国 Herrenknecht 公司	滚刀刀圈磨损在线检测及无线传输技术	刀具磨损在线检测系统	样机性能测试
3	法国第六大学	适用于盾构机狭小工作空间的 7 自由度机械臂	理论研究	无
4	美国 Clemson 大学	连续型柔性机器人	实验室样机	无
5	中国铁建重工集团有限公司	刀盘刀具清洗检测技术	折臂式刀盘清洗观察机器人样机	无
6	中国浙江大学	受限空间柔体机器人技术	拉索式蛇形柔性机械臂样机	无
7	中国新松机器人自动化股份有限公司	多关节串联柔性机械臂	拉索式多关节机器人样机	无

1. 国外研究现状

国外从事全断面掘进机刀盘刀具检测机器人相关技术研究的机构主要有法国 BOUYGUES 公司、英国 OC Robotics 公司等，这些机构借助机器人及机器视觉等专业领域前期积累，研制出原型样机，尤其是英国 OC Robotics 公司，核心技术是蛇形机器人，如图 8-10 为 OC Robotics 公司开发的一款Ⅱ-X125 型蛇形臂机器人[4]，在蛇形臂的驱动领域主要集中于绳驱动、气动驱动或者是特殊材料如记忆合金等。Ⅱ-X125 型蛇形臂机器人已经成为世界领先的用于受限和危险环境的机器人。OC Robotics 公司研制的刀具检测蛇形机器人 JetSnake[5]（图 8-11），在我国香港国际航空港工程中开展性能测试，蛇形臂靠绳索驱动，装备高压水枪、摄像机和照明系统，用于实时过程监控和检查，同时集成了新的机器视觉系统——激光轮廓仪，用于测量 TBM 刀盘刀头的磨损。但其主臂机构采用工业机器人定型产品，难以满足盾构密封舱内部复杂空间作业需求，无法实现全刀盘作业。JetSnake 实现了刀盘局部区域清洗及检测，但其避障能力及可达空间均存在较大不足。

图 8-10　Ⅱ-X125 型蛇形臂机器人

图 8-11　刀具检测蛇形机器人 JetSnake

图 8-12 为德国 Herrenknech 公司开发的刀具在线磨损检测系统。该机器人配备工业内窥镜、水枪、照明灯和相机，是用于刀盘磨损的辅助检测工具[6]。但国内用户反映其在检测精度、信号传输可靠性等方面存在不足，存在较多误报和漏报，没有大面积推广。

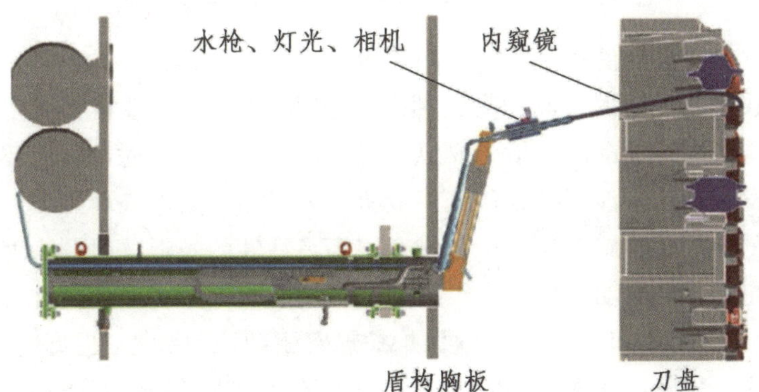

图 8-12　德国海瑞克公司（Herrenknech）辅助检测机器人

2. 国内研究现状

国内也有部分企业和高校进行了相关技术研究，中铁工程装备集团有限公司开展换刀机器人结构设计研究，研制了缩尺样机（图 8-13），中国铁建重工集团有限公司自主研制出刀盘清洗观察机器人样机（图 8-14），但工作范围和环境适应性存在不足。

浙江大学研制了拉索式蛇形柔性机械臂样机（图 8-15）和高功重比电静液执行器，其中，电静液执行器在铁路道口系统实现了批量应用。新松机器人公司研制了拉索式多关节机器人样机。此外，中南大学对刀盘刀具磨损检测技术进行了研究。

图 8-13　中铁装备检测机器人缩尺样机

图 8-14　铁建重工折臂式刀盘清洗观察机器人样机

图 8-15　浙江大学拉索式蛇形柔性机械臂样机

蛇形臂机器人是灵活的机械手臂，由于没有“肘”的存在，蛇形臂可以在视觉的引导下自由进入狭窄或危险的空间，完成预定任务[7]。传统的工业机器人受关节活动的限制，几乎不可能在复杂混乱的环境中操纵，这是由于它们的“肘部”阻碍了操作，可能会与复杂环境发生运动干涉而导致传统工业机器人损坏，或者破坏工作环境中的设备。因此，在狭小复杂的盾构施工环境中，具有很高灵活性的蛇形臂机器人就是最合适的选择，并且由于蛇形臂的驱动电机、电子设备和控制系统位于工作环境之外，只有臂本身被部署到工作空间中，因此可以更好地保护蛇形臂驱动控制系统，提高蛇形臂的可靠性，同时也利于维修。另外，在密闭空间内工作的人员会产生显著的健康和安全成本，但蛇臂机器人可以使人员远离危险区域进行远程工作。在许多情况下，蛇形臂机器人还可以提升效率，特别是在空间限制阻碍人员高效工作的情况下。绳索驱动式的蛇形机械臂在隧道盾构刀盘检测领域具有良好的应用前景。

8.2.3　换刀机器人技术

盾构机在复合地层开挖过程中，主要靠滚刀与岩石的挤压切削破岩，在重载、强冲击、泥浆浸泡等一系列恶劣的服役环境下[8]，滚刀消耗量巨大，需要对滚刀进行频繁的更换。目前，盾构换刀作业主要采用人工进舱更换的方法。据统计，对于直径在 15 m 以上的盾构机，滚刀的数量有上百把，单把滚刀质量达 250 kg，且每把滚刀更换的时间在 4 h 以上，刀具更换的总时间占整个施工周期的 1/3 以上[9]，如此低的换刀效率严重影响了隧道施工的进程，同时增加整个隧道施工的成本。更重要的是换刀工人在换刀过程中面临刀盘前方高压高湿（压力≥600 kPa、湿度≥90%）、碎石跌落等复杂的环境，且长时间处于高压环境作业会对人体造成不可逆的损害，甚至出现人员伤亡等重大事故[10]。人工换刀严重威胁了换刀工人的生命安全，当面临高压、高湿、腐蚀等极端作业环境时，“检测难、换刀险”成为国际公认的行业难题。因此，其智能化推进将成为隧道掘进技术发展的必然趋势[11]，研究适用于盾构狭小空间及恶劣作业环境的机器人，实现高危环节的机器代人换刀，成为盾构行业亟须解决的问题，国内外厂家、高校也相继展开了相关研究。

1. 国外研究现状

2011 年，巴黎第六大学的 Sébastien R 设计了一台适用于盾构的换刀机械手，其机身为一 7 自由度的串联结构，针对盾构机内部的结构特点，对机器人进行了相应的避障路径规划，并在实验层面完成了轨迹的验证，但其只考虑了机器人机身的运动避障，并没有考虑末端荷载对机身的影响[12]。

换刀机器人研究工作较为突出的是法国布依格集团（Bouygues Group），他们在盾构机换刀机器人的工程应用上进行了积极的探索，通过特种机器人代替操作人员在盾构机开挖舱内进行换刀维修作业，于 2007 年提出 TELEMACH（TELE-operated Maintenance for TBMs Cutter-Head）项目[13]，对用机器人代替操作人员在盾构机开挖舱内进行维修作业进行了可行性研究。该系统包括用于检测的关节型机械臂、刀具更换工具、输送机及自动闸门等，操作人员可以通过机器人视觉、虚拟现实及力反馈技术实现远程的实时操控。2015 年，布依格集团公布了其基于德国 KUKA 公司生产的 KRFORTEC 型重载工业机器人的换刀机器人[14]，如图 8-16 所示。为适应自动化换刀的要求，该团队对滚刀刀座结构

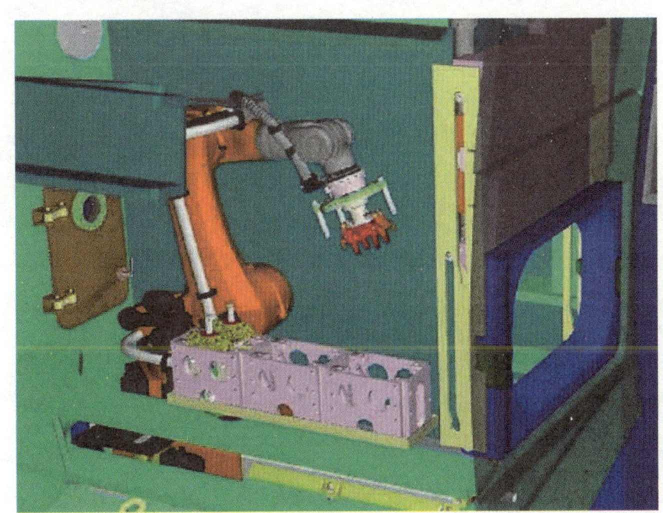
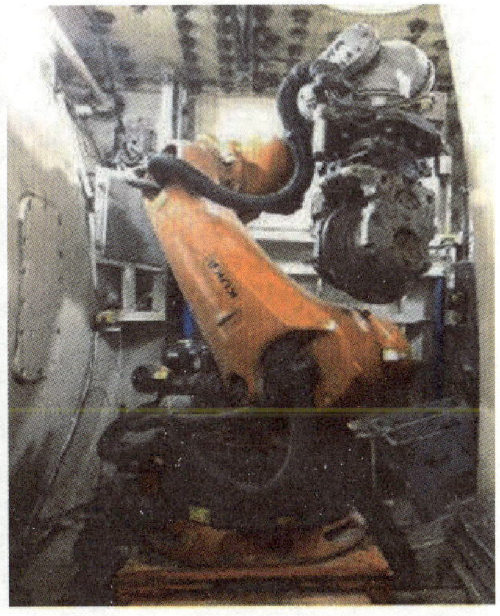

图 8-16　法国布依格集团换刀机器人

形式进行了改变，并设计了相应的末端执行器。为保证多转动副的串联机身结构具有足够的刚度，其负载自重比（负载/自重）较低。由于机身为直接购买的工业机器人机身，因此不需要单独设计控制系统，且机身刚度大，定位精准。但其臂长固定，换刀范围小，换刀动作复杂，狭窄空间适应性差，防水性能差。

2018 年 6 月，德国人工智能研究中心机器人创新中心公布了其研制的盾构换刀机器人赫克托（HECTOR）[15]，其结构如图 8-17 所示。该机器人为 5 自由度串联机器人，第 1 关节为移动副，后 4 个关节为转动副，动力源为液压，换刀过程由人工远程操作完成。从结构上看，该机器人优点是机身结构紧凑，能够更换盾构中的边滚刀，但并不能覆盖刀盘上所有的滚刀；其缺点是换刀动作较为复杂，需要在盾构内部预留较大的机器人活动空间，而盾构机难以提供如此巨大的安装空间。此外，其末端执行器的姿态无法调整，对刀盘位置的停靠有较高要求。

图 8-17　盾构换刀机器人赫克托

2. 国内研究现状

相对于国外的研究，国内对盾构机的换刀机器人研究处于起步阶段，于 2018 年 12 月才有首个关于换刀机器人的国家重点研发计划《全断面掘进机刀盘刀具检测换刀机器人》。但在立项之前部分企业和高校进行了相关技术的研究，主要以理论研究为主，相关技术的应用处于空白状态。

2014 年徐工集团苏延奇、徐昊郎等人设计了一种盾构机辅助换刀装置[16]，主要用于滚刀的辅助拆卸和搬运。该装置主要由 3 自由度机械手与末端夹持器组成，机械手可以伸缩，末端夹持滚刀后机械手将滚刀回缩到刀箱中，实现辅助搬运功能。但其末端夹持滚刀刀圈边缘，存在夹持不可靠的问题。

东北大学等高校对换刀机器人机构进行了设计。2016 年，东北大学周溪桥等人设计了一种盾构机 6 自由度液驱换刀机器人及一种新型滚刀安装方式[17-18]，如图 8-18 所示；2019 年，徐晨等人针对该机器人研究了基于刚柔耦合模型的运动可靠性分析[19]。但其机器人结构尺寸及关节类型设计未与机器人仓储空间、换刀作业动作等工况综合分析，存在狭小空间适应性不足的问题。

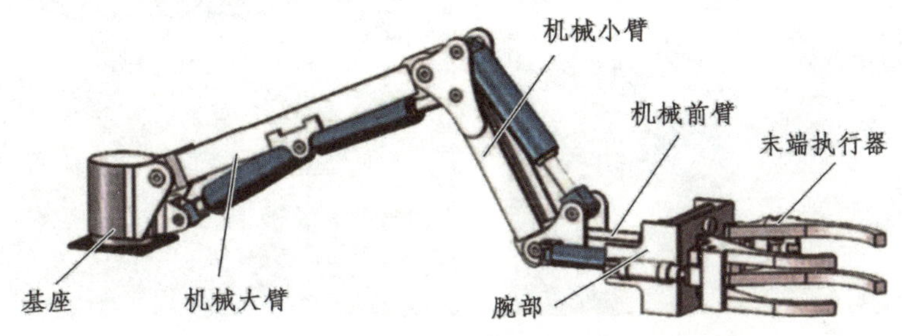

图 8-18　东北大学盾构换刀机器人方案

2017 年，中南大学夏毅敏等人设计了一种具有机械臂的盾构机换刀机械手[20]，由基座、机械伸缩臂、换刀装置组成，整个机械手安装在刀盘后端物料舱，可以在物料舱导轨上移动，换刀工作时整个机械手沿物料舱导轨运动到刀盘后方。由于单把滚刀质量达 250 kg，此悬臂结构整体刚度低，工作时末端会出现大变形，满足不了换刀机器人精确定位及高可靠性要求。

2020 年，大连理工大学李晓同等人以 12.6 m 直径盾构机为对象提出了一款液压驱动式 7 自由度混联换刀机器人[21]，如图 8-19 所示，建立了该机器人的运动学和动力学模型，利用联合仿真技术，实现了换刀机器人的精确控制。但其机器人整体尺寸较大，不适于常规的直径为 6 ~ 12m 级盾构空间作业，应用范围受限。

图 8-19　大连理工大学盾构换刀机器人方案

在样机研制方面，国内的相关研究主要集中在相关企业。中铁工程装备集团有限公司的换刀机器人方案与法国 BOUYGUES 相同[22]，采用直接将 6 自由度工业机器人安装在盾构机中的方案，如图 8-20 所示，刀座及执行器结构均参考了 BOUYGUES 的 TELEMACH，研制了实验室样机。该机器人同样存在换刀范围不足、适应性差等问题。

图 8-20 中铁装备盾构换刀机器人

2019 年 9 月，宁波宏润建设集团有限公司联合嘉兴高维智控公司开发了适用于盾构机的自动换刀机器人系统[23]。整个换刀系统包括：六轴串联机械臂、适用于换刀的刀具抓手、适用于自动化换刀的刀箱结构，完善的密封系统，配备水刀、照明及摄像头。如图 8-21 所示，该机械臂臂展为 2 m，末端手爪可在臂展范围运动，末端可抓取负载为 200 kg。由于现在广泛应用于盾构机中的 19 in 滚刀质量达到 250 kg，因此该机器人 200 kg 的负载能力偏低。另外，其臂展覆盖滚刀范围有限，且不能对需要频繁更换的边滚刀进行更换。

图 8-21 宏润建设盾构换刀机器人

综上所述，目前国内外换刀机器人相关技术还处于深化研究阶段，存在负载不足、适应性差、换刀范围有限等问题，仍有较大的研究空间和应用前景。

8.3 智能技术研究进展与展望

目前，盾构已发展成为集合多种技术的自动化控制机械设备，已基本实现了掘进、衬砌、排土等施工工艺的全机械化和自动化，以及自动检测、自动纠偏和故障诊断等功能，几乎不受地形、气候等环境因素的影响，能够在复杂地质条件下工作，在长距离、大直径隧道施工中具有明显优势。随着社会与经济的飞速发展，我国地下工程将获得更大的发展空间，逐渐呈现出建设标准高、速度快、长度长、断面大、地质复杂、工期短等显著特点，为适应不同工程领域及市场需求，盾构技术也不断创新发展。

8.3.1 智能技术研究现状

1. 盾构施工技术问题

虽然盾构自动化施工技术水平不断提高，但在盾构掘进信息化、智能化方面缺乏深入研究与工程实践，盾构掘进过程中地质与设备状态信息获取滞后，缺少有效的数据规律挖掘方法，决策控制依赖人为经验，致使盾构盲目掘进，导致盾构掘进与地层条件不适应、掘进效率低、人工劳动强度大、施工作业调度不及时、施工安全事故时有发生等问题一直存在。

2. 盾构掘进地质与设备信息感知不足

智能感知技术包括信息收集、识别、分析等，是盾构智能化链的重要组成部分。目前，基于模式识别、智能感知等技术的研究应用，盾构施工过程中的设备状态感知在多项工程中得到了成功应用，如刀具智能诊断系统、盾尾密封的安全预警系统、超前地质预报系统；但是随着开挖地质复杂多变，施工过程需及时调整变化，设备数据的共享、多系统协调、多目标优化及施工参数的自适应动态调控等还未成熟应用，需通过智能采集终端及配套软件的开发，自动采集数据，并结合多系统的异构数据，进行多源信息融合的安全预警，及时获得客观合理的评价[24]。

3. 盾构掘进信息传递不及时、数据挖掘分析不深入

在盾构施工过程中，行业尽管已经掌握了大量数据，也有很多相关的经验和知识，但由于缺乏合适的信息管理平台，无法对海量的、杂乱无章的数据进行统一归类和管理，并找出其中的规律，进而确定可量化的盾构掘进参数预警指标，减少施工事故，确保施工的稳定与安全。为解决运维监测困难的问题，需要建立基于多种先进的感知技术、自动化技术、大数据与人工智能构建地下空间的智能运维系统，通过大数据应用的数据分组、空间聚合、数据查询及计算分析，实现对盾构施工全过程的智能化实时管理。

4. 盾构掘进决策控制不科学

目前，各个系统的状态感知研究提升了数据采集、展示和信息共享等方面的效率，但在数据采集方面还存在数据标准不统一，数据处理分析难以实现自动化的问题；在数据应用方面还存在人工处理分析效率低下，决策定性分析较多、定量较少，决策过程与现场数据的结合不够紧密，决策过程效率低、难以抓准管控重点、分析准确度不高等问题。为解决上述问题，需通过自动化数据采集、大数据分析等关键技术的研究，制定安全管控分析与决策的标准流程，并同步开发安全管理平台，实现数据采集、分析和预警的自动化，为安全管控高效、准确地决策提供理论依据[25]。

5. 盾构高质量施工的影响因素复杂多变

一方面施工工艺流程复杂，另一方面外部影响高质量施工因素较多，如地质环境复杂、作业条件差、对操作人员经验和素质要求高、劳务作业人员老龄化、施工标准不一

等，上述因素可造成施工过程不当引起地面沉降、隆起、中心线偏离、管片破损、隧道渗漏、非正常停机、设备损坏等事故，制约着盾构的施工效率并增加建设成本。如何有效地避免这些问题，加快盾构施工进度，节约人力成本，提高施工智能化，是盾构行业一直关心的问题和研究探索方向。

总的来说，随着盾构在地铁、电力、电信、地下管廊、海底隧道、岩石隧道等更多领域得到应用，人们对盾构技术的要求也越来越高，盾构不仅要适应长距离、大直径和大深度的施工要求，还要在高压条件下完成施工，更要具备克服复杂施工条件的能力，而且要实现施工的信息化和智能化，提高掘进速度和掘进效率，提高施工安全性，以及提高空间利用率，确保得到断面更为合理、空间利用率更高的异形断面。因此，能够适应多种地质条件和土层结构的复合式盾构和断面尺寸多样化的超大型和微小型盾构是未来的发展趋势；同时，盾构的智能化，即采用先进的感知技术、大数据、深度学习、机器人控制技术对盾构掘进进行智能化变革也是未来的发展方向[26]。

8.3.2 智能盾构研究进展

传感器、大数据、云计算、人工智能、物联网、机器人等新一代信息技术发展迅速，智能建造理念已发展至地下工程领域，盾构智能化施工是地下工程建设的必然趋势和未来发展方向。国外如日本、法国等在盾构智能化研究领域起步较早，目前一些知名盾构生产企业在盾构智能化方面建树颇多[27-28]。

在智能感知与检测方面，法国布依格集团在 2015 年将开发的 Mobydic 刀具监测、蛇形机器人、TELEMACH 换刀机器人等多项新技术应用于我国香港屯门隧道盾构。Mobydic 刀具监测系统安装于盾构刀盘上，可记录刀具受力、转速、温度等，并可通过数据计算反映出掘进中遇到的孤石、桩基等障碍物，而且能够分析出地层环境并绘制模拟图，制定相应的施工措施，最终反馈给盾构。蛇形机器人的机械臂末端装有摄像机、照明设备、切割设备、高压水枪等，可以清理刀盘，消除堵塞。TELEMACH 换刀机器人专门用于更换刀具，可以在盾构开挖舱内部拆卸已经磨损的刀头，并更换安装新刀具。除此之外，开挖舱还配备了视频系统，在工人进入时可提供实时监控画面。

在盾构智能控制方面，日本在 20 世纪 90 年代初就开发了盾构自动掘进系统。佐藤工业公司研制开发了盾构专家系统，利用人工智能技术判断盾构选型和施工方法；在船桥市地下输电管道工程中，他们基于模糊理论和人工智能系统开发了盾构自动掘进系统，通过控制出土量、线流纠偏量等实现了盾构自动操纵管理。2019 年，清水建设与名古屋工业大学联合研制了盾构操作 AI，该系统通过深度学习建立了模型化工作流程，模拟人脑判断，实现了管片自动配置和盾构自主运行控制的最优辅助；马来西亚 MMC Gamuda 公司研发了自主运行 TBM 系统（Autonomous TBM，A-TBM），它是一种能实现盾构自主推进、转向与控制的智能化系统。该系统采用即插即用模块组建，通过 PLC 的反馈信息实现盾构轴线的自动转向控制和盾构参数自动控制推进，并在吉隆坡 KV 地铁 2 号线中 13.5 km 隧道的建设中得以成功应用。

在智能导向方面，日本 ENZAN 公司开发的 Robotec 测量系统利用全站仪自动搜索盾构内固定安装的棱镜，通过几何关系计算盾构坐标，实现盾构掘进方向的自动测量；日本 Gyro 系统运用陀螺仪对盾构进行方位检测，能自动测量方位角和倾斜角，实现盾构位姿管理；德国 VTM 自动导向系统通过引入带自动锁定棱镜功能的全站仪和激光标靶，并结合仿真技术，可将土层中向前掘进的盾构模拟成清晰可见的图形，并辅以文字标识，实时展示在盾构司机面前[29]。此外德国 VTM 公司还研发了 TUnIS 地面监控系统、SLuM 自动盾尾间隙测量系统、RCMS 自动管环收敛测量系统、VDMS 数据管理系统、管环平整度检测系统、管模和管片三维激光扫描检测系统等，对盾构施工起到了很好的辅助作用，大大提高了施工质量。

在管片自动拼装方面，1995 年日本日立公司采用光学图像、激光与传感器检测技术，研制了 7 自由度管片自动拼装机器人，实现了全自动化管片拼装。德国海瑞克公司研发了管片自动拼装系统，采用比例控制的回转型真空吸盘，实现管片拼装过程的精确、安全和快速。法国布依格集团于 2015 年研发了 Atlas 管片拼装机器人，能够自动抓取运输车上的管片，将其定位至拼装位置，并准确插入完成拼装，拼装区内无须工人在场，成功应用于巴黎地铁的盾构施工。

中国盾构智能化发展起步较晚，但一直在不断深入探索。在智能感知方面，夏俭[30]于 2017 年总结了研制土压平衡盾构出土计量装置的经验；玖瑞科技于 2019 年研发了盾构刀盘状态检测系统，可在线实时测量盾构刀盘上滚刀的磨损、转速及刀盘的温度；中铁装备自 2012 年以来研制了刀具智能诊断系统，通过采用磁传感器测量滚刀转速，计算转速比间接得出刀具磨损量，同时具有温度检测功能，可实现刀具状态的智能诊断。

在盾构信息化平台方面，上海隧道工程股份有限公司[31]开发了盾构隧道信息化施工智能管理系统，2002 年应用于上海轨道交通明珠线二期和南京地铁一号线工程；中国矿业大学[32]于 2003 年开始研发盾构施工实时管理信息系统，设计了具有工程介绍、施工进度、沉降分析、掘进参数显示、数据分析、材料消耗、数据传输等功能的盾构施工实时管理系统，2008 年全面应用于北京地铁盾构隧道施工的实时监控管理工作；随后，国内各装备制造、施工企业相继开发了功能相近的盾构信息管理系统，如中铁十八局的地铁项目盾构施工三维信息管理系统[33]、中铁一局的盾构集群远程监控与智能决策支持系统、中铁工程服务公司的盾构云、上海大学的基于 BIM 的盾构隧道施工管理三维可视化辅助系统[34]、中交一公局的盾构集群化监控与异地决策管理系统[35]、济南轨道交通的盾构施工多源信息实时移动交互平台[36]，以及中铁装备盾构远程指挥中心、盾构及掘进技术国家重点实验室盾构/TBM 工程大数据中心等众多盾构信息管理系统等，这些系统都集成了目前最先进的计算机技术和移动通信技术，实现了盾构参数采集与存储、多源数据融合、远程监控、数据分析、姿态管控、故障预防预警、可视化显示、沉浸式漫游、进度管理、质量与风险管理、掘进历史档案存储与查询等功能。

在智能决策方面，杨宏燕等[37]于 2006 年建立了一个具有自主知识产权的盾构方向控制模型，并将其应用在了实际的掘进施工中；李惠平等[38]于 2006 年对盾构掘进时的运动特性进行分析，并建立了盾构推进时的运动数学模型；李守巨等[39]于 2011 年基于现场观测数据提出了盾构掘进决策支持系统模型，能够实现复杂地层特征在线辨识、土舱压力自适应预测、盾构姿态调整、掘进参数优化等；龚国芳等[40]于 2014 年使用双闭环反馈自动控制对液压缸的速度进行控制；周奇才等[41]于 2018 年依据盾构施工排土量与注浆量数据对地表沉降进行预测。

在智能控制方面，上海隧道基于信息化大数据平台、5G 移动通信技术、AI 智能学习技术、传感技术研发的盾构自动巡航技术多元化管控平台，可实现盾构一键启动、管控中心远程操控工地端盾构主要掘进动作及油脂与浆液注入，达到自动巡航掘进。浙江大学杨华勇等[42]于 2018 年针对全断面隧道掘进装备智能化提出了无人值守的具体概念，中铁装备[43]于 2019 年提出了盾构无人化，国家铁路总公司王同军[44]于 2020 年指出铁路隧道智能建造的核心是无人化或少人化等，赵洪岩等[45]于 2021 年将盾构智能化划分为辅助巡航、间歇性自动巡航、常态化自动巡航、自动控制和智能掘进 5 个阶段。

综上所述，国内外盾构智能化仍处于初期探索阶段。国外的盾构智能化大多是针对单个系统、单个部件的智能检测、智能诊断及智能运行，自主控制系统仍然以特定工程的数据样本为主，未能得以推广应用。受限于传感器技术、人工智能、大数据技术等发展水平，与国外同类企业相比，中国盾构生产企业的智能化技术储备与产品的整体自动化、智能化水平依然处于劣势。国内盾构主要依靠人工操控进行掘进，只有极少部分功能如同步注浆、管片拼装等可实现少人化，还需继续研究自动巡航、智能掘进等技术。

8.3.3 智能建造技术展望

国内外各大城市都在推进基础设施的智能建设，这是未来规划全面建立智慧城市的重要环节。以人工智能为代表的现代信息技术与传统建造业的结合成为必然发展趋势。为了综合利用地下空间，需要修建越来越多的地下隧道，而盾构作为隧道施工最为先进的施工装备，是地下空间施工的重要装备。面对地层复杂、城市空间密集、施工范围狭小、邻近结构敏感、生态环保要求高等诸多富有挑战性的难题，应提高盾构设计、施工、运维全生命周期过程中的智能化水平，减少各阶段对人员的依赖，减少设备及人身财产损失，降低盾构隧道施工风险以及对周边环境影响的风险。在施工过程中需充分利用可视化、人工智能、5G 通信、数字孪生等技术与盾构施工相结合，解决盾构施工过程中的设计、感知、决策、运维等方面的施工难题。

1. 智能化设计

刀盘的智能化设计：开发刀盘荷载智能预测系统；构建刀盘综合性能评价体系，开发刀盘刀具数字化分析与参数化智能设计系统，实现刀盘刀具数字化智能设计。

盾构隧道的施工模拟：盾构隧道施工环境复杂，为了减少不必要的施工差错，同时在一定程度上提高施工效率，可以在施工前通过多种智能化手段进行施工模拟。目前探讨采用盾构大数据分析预测技术，通过收集地层及施工运行数据，采用人工智能相关技术，对地质条件与盾构施工构建关系模型，开发三维可视化模拟软件，实现盾构隧道的施工模拟。

2. 设备状态的智能感知

（1）超前地质探测。

为实现盾构在掘进过程中对掌子面前方地质的智能预报与综合预警，需要通过不同类型的超前物探技术、基于掘进参数的地质分析技术、基于刀盘刀具的感知技术和出渣量监测的地质分析技术等，融合多源数据进行综合解译和分析，弥补各种单一方法存在的缺陷，最终实现掌子面前方地质从远到近、从定性到定量的精细化探测。未来超前地质预报技术还可以结合新型传感技术、大数据、BIM 技术、5G 技术、三维激光扫描等前沿信息技术做出更多尝试，以提高超前地质预报的准确性，实现对多源异构的空间数据和非空间数据的集成管理，形成基于数据中心的三维一体化管理策略。

（2）刀具的智能诊断。

通过传感检测、无线传输、数据深度挖掘等关键技术，突破刀具状态检测及诊断难题，为科学准确地指导司机在复杂地质下的掘进操作提供依据。未来刀具的智能管理，可通过将刀具状态的诊断结果输出给换刀机器人，换刀机器人根据需更换的刀具位置，自动控制掘进参数，顺利完成换刀操作。

（3）盾构密封的安全预警。

通过传感器检测集成技术，多点连续实时监测密封腔内压力、温度、含水率等状态参数，解决盾构施工过程中无法预判的密封泄漏难题；结合关联系统的相关参数，需建立人工智能算法模型，及时进行密封系统的综合安全预警。未来，结合不同地质下密封多参数的采集与数据融合的深度分析，指导盾构密封系统的智慧化设计，保障盾构密封系统的安全运行。

（4）地面沉降安全预警。

为保障盾构顺利掘进及地表建（构）筑物的安全，施工过程需精细化管理，通过关键运行参数的采集，同时扩大数据采集范围并进行深度分析，建立基于 BP 神经网络的复杂地质条件下盾构隧道施工诱发地表土体变形沉降预测模型，实现盾构沉降的预测。未来，可通过数字孪生技术实时可视化监测盾构施工地面沉降，通过传感器实时监测沉降过程，将实测数据返回给设计阶段完成的 BIM 模型，更新模型内容，并与施工计划进行集成，通过仿真和模拟的反复迭代，预见施工质量和进度。同时，通过模型控制施工现场装备，实现二者的信息交互，通过与实体系统的响应进行对比，揭示盾构施工中可能存在地面沉降的风险，形成盾构过程的智能闭环。

（5）关键设备的故障诊断。

关键设备的振动监测与故障诊断，通过 LoRa 无线通信技术搭建无线传感网络，实现对盾构机关键零部件的振动信号采集，采用频域信号处理方法和神经网络相结合的方法实现对盾构机关键零部件状态分析、故障诊断。

3. 施工过程的科学决策

（1）掘进速度预测。

通过机器学习找到影响因素和盾构机掘进速度之间的映射关系，建立智能预测模型，实现了对盾构机掘进速度的有效预测。

（2）压力平衡智能控制。

将多模型控制方法应用于土压平衡技术中，利用模糊神经推理系统的逼近非线性系统的能力，建立多个子模型来逼近盾构在复杂掘进环境下的土压平衡控制的动态特性，并通过相关控制策略选择最优土压控制器，从而输出最优控制参数，实现良好的土压平衡控制特性。

（3）姿态的智能纠偏。

通过数学模型、模糊理论及轨迹规划和机构学分析的姿态控制技术，建立盾构推进机构工作空间的约束方程，揭示推进机构工作空间与盾构最小转弯半径的关系，设计以分区液压缸目标位移为控制目标和以跟踪隧道设计轴线为控制目标的两种盾构推进姿态智能控制系统，智能控制盾构推进姿态。

4. 自动化执行

（1）管片自动吊运。

通过机器学习、3D 激光扫描、运行机构定位、PLC 自动控制、无线通信等技术手段，研究管片自动抓取与释放技术、吊机自动定位运行控制技术、吊运安全监控与防护技术，突破管片堆垛精准定位和精准抓取、吊具防抖自动控制关键技术，实现管片吊机智能吊运。

（2）管片自动拼装。

基于图像识别、机器视觉、轮廓测量和闭环控制等原理和方法，开展待抓取管片信息识别、管片智能定位抓取、管片智能拼装定位等技术研究，设计管片自动拼装控制系统，利用机械臂技术设计管片拼装机器人，结合运动控制系统，实现管片自动快速精准拼装，提高管片拼装的安全性与效率。

（3）后配套自动运输。

研究盾构施工后配套智能运输技术，实现后配套运输系统的信息化和智能化，从而提高其安全性和自动化程度。通过无人驾驶控制技术，实现后配套运输系统机车自动驾驶；通过远程操作控制技术，实现后配套运输系统远程驾驶控制，近场遥控作业和标准工作指令执行；通过自动安全防护技术，实现后配套运输系统 3D 环境感知和安全自动防护；通过行车调度指挥技术，实现后配套运输系统自动调度和运行控制；通过环境与设备动态监控技术，实现后配套运输系统软硬件设备状态监测和故障报警；通过智能管理技术，实现后配套运输系统全生命周期管理。

5. 智能运维平台

（1）盾构智能化管控平台。

通过聚焦设计、生产、施工、运维等隧道建造全过程的智能化管理，从下到上解决盾构施工过程的“全面感知”、“平台整合”和“智能决策”。在边缘感知层，在施工现场通过为盾构机加装各类智能终端，从而增强对人、设备和环境等的监测，实时将各类数据传输到信息化平台进行处理和展示；在平台整合层通过信息化平台实现对“人、机、料、法、环”的全流程业务覆盖，各业务要素均对应有信息化应用，并提供丰富的应用程序接口（API）和统一数据池实现多业务平台间数据贯通与共享；在智能决策层通过大数据、人工智能、数字孪生等技术对各个阶段采集的巨量数据进行多维度分析挖掘，实现数据可视可管，构建丰富的智能应用，为隧道建造过程提供各类便捷的信息化工具。

（2）盾构远程指挥中心。

该平台为用户提供了一个管理盾构施工的重要平台，用户可根据自身权限访问平台，随时随地了解盾构当前的施工状态，使项目业主方、监理方、施工方和设计方均能实时、系统、安全地获取到现场施工的全部信息，并能够满足跟踪项目施工进度，实现项目质量管控、安全管控等需求。

随着科学技术的飞速发展，智能化已逐步融入盾构施工领域。以人工智能、大数据、“互联网+”为标志的新技术正逐步与盾构装备和施工技术结合产生，虽然实现了部分系统的状态感知、管片的少人拼装、自动掘进的辅助决策等功能，但目前还无法形成全面自主感知、自主学习、自主掘进、智能决策，智能化基础理论还有待夯实，智能化技术应用仍有局限，且有待进一步扩展。

未来，为实现盾构设计、施工、运维、管理各阶段的数字化与智能化，使地下空间开发从经验性向科学性转变，需从以下三方面应用实施：“全面感知”方面，采用轨道机器人、激光雷达、电子传感器、智能图像、光纤技术、三维激光扫描仪等提高盾构机的智能化检测水平；“平台整合”方面，生产层通过平台实现对“人、机、料、法、环、测”全流程业务覆盖、全要素数据管理，通过丰富的 API 和统一数据池实现多业务平台间数据贯通与共享；“智能决策”方面，经过人工智能、大数据分析、物联网等技术，开发基于数据分析的掘进状态识别系统与智能操控平台，具有一定的独立自主的判断意识，根据所处地层和周边环境及地层变形情况选取适合的盾构施工参数并随时进行调整。

8.3.4　盾构技术发展趋势与展望

随着我国经济社会从高速发展到高质量发展，国家“一带一路”倡议、“两新一重”建设深入实施，越来越多的隧道工程亟待修建，为中国盾构发展带来了新的机遇和挑战，同时对工程勘察设计、装备选型设计与施工技术提出了新的研究方向。

（1）基于穿山：针对超长山岭隧道建设，未来需重点研究深部地下空间地质勘探、极端地质全能型 TBM、工程环境保护、健康运营管理与防灾救援及全寿命周期隧道健康评估与重置等技术。

（2）基于入地：针对开发建设深层地下空间快速轨道交通、快速道路和地下货运物流系统、排水防涝设施、深层地下能源输送管廊、能源储存基地、地下防灾避难设施、地下科学实验室、地下数据中心等工程需要，未来需重点研究探索异形盾构技术和非开挖技术。

（3）基于下海：针对超长水下隧道建设，未来需重点研究地震作用下超长水下隧道安全保障、防排水、离岸结构修建及高水压下施工装备地质环境适应等技术。

通过近 70 年的努力，我国以盾构为代表的重大工程装备与建造技术实现了从跟跑、并跑到领跑的跨越，极大地推进了我国隧道工程建设的快速发展。继往开来，我们将牢记“三个转变”——推动中国制造向中国创造转变、中国速度向中国质量转变、中国产品向中国品牌转变，为争取早日实现交通强国、制造强国和科技强国目标而继续努力！我国全断面盾构技术，在复合盾构、大直径盾构/TBM 等方面，取得了系列创新与突破。未来为适应更复杂的地质环境，具备更高性能要求，仍需从装备多元化、智能化方面持续开展创新研究。

1. 多元化

未来盾构装备发展趋势主要是围绕“重视生命安全、挑战地质极限、发展智能装备、拓展宇宙空间”，致力于开发“多模式、无刀化、外星化”等智能装备。研究开发适用于隧道工程抢险救援的机械化装备，在隧道施工遇到坍塌事故后，快速、安全地进行坍塌段隧道的救援、处理、修复与安全穿越。能够实现多种工法掘进的多功能、多模式盾构的研发需求日益迫切，针对极端地质的极限挑战，需研究开发适应于破碎带地层施工的“半马”盾构、适应于软岩大变形地层施工的“软马”盾构和适应于大埋深高水压地层的闭式 TBM 多模盾构。在公路隧道、铁路隧道、矿山开采等领域，异形断面隧道在开挖成本、效率和空间利用率等方面具有天然优势，异形断面硬岩盾构的关键在于刀盘设计。

未来将研究开发以激光、高压水射流、微波、高压电脉冲、声波、射线、核能源、化学物质等一种或多种物质为主进行掘进破岩的第 5 代无刀化盾构，将解决当前盾构存在的掘进速度缓慢、刀具易磨损等难题，大幅度提升掘进效率，改善工作环境。国内正在研究的柔臂盾构拟用于变断面硬岩隧道的开挖，柔臂盾构具有灵活机动、可开挖任意断面、拆解运输方便、设备成本低等优势，适应于短距离任意形状隧道、硬岩地层马蹄形隧道、车站站厅层机械开挖等应用场景，对推进地下空间的开发和利用具有重大意义。随着全球航天事业的不断发展，人类对宇宙的探索将逐渐深入，外星化盾构将首先研究开发月球盾构。常规直径的盾构法逐渐向大深度、大断面、长距离的“大盾构”方向发展，中小直径盾构机在各类市政管线及综合管廊工程施工中的推广应用前景将十分广阔，斜井、竖井、反井等将采用盾构施工，以及研究地下停车场盾构法、联络通道盾构法等。

2. 智能化

针对传统盾构在掘进环境多源信息智能感知、多传感检测与健康维护、动态性能自适应调节等方面存在的技术难题，从掘进环境智能感知、装备寿命智能预测、整机多系统智能抗震等方面开展技术攻关，努力实现新一代智能盾构的研发，进而实现盾构长距离、智能化、无人值守及安全快速掘进。智能化盾构是基于智能管控中心，将施工经验及技术参数转化为标准化数据，结合人工智能神经网络而形成的新型盾构，实现施工的无人化。

（1）地质可感。基于地质环境-设备-结构一体化的智能感知技术，主要包含：①研究基于搭载式物探和千米级水平钻探的地质亚米级精细探测技术，实现不良地质三维成像与精准预报。②研究设备掘进状态实时监测技术，为设备掘进参数的动态感知与健康评价提供数据支撑。③研究工程结构群全寿命周期协同监测技术，增强结构状态感知可靠性、可用性、系统性，实现协同一体化感知，监测结构灾害多因素演化过程。

（2）装备可掘。基于高性能刀盘刀具、岩体等级分类的盾构掘进保障技术，主要包含：① 从新材料、新工艺研究刀圈材料和耐磨增韧制造工艺，研究滚刀群与盘体耦合布局设计方法，解决刀盘刀具长寿命、高可靠性问题。② 研究基于岩体等级分类的盾构掘进参数动态调控方法，建立掘进参数多模态控制策略。③ 研究基于岩体等级分类的多模态控制模型，建立基于掘进参数实时反馈、动态调整、许可施工机制，实现闭环控制。④ 研究辅助换刀技术、自动换刀机器人、焊接机器人。

（3）施工可控。基于盾构掘进的智能纠偏、韧性支护技术等，主要包含：① 研究完整的盾构掘进智能纠偏技术，包括姿态检测、姿态规划、机构分析、电液控制等。② 研究复杂地层盾构掘进方向精准调控技术，实现掘进机多维度空间的位姿测控。③ 研究不良地质段衬砌结构长期变形协调支护结构。④ 研究全自动智能化管片拼装技术、智慧化远程安全监控管理系统、绿色环保管路延长装置、泥水分层逆铣循环技术。

盾构隧道智能化建造是隧道工程建设的必然趋势，代表了未来隧道修建技术的发展方向。随着科学技术的飞速发展，智能化已逐步融入盾构施工领域。以人工智能、大数据、“互联网+”为标志的新技术正逐步与盾构装备和施工技术产生，实现了隧道无人化运输、管片无人拼装、辅助决策等功能。但目前还无法形成全面自主感知、自主学习、自主掘进、智能决策、自主解决问题，智能化基础理论还有待夯实，智能化技术应用仍有局限，且有待进一步扩展。因此，推动盾构施工信息化、数字化向智能化发展是盾构施工发展的必由之路。

3. 大直径长距离化

我国大直径盾构隧道今后将朝着特大直径、超长距离、超大埋深和较高水压等方向发展，这必将对大直径盾构隧道在设计、盾构装备制造、施工综合技术管理和工程事故风险防范等方面提出更高的要求。盾构隧道由大直径向超大、特大直径发展，隧道地质条件由单一均质地层向混合和复合地层方向发展，隧道施工工法向多种工法组合发展。盾构关键技术和功能向更可靠、更完善方向发展：机器人换刀技术、刀盘磨损检测技术、盾尾刷磨损自动检测技术及冻结更换技术、刀盘伸缩装备与冷冻刀盘技术、主轴承设计寿命、主驱动和盾尾密封的耐压设计标准不断提高、盾构自动掘进控制技术等。盾构有向智能化、多功能、多模式、类矩形和异形方向发展的趋势，隧道设计的标准、规范和定额需统一，尽快实现国家标准或行业标准，提高盾构使用率，减少盾构改造费用和资源浪费。国家、省级或行业应尽快制定不同地区、不同地质条件下的定额标准，使之规范化、标准化。

（1）我国大直径盾构隧道建设取得了巨大成就，推动了我国乃至世界大直径盾构隧道技术的发展和进步。今后较长时间内，我国大直径盾构隧道仍将处于高速建设发展期，面临的建设条件将越来越复杂，技术难度和挑战也越来越大，要实现大直径盾构隧道建设快速、安全、健康发展，需要在规范和标准、设计、施工、装备、材料、管理等方面完善和创新，解决处理好大直径盾构隧道技术领域的关键问题，重视地质基础研究，优化工程设计方案，实现盾构制造关键核心技术的突破，提高综合施工技术管理水平，防范施工重大事故发生，促进我国大直径盾构隧道建设向高质量、高智能、高安全性、低能耗方向发展。

（2）盾构单次掘进距离越长，施工工期越长，所花费的人工成本越高，盾构机在复杂地层中带来的安全风险越大。随着机械智能化技术的不断发展，未来长距离盾构隧道建设将从盾构机快速开挖技术、渣土及浆液快速输送技术、盾构机开挖同时拼装管片技术、管片高速运送及智能化拼装技术、盾构设备故障智能化检测技术等方面实现盾构机快速施工，缩短施工工期，降低人工成本及安全风险。

伴随着盾构装备与施工技术的不断提升，诸多重大险难工程开工建设。从盾构法隧道发展方向来看，我国盾构法隧道正朝着超大断面化、异形断面化、超大深度化、超长距离化发展；从工程特征来看，盾构法隧道工程呈现出由单一软土地层向复合地层发展，由中小直径盾构向大直径和超大直径盾构发展，由中等水压向高水压和超高水压发展，由常规岩土层向特殊岩土和不良地质发展，由单一工法向多工法组合发展。大直径盾构隧道设计和盾构装备应尽可能遵循标准化的原则，向着标准统一、施工安全、高效率、高质量、高智能方向发展，以期为推动我国大直径盾构隧道综合技术走向成熟起到积极作用。

本章参考文献

[1] 陈馈，张岩涛，梁超，等. 盾构法施工新技术新工艺[M]. 福州：福建科学技术出版社，2021.

[2] 洪开荣，陈馈，冯欢欢. 中国盾构技术的创新与突破[J]. 隧道建设，2013，33（10）：801-808.

[3] 谭顺辉. 隧道掘进机多功能化及智能化的发展与推广[J]. 隧道建设（中英文），2020，40（9）：1243-1250.

[4] OC Robotics company. OC robotics applications & solutions[EB/OL]. [2015-10-06]. http://www.ocrobotics.com/applications--solutions/aerospace/.

[5] BLOSS R. Snake- like robots reach into many types of applications[J]. Industrial Robot，2012，39（5）：436-440.

[6] 杨正. 用于盾构刀盘检测的蛇形臂机器人研究[J]. 上海建设科技，2019（5）：4-6.

[7] 吴建刚. 基于绳驱动的蛇形臂多关节伺服驱动技术的研究[D]. 哈尔滨：哈尔滨工业大学，2018.

[8] 杨延栋，陈馈，郭璐，等. 全断面岩石隧道掘进机滚刀磨损影响因素分析[J]. 隧道建设，2016，36（11）：1394-1400.

[9] 吴斌暄. 大直径泥水平衡盾构机常压换刀技术研究[J]. 隧道与轨道交通，2019（2）：27-30.

[10] 任强. 北京地铁盾构施工风险评价与控制技术研究[D]. 北京：中国地质大学，2010.

[11] 杨华勇，周星海，龚国芳. 对全断面隧道掘进装备智能化的一些思考[J]. 隧道建设（中英文），2018，38（12）：1919-1926.

[12] RUBRECHT S. Contributions to the control of constrained robots[D]. Paris：Université Pierre et Marie Curie-Paris Ⅵ，2011.

[13] MOUBARAKS. Automated Replacement fo TBMs Cutting Cutters[J]. 2014.

[14] SCHWOB A，CAGNAT E，CHEN S，et al. Tuen Mun-Chek Lap Kok Link：an outstanding sub-sea tunnel project in Hong Kong[J]. ICE Proceedings Civil Engineering，2019，173（5）：1-36.

[15] CAMUS T，MOUBARAK S. Maintenance Robotics in TBM Tunnelling[C]//32nd International Symposium on Automation and Robotics in Construction and Mining. 2015.

[16] 苏延奇，徐昊朗，等. 一种隧道内盾构机刀盘辅助换刀装置：201420754790.8[P]. 2015-06-17.

[17] 周溪桥. 一种盾构机换刀机器人的设计与分析[D]. 沈阳：东北大学，2016.

[18] 徐晨. 基于刚柔耦合模型盾构机换刀机器人运动可靠性分析[D]. 沈阳：东北大学，2019.

[19] 谢里阳，张林林，林文强，等. 一种盾构机盘形滚刀换刀机械臂末端执行器：2017101126856.7[P]. 2017-03-16.

[20] 夏毅敏，沈烽，刘玉江，等. 一种大直径泥水盾构机滚刀换刀机械手：201710153382.5[P]. 2017-07-07.

[21] 李晓同. 混联型盾构换刀机器人机身及其控制方法设计[D]. 大连：大连理工大学，2020. DOI:10.26991/d.cnki.gdllu.2020.001390.

[22] 郭俊可，王杜鹃. 基于视觉导航定位的盾构机器人换刀技术研究[J]. 隧道建设（中英文），2021（2）.

[23] 宏润建设. 宏润发布国内首台盾构换刀机器人[EB/OL].（2019-09-19）http://chinahongrun.com/index.php?m=content&c=index&a=show&catid=22&id=7192.

[24] 李建斌. 我国掘进机研制现状、问题和展望[J]. 隧道建设（中英文），2021，41（6）：877-896.

[25] 苗圩巍，颜世铛，李纪强，等. 我国全断面隧道掘进机的发展现状及发展趋势[J]. 内燃机与配件，2021（2）：203-205.

[26] 李云山，刘放. 盾构机发展趋势分析[J]. 一重技术，2018，（1）：35-38；23.

[27] 日本隧道智能技术大合集[J]. 隧道建设（中英文），2019，39（7）：1174.

[28] 徐蓉蓉. 盾构也要“无人驾驶”，马来西亚的自主运行 TBM[EB/OL].（2020-03-05）. https://www.tunnelling.cn/PNews/NewsDetail.aspx?newsId=37139.

[29] 潘明华. 盾构自动导向系统的研究与实现[D]. 武汉：华中科技大学，2005.

[30] 夏俭. 土压平衡盾构出土计量装置研制与应用[J]. 城市道桥与防洪，2017，4：222-225.

[31] 周文波，胡珉. 盾构隧道信息化施工智能管理系统设计及应用[J]. 岩石力学与工程学报，2004，23（S2）：5122-5127.

[32] 杨志勇. “盾构施工实时管理系统”助力地铁隧道建设[J]. 市政技术，2012，30（7）：4-5.

[33] 李金锁，吴涛，王荣平，等. 地铁项目盾构施工三维信息管理系统研究[J]. 项目技术管理，2012，10（9）：112-114.

[34] 喻钢，胡珉，高新闻，等. 基于 BIM 的盾构隧道施工管理的三维可视化辅助系统[J]. 现代隧道技术，2016，53（1）：1-5.

[35] 华振. 盾构集群化监控与异地决策管理系统的开发与应用[J]. 现工程技术研究，2018（12）：97-98.

[36] 刘凤洲，谢雄耀，王强，等. 盾构施工沉降多源数据实时交互平台开发[J]. 隧道建设（中英文），2020，40（S1）：82-89.

[37] 杨宏燕. 盾构掘进方向计算机辅助控制技术研究[J]. 隧道建设，2007，1：91-94.

[38] 李惠平，夏明耀. 盾构运动过程的数值分析[J]. 上海理工大学学报，2008，1：95-98.

[39] 李守巨，曹丽娟. 盾构机掘进过程中的决策支持系统[J]. 信息技术，2011，35（10）：39-42；46.

[40] 龚国芳，洪开荣，周天宇，等. 基于模糊 PID 方法的盾构掘进姿态控制研究[J]. 隧道建设，2014，34（7）：608-613.

[41] 周奇才，沈鹤鸿，赵炯，等. 基于排土量与注浆量的盾构施工地表沉降预测[J]. 中国工程机械学报，2018，16（5）：457-461.

[42] 杨华勇，周星海，龚国芳. 对全断面隧道掘进装备智能化的一些思考[J]. 隧道建设（中英文），2018，38（12）：1919-1926.

[43] 张雪. 盾构机自动控制技术现状与展望[J]. 科技资讯，2019，17（16）：73-74.

[44] 王同军. 我国铁路隧道建造方法沿革及智能建造技术体系与展望[J]. 中国铁路，2020（3）：1-11.

[45] 赵洪岩，王利民，王浩，等. 盾构智能化施工的发展历程和研究方向[J]. 建筑技术，2021，52（8）：900-903.